Messplatztraining

Herausgegeben von

Prof. Dr. Jürgen Krug & Dr. Hans-Joachim Minow

Sport und Wissenschaft

Beiheft zu den Leipziger Sportwissenschaftlichen Beiträgen

Herausgegeben vom
Dekan der Sportwissenschaftlichen Fakultät
der Universität Leipzig

Band 10

Messplatztraining

Ausgewählte Beiträge

5. Gemeinsames Symposium
der dvs-Sektionen
Biomechanik, Sportmotorik und Trainingswissenschaft

Universität Leipzig
Sportwissenschaftliche Fakultät
19. bis 21. September 2002

Veranstalter:

Sportwissenschaftliche Fakultät der Universität Leipzig,
Deutsche Vereinigung für Sportwissenschaft,
Bundesinstitut für Sportwissenschaft

mit Unterstützung von:
Deutsche Forschungsgemeinschaft,
Universität Leipzig

Academia Verlag ▲ Sankt Augustin

Bibliografische Information der Deutschen Bibliothek
Die Deutsche Bibliothek verzeichnet diese Publikation in der Deutschen Nationalbibliografie; detaillierte bibliografische Daten sind im Internet über http://dnb.ddb.de abrufbar.

ISBN 3-89665-353-9

NE: Krug, J./Minow, H.-J. [Hrsg.]; GT

Gesamtleitung:
Prof. Dr. Jürgen Krug,
Dekan der Sportwissenschaftlichen Fakultät der Universität

Wissenschaftliches Komitee:
Dr. K. Carl, Prof. Dr. R. Daugs, Prof. Dr. J. Krug (Ltg.), PD Dr. A. Pfützner, Prof. Dr. V. Zschorlich

Redaktionelle Bearbeitung:
H.-J. Minow, W.-D. Kaeubler

1. Auflage 2004
© Academia Verlag
Bahnstr. 7, D-53757 Sankt Augustin
E-Mail: info@academia-verlag.de
Internet: www.academia-verlag.de

Printed in Germany

Alle Rechte vorbehalten

Ohne schriftliche Genehmigung des Verlages ist es nicht gestattet, das Werk unter Verwendung mechanischer, elektronischer und anderer Systeme in irgendeiner Weise zu verarbeiten und zu verbreiten. Insbesondere vorbehalten sind die Rechte der Vervielfältigung - auch von Teilen des Werkes - auf photomechanischem oder ähnlichem Wege, der tontechnischen Wiedergabe, des Vortrags, der Funk- und Fernsehsendung, der Speicherung in Datenverarbeitungsanlagen, der Übersetzung und der literarischen und anderweitigen Bearbeitung.

Satz: Universität Leipzig, Sportwissenschaftliche Fakultät

Inhalt

Vorwort 1

Hauptreferate:

Reinhard Daugs/Jürgen Krug/Stefan Panzer/Christoph Igel: Motorisches Lernen, Messplätze, Messplatztraining.. 3

Jürgen Krug/Hartmut Herrmann/Falk Naundorf/Stefan Panzer/Klaus Wagner: Messplatztraining: Konzepte, Entwicklungsstand und Ausblick 13

Wladimir I. Ljach: Der Einfluss von Farfel auf die Entwicklung sportmotorischer Messplätze 28

Winfried Hacker: Zur psychischen Regulation motorischen Handelns - Regulations„ebenen".. 39

Thomas Weiss/Wolfgang H. R. Miltner: Zentralnervale Aktivierung und motorisches Lernen.. 47

Gregorie I. Popov: Der Einfluss von I.P. Ratov auf die Entwicklung von Trainingsgeräten (Trainager) für den Leistungssport 58

Arndt Pfützner/Dieter Gohlitz: Messplätze im Ergometrie-Zentrum des Instituts für Angewandte Trainingswissenschaft (IAT)..................................... 69

Erich Müller/Hermann Schwameder/Christian Raschner/Josef Kröll: Messplätze und Messplatztraining in Wintersportarten 84

Referate:

Harry Bähr/Ralf Buckwitz: Leistungssportbezogener Einsatz von Messplätzen am OSP Berlin – eine Systematisierung und ausgewählte Problemstellungen... 97

Sven Bruhn/Wilfried Alt/Markus Gruber/Ansgar Schwirtz/Albert Gollhofer: Leistungsdiagnostik im Skisprung – ein Messplatz auf dem Weg vom Labor ins Feld 104

Martina Clauß/Hartmut Herrmann: Biomechanische Einflussfaktoren auf die Effizienz von Skistock-Abdruckbewegungen und Lösungsansätze ihrer Objektivierung im Rahmen eines Messplatztrainings................................... 110

Jürgen Edelmann-Nusser/Andreas Hohmann/Martin Hofmann/ Andreas Krüger/Kai Sikorski/Kerstin Witte: Evaluation eines schwimmspezifischen Messplatzes 117

Inhalt

Alfred Effenberg/Heinz Mechling: Perspektiven der direkten bewegungsbezogenen Vermittlung komplexer Bewegungsdaten 122

Mario Heller/Jürgen Edelmann-Nusser/Markus Gruber/Kerstin Witte/ Albert Gollhofer/Bärbel Schack: Mobiler Messplatz Bogenschiessen: Bewegungstrajektorien und Elektromyogramme im Bogenschiessen 128

Olaf Hoos/Kuno Hottenrott: Messplatz zur Analyse der Bewegungstechniken im Inline-Speed-Skating 134

Klaus Knoll/Klaus Wagner: Messplätze und Messplatzentwicklung am IAT.. 139

Klaus Mattes/Wolfgang Böhmert: Feineinstellung der sportlichen Technik durch Messplatztraining 152

Falk Naundorf/Sascha Lattke/Katja Wenzel/Jürgen Krug: Messplatztraining im Nachwuchsleistungssport Wasserspringen 158

Klaus Nitzsche/Michael Koch: Entwicklung eines Messplatzes zur Objektivierung der Biathlonschießleistung 164

Stefan Panzer: Transferlernen und Retention des Transfers: methodologische und lerntechnologische Aspekte zum Messplatztraining 177

Thomas Schack/Thomas Heinen: Messplatz „Mentale Repräsentationen" im Sport 182

Lutz Schega/Katrin Kunze: PSTT- ein portabler Messplatz für Diagnostik und Training im Schwimmsport 188

Peter Spitzenpfeil/Ulrich Hartmann/Christoph Ebert: Techniktraining im alpinen Skirennlauf – Der Einsatz von Druckmesssohlen zur Objektivierung der Technikanalyse 193

Björn Stapelfeldt, York Olaf Schumacher, Albert Gollhofer: Ein interdisziplinärer biomechanisch-physiologischer Ergometriemessplatz zur komplexen konditions- und Bewegungsanalyse im Radsport 199

Jürgen Krug/Falk Naundorf/Sascha Lattke: Bericht zum Einsatz von Messplätzen an den Olympiastützpunkten 204

Vorwort

Vom 19. bis 21. September 2002 fand an der Sportwissenschaftlichen Fakultät der Universität Leipzig das 5. Gemeinsame Symposium der dvs-Sektionen Biomechanik, Sportmotorik und Trainingswissenschaft zum Thema „Messplätze, Messplatztraining, Motorisches Lernen" statt. Mit etwa 250 Teilnehmern hatte die wissenschaftliche Veranstaltung eine außerordentlich gute Resonanz. Bisher liegt lediglich eine Veröffentlichung einiger Referate vor (Krug & Müller, 2003). Die Hauptreferate und weitere vom Wissenschaftlichen Komitee für die Veröffentlichung des Symposiums ausgewählte Referate fehlten bislang noch. Die Ursache der Verzögerung lag leider an einem tragischen Todesfall.

Am 05. Oktober 2003 verlor die deutsche Sportwissenschaft durch einen tödlichen Unfall mit Reinhard Daugs einen der aktivsten, profiliertesten und weit über die Grenzen seiner Universität hinaus bekannten Wissenschaftler. Allmählich wird uns bewusst, welch tiefe Lücke Reinhard Daugs hinterlassen hat.

Die Idee für das Thema des 5. Gemeinsamen Symposium wurde anlässlich des 4. Symposiums in Potsdam von Reinhard Daugs eingebracht. Auf Grund vieler wissenschaftlicher Arbeiten zu diesem Thema fiel der Veranstaltungsort auf Leipzig. Reinhard Daugs wollte mit diesem Thema neue wissenschaftliche Anstöße für ein wichtiges Gebiet setzen. Wie kein anderer hat er sich über viele Jahre mit unterschiedlichen Veröffentlichungen zu diesem Thema zu Wort gemeldet. Von besonderer Bedeutung ist dabei sein im Auftrag des Bundesinstituts für Sportwissenschaft entstandenes Gutachten „Evaluation sportmotorischen Messplatztrainings im Spitzensport". Sein Beitrag auf dem Leipziger Symposium basierte u. a. auf dieser Veröffentlichung. Wie bei vielen seiner Beiträge war er nicht nur Kritiker, sondern zugleich auch Ideengeber für neue Entwicklungen. Keiner ahnte, dass es der letzte Beitrag vor der Community der Bewegungs- und Trainingswissenschaft werden sollte und Reinhard Daugs seine Ausführungen auch nicht mehr selbst zu Papier bringen sollte. Deshalb haben es die Autoren des Beitrags übernommen, im Sinne von Reinhard Daugs Standpunkte zum Thema „Messplätze, Messplatztraining, Motorisches Lernen" zusammenzufassen und dabei auf wesentliche Entwicklungsabschnitte hinzuweisen.

In Anlehnung an das interdisziplinäre Konzept des Symposiums stehen in der vorliegenden Veröffentlichung die Hauptreferate im Mittelpunkt. Im Beitrag von Krug et al. wird basierend auf Erfahrungen und Ergebnissen der Leipziger sportwissenschaftlichen Einrichtungen seit Mitte der 80er-Jahre des vergangenen Jahrhunderts der aktuelle Stand des Messplatztrainings vorgestellt. In Würdigung der epochalen Vorleistungen der sowjetischen Wissenschaftler Farfel und Ratov haben deren Schüler Ljach und Popov wesentliche Schwerpunkte der Arbeitsrichtungen der zwei „wissenschaftlichen Schulen" herausgearbeitet.

Vorwort

Über die Sportwissenschaft hinausgehend waren auch andere Wissenschaftsdisziplinen in das Symposium integriert. Sportliches Training erfordert u. a. auch Nachweisführungen der Wirkungen auf das zentralnervale System. Im Beitrag von Weiß berichtet die Arbeitsgruppe Miltner von der Universität Jena über Ergebnisse von EEG-Untersuchungen bei motorischen Anforderungen. Der Arbeitspsychologe Hacker von der TU Dresden fasst seine Standpunkte zu Regulationsebenen bei Bewegungshandlungen zusammen. Damit wird der Sportwissenschaft ein in der Sportmotorik häufig verwendetes Paradigma zugängig gemacht.

Der hochentwickelte Stand der Messplätze wird in mehreren Vorträgen verdeutlicht. Sowohl in dem Beitrag von Pfützner aus dem Institut für Angewandte Trainingswissenschaft als auch zum Wintersport von Müller von der Universität Salzburg wird dies am Beispiel von verschiedenen Sportarten und Disziplinen veranschaulicht.

Die vom Wissenschaftlichen Komitee ausgewählten 16 Referate dokumentieren unterschiedliche Herangehensweisen an die Entwicklung und den Einsatz von Messplätzen im Trainingsprozess aus sportartspezifischer und wissenschaftlicher Sicht. Abschließend wird ein Überblick zum Stand des Messplatzeinsatzes an den deutschen Olympiastützpunkten gegeben.

Die Herausgeber hoffen, mit der vorliegenden Veröffentlichung weitere Anregungen zum effektiven Einsatz von Messplätzen für das Training und Anstöße zu weiteren Untersuchungen zu geben.

An dieser Stelle bedanken wir uns bei der Deutschen Forschungsgemeinschaft, beim Bundesinstitut für Sportwissenschaft, beim Deutschen Sportbund und Unternehmen der Privatwirtschaft für die finanzielle sowie materielle Unterstützung des Symposiums.

Jürgen Krug   Hans-Joachim Minow

Reinhard Daugs[†]/Jürgen Krug/Stefan Panzer/Christoph Igel

Motorisches Lernen, Messplätze, Messplatztraining

1 Denkanstöße zur Interdisziplinarität

Sollte man die Geschichte der Sportwissenschaft und vor allem der Sportmotorik der letzten drei Dekaden schreiben, so würde man im deutschsprachigen Raum nicht an der Person von Reinhard Daugs vorbeikommen. Er hat mit seinen Überlegungen die Axiomatik des Faches entwickelt und Denkanstöße gegeben, die wissenschaftliche Arbeitsrichtungen für viele Jahre bestimmen werden.

Eine seiner Kernideen war, zum interdisziplinären Denken anzuregen und wissenschaftliche Ansätze und Theorien aus angrenzenden Mutterwissenschaften in die Sportwissenschaft zu integrieren. Eine interdisziplinäre Sportmotorikforschung erfordert mehr als einen institutionellen Rahmen. Soll eine interdisziplinäre Sportmotorikforschung nicht nur eine additive Veranstaltung bleiben, ist es erforderlich, dass einzelne Wissenschaftler ihr angestammtes Fach verlassen (vgl. auch Jähncke & Heuer, 1995). Über den „Tellerrand" hinauszuschauen hat Reinhard Daugs in vielen seiner Vorträge und Publikationen geradezu aufgefordert (vgl. Daugs, 1994; Daugs & Blaser, 1999; Daugs, Olivier, Wiemeyer & Panzer, 1999). Eine Arbeitsrichtung, die eine solche interdisziplinäre Denkweise erforderlich macht, ist die Untersuchung zur Wirksamkeit von Messplatztraining im Spitzensport (vgl. Daugs, 2000). Hier gilt es, neben lernwissenschaftlichen Aspekten, ingenieurwissenschaftliches „Know-how", biomechanische Kenntnisse und trainingswissenschaftliche Überlegungen zur Leistungssteigerung in einem für alle prägnanten Konzept zusammenzuführen, um den komplexen Sachverhalt bearbeiten zu können. Ein solches Konzept kann, so seine Überlegung, anwendungsorientierte Grundlagenforschung sein. Von diesem Konzept ausgehend können mehrere aus unterschiedlichen Wissenschaftsdisziplinen stammende Gedankengänge zur Problemlösung für das Messplatztraining zusammen getragen werden. Dies führt zu einer stärkeren Verwissenschaftlichung des Messplatztrainings. Allerdings sollte man die veröffentlichten Ergebnisse und Erfahrungswerte von bereits bestehenden Ansätzen nicht unterschätzen, weil im Sport problembedingt eine eingeforderte starke Praxisorientierung besteht. Solche Gedankengänge von Reinhard Daugs entstammen beispielsweise den Untersuchungen zum motorischen Lernen und Techniktraining.

[†] Reinhard Daugs ist am 5. Oktober 2003 durch einen tragischen Unfall ums Leben gekommen.

2 Motorisches Lernen und Techniktraining - Die Sichtweise von Daugs

Ein zentraler Gegenstand der Forschungstätigkeit von Reinhard Daugs war das motorische Lernen und das Techniktraining. In Übereinstimmung mit anderen Sportwissenschaftlern sieht er gerade im Faktor der Technik noch erhebliche Ressourcen für eine sportliche Leistungssteigerung (vgl. Heilfort, 1986; Stark, 1986; Krug, 1986; Daugs, Mechling, Blischke & Olivier, 1991).

Auch hier hat er sich einer interdisziplinären Denkweise verschrieben. In Anlehnung an die Auffassung des Psychologen Klix (1971) zu allgemeinen Problemen des Lernens geht es beim Techniktraining um die Initiierung und überdauernde Modifikation von sportlichen Bewegungsabläufen auf der Grundlage von Informationsverarbeitungsprozessen. Charakterisiert man Techniktraining als informationell gesteuerten Prozess der Fehlerminimierung, so sind ansteuerungsrelevante Bewegungsparameter in geeigneter Weise informationell und darbietungstechnisch aufzubereiten, um sie in Feedbackprozeduren für die Ausbildung von personinternen Antizipations-, Bewertungs- und Vergleichmechanismen utilisierbar zu machen (vgl. Daugs, 1988). Diese informationelle Steuerung erfolgt einerseits als Instruktion, d. h. Information darüber, was getan werden soll, andererseits aber vor allem durch extrinsisches Feedback, d. h. Information darüber, was tatsächlich getan wurde. Dabei ist extrinsisches Feedback erstens zu differenzieren in „Knowledge of Results" (KR), als extrinsische terminale Rückmeldung bzgl. des Bewegungsresultats. Diese Art von Information kann grundsätzlich als Diskrepanzinformation verstanden werden, welche die Richtung und die Ausprägung der Abweichung eines Bewegungsparameters von einem Sollwert angibt. Dieser Feedbackkomponente ist zugleich auch immer eine Sollwertreferenz inhärent (vgl. Daugs, Blischke, Marschall & Müller, 1990). Zweitens wird in „Knowledge of Performance" (KP) als Feedback über den Bewegungsverlauf differenziert, womit nicht zwingend eine Sollwertreferenz verbunden sein muss (vgl. Magill, 2001).

Daugs widmete sich mit seiner Arbeitsgruppe vor allem dem Knowledge of Results Ansatz (vgl. Salmoni, Walter & Schmidt, 1984; Schmidt & Lee, 1999; Magill, 2001). Mit ihm liegt ein labororientierter Forschungsansatz vor. Anhand isolierter, kontrollierbarer „einfacher" Laborbewegungen wird der Einfluss des KR und aller wesentlicher KR-Variablen (Zeitstruktur von KR, Häufigkeit von KR, Verteilung von KR, zusätzliche Aktivitäten z. B. Selbsteinschätzung, im Prä- und Post-KR-Intervall, mentales Training, Genauigkeit von KR) auf die Aneignungs- und Behaltensleistung untersucht. Er prüfte vor allem die in oftmals generalisierender Weise ausgesprochenen Handlungsempfehlungen der KR-Forschung für die Sportwissenschaft mit zwei prototypischen großmotorischen Aufgaben. Diese waren ein bipedaler Vertikalsprung (Parameterlernen) und eine gymnastische Formbewegung (Modelllernen).

Insgesamt zeigte sich, dass eine unkritische Applikation von Prozedurempfehlungen aus der KR-Forschung zur Gestaltung von Techniktrainingsprozessen zwar zunächst zu generellen Lerneffekten, allerdings nicht zu differentiellen und überdauernden Lernleistungen führte. Dabei konnte das Ausbleiben der gewünschten Effekte aber nicht auf untersuchungsmethodische Schwächen zurückgeführt werden, da alle Untersuchungen in Form von Laborexperimenten realisiert wurden. Die Ergebnisse zeigten auch, dass Parameterlernen und Modelllernen offenbar zu grundsätzlich anderen Lernaufgabenklassen zuzurechnen sind (vgl. Blischke, Müller, Reiser, Panzer, Igel & Daugs, 1996).

3   Sportmotorisches Messplatztraining – Die Sichtweise zu wesentlichen Ansätzen nach Daugs

Die Rückmeldung von objektiv ergänzenden Informationen aus dem Bewegungsvollzug, wie biomechanischen Parametern und Kennlinien von Bewegungsverläufen, ist genuin der Gegenstand von sportmotorischen Messplätzen (vgl. Krug, 1988, 1992; Daugs, 2000). Unter einer informationstheoretisch-kybernetischen Sichtweise zielt das Techniktraining am Messplatz auf die Verringerung von Fehlern in der Bewegung ab und induziert sportmotorische Optimierungsprozesse. Ziel der sportwissenschaftlichen Forschung zum Messplatztraining sollte es sein, Bedingungen aufzuklären, unter denen personinterne Veränderungen am Messplatz ablaufen, die ihrerseits das manifeste Verhalten des Sportlers außerhalb des Messplatzes modifizieren. Dazu hat Daugs (2000) Denkanstöße gegeben, deren Genese auf der Interdisziplinarität von Bewegungswissenschaft mit Sportmotorik und Biomechanik sowie Trainingswissenschaft beruht. In der Folge werden drei Ansätze kurz dargelegt. Neben den Grundgedanken werden jeweils kritische Positionen von Reinhard Daugs reflektiert.

3.1   Der „bewegungswissenschaftliche" Ansatz von Farfel

Das wissenschaftliche Interesse von Farfel' (1962a, 1962b) war auf die Bewegungsregulation und deren Entwicklung durch systematische Einflussnahme gerichtet. Das in dem Kontext beschriebene „Prinzip der objektiv ergänzenden Schnellinformationen" wird von unterschiedlichen Autoren übereinstimmend als klassischer Ansatz für das sportmotorische Messplatztraining bezeichnet. Dieser Ansatz basiert u. a. auf den Positionen von Pawlov (1955), Bernstein (1975) und Anochin (1967). Pöhlmann und Thorhauer (1977) haben das Gedankengut von Farfel durch die Übersetzung des 1975 im russischen Original erschienenen Buches „Bewegungssteuerung im Sport" einem großen Leserkreis zugänglich gemacht. Thorhauer (1970a, 1970b, 1971), selbst Schüler von Farfel, hatte das Prinzip der objektiv ergänzenden Information mit drei Veröffentlichungen Anfang der 70er-Jahre des vergangenen Jahrhunderts im deutschen Sprachraum bekannt gemacht. Insgesamt lassen sich mehr als 50 Dissertationen der Farfel'schen Schule zuordnen. Das technische Mittel ist im Allgemeinen ein Messplatz, der für Informationen zur Regulation der Muskelkraft, im Raum, der Bewegungszeit und der Atembewegung genutzt wurde.

Daugs würdigte das theoretische Konzept in einer Reihe seiner Publikationen und stellte dabei u. a. eine Vielzahl sportartspezifischer Anwendungsfälle heraus. Die Überprüfung der Wirksamkeit der Schnellinformation erfolgte in der Mehrzahl der Fälle über ein Prä-Post-Design und teilweise auch mit Kontrollgruppe. Kritisch wurde von Daugs angemerkt, dass keine Unterscheidung zwischen Lernen und Leistung vorgenommen wurde. Es wurden weder Treatmentzug noch Transferabilität oder Behaltensstabilität geprüft (vgl. Daugs, 1992).

3.2 Der „biomechanische" Ansatz von Ballreich

Ballreich (1981, 1983) entwickelte seinen Ansatz aus seinen Standpunkten zur biomechanischen Leistungsdiagnostik. Der Zusammenhang von Leistungsdiagnostik und Technikansteuerung basierte auf dem Ansatz von Farfel und verschiedenen Befunden zur KR-Forschung. Als zentrales Bewertungskriterium der Ansteuerung von Bewegungskorrekturen wurden die Minimierung der Differenz zwischen dem bewegungstechnischen Ist- und Sollzustand und die Minimierung der Ansteuerungsdauer gekennzeichnet.

Daugs hob bei diesem Ansatz die Entwicklung eines „Autotrainers" und die Untersuchungen zur optimalen Gestaltung der Informationsparameter (Informationsdarbietung, Frequenz, Zeitstruktur) hervor. Kritisch wurde wie bei Farfel die fehlende Unterscheidung von Leistung und Lernen sowie die Überprüfung von Behaltensstabilität und Transferabilität mit einem entsprechenden Design (z. B. Retentionstest) gesehen.

3.3 Der „trainingswissenschaftliche" Ansatz des FKS/IAT[1]

Daugs sah den Ausgangspunkt zu diesem Konzept in verschiedenen Aktivitäten zur Vorbereitung der Konferenz „Sporttechnik - sporttechnische Vervollkommnung - Lehr- und Lernmethodik" am FKS. Tatsächlich wurde der Ansatz bereits wesentlich früher entwickelt (vgl. Krug et al. in diesem Band). Mit der Konferenz von 1985 wurde allerdings eine wesentlich fundiertere theoretische Begründung des Ansatzes herausgearbeitet, ohne dabei den Begriff des Messplatztrainings bereits zu verwenden. Eine Schlüsselposition nahm in dieser Zeitspanne die Entwicklung eines universell (d. h. in mehreren Sportarten) nutzbaren Mess-

---

[1] FKS: Forschungsinstitut für Körperkultur und Sport
IAT: Institut für Angewandte Trainingswissenschaft

und Informationssystems (MIS) ein, welches für die Informationsprozesse im Training eine neue Qualität bedeutete. Innerhalb kurzer Zeit wurde dieses MIS in etwa 37 Sportarten/Sportdisziplinen eingesetzt. Dieser Ansatz wurde seit der Gründung des IAT als der umfassendste und der mit den meisten sportartspezifischen Anwendungen charakterisiert. Im Mittelpunkt stehen die Praxisorientierung und die Entwicklung von sportlichen Höchstleistungen.

Daugs arbeitete zu diesem Ansatz einige konstruktiv kritische Standpunkte heraus. Dies betrifft die zu geringe theoretische Begründung seit der Technikkonferenz von 1985, die fehlende eigenständige wissenschaftlich-technologische Forschung mit Überprüfung entsprechender Interventionen, die fehlende Kontrolle der Lernwirksamkeit und die große Diskrepanz zwischen Messplatzdiagnostik und Messplatztraining.

4 Defizite und Denkanstöße

4.1 Defizite beim Messplatztraining

Bereits in früheren Arbeiten warnte Daugs vor Fehlentwicklungen: Die Geschichte der Lern-, Unterrichts- und Trainingstechnologie ist von zahlreichen Fehlentwicklungen gekennzeichnet, deren Ursache nicht zuletzt eine reine Konzentration auf die Technik („gadget approach") bei gleichzeitiger Vernachlässigung technologisch begründeter und begleitender Systementwicklung (Evaluation) sowie gezielter und kontrollierter Einbettung in spezifische Praxisfelder (Implementation) ist" (Daugs, 1979, S. 103; Daugs, 1988, S. 133).

Laut Daugs (2000) gibt es keine ausreichende Systematik in der Forschung zum Messplatztraining. Die Vernachlässigung der Untersuchung des Lernprozesses beim Messplatztraining und die Konzentration auf die technische Entwicklung von Messplätzen mag eine einfache Ursache haben: Messplätze im Spitzensport werden oft aus dem Blickwinkel der direkten Anwendung konstruiert. Dabei ist die vom Spitzenathleten erreichbare Leistung von wesentlich größerem Interesse als Erkenntnisse zum Trainingsprozess selbst. Aber gerade im Prozess des Trainings werden noch entscheidende Reserven für eine weitere sportliche Leistungssteigerung vermutet. Deshalb finden die wissenschaftlichen Ansätze, welche direkt auf die Modifikation der internen verhaltenssteuernden Instanzen durch einen Messplatz gerichtet sind, eine verstärkte Beachtung.

Basierend auf fundierten wissenschaftstheoretischen und untersuchungsmethodischen Positionen stellte Daugs (2000) Forderungen an Konzepte für weitere Entwicklungen beim Messplatztraining. Demnach wäre ein Konzept richtungsweisend, wenn dieses

- Theorien und Befunde aufbereitet, Empfehlungen ableitet und die Anwendbarkeit überprüft;

- die unterschiedlichen Anforderungen an Leitbild und Ergebnisrückmeldung lern- und problembezogen (Modelllernen, KR-Lernen, mentales Training, Automatisierung) berücksichtigt;
- sportartspezifische Modellmessplätze entwickelt und diese in eine Gesamttrainingskonzeption einbindet;
- ein „Athleten-Messplatz-Interface" zur lernrelevanten visuellen/auditiven Gestaltung nutzerorientiert optimiert;
- eine wissenschaftliche Kontrolle der Trainingswirkungen mit dem Messplatz und insbesondere ein begleitendes Qualitätsmanagement durchführt.

Die aufgeführten kritischen Punkte zu aktuellen Forschungsdefiziten kulminieren in der Einschätzung von Daugs (2000, S. 47), „dass alle lernwissenschaftlichen und technologischen Ansätze zum sportmotorischen Messplatztraining teilweise erhebliche Defizite bezüglich der wissenschaftlich-technologischen, theoretischen Grundlegung, der eigenen empirischen Forschung und der Evaluation haben... und damit die klassischen Kardinalfehler der Lern- und Trainingstechnologie aufweisen".

Was die Forschung zum Messplatztraining für ihre Fortentwicklung und den wirksamen Einsatz braucht, ist der Entwurf eines konzisen, interdisziplinären, komplexen und vernetzbaren Strukturkonzepts. Konzise wäre das Strukturkonzept dann, es theoretisch ausformuliert ist und durch eine Beobachtungssprache empirisch gedeutet werden kann (vgl. Beck, 1990). Mit der geforderten Einhaltung einer theoretischen Fundierung gehen methodische Obligationen einher, die in der Erhebung von Daten eine Abkehr von den verbreiteten, institutionalisierten Ad-hoc-Instrumenten verlangen. Benötigt werden aus sportwissenschaftlicher und sportpraktischer Sicht hochreliable Prozeduren zur Erfassung theoriegeleiteter Informationen zur Verbesserung der sportlichen Leistung. Endlose Validitätsdebatten sollten durch Operationalisierungskonventionen abgeschnitten werden. Vor allem wären Untersuchungen zur neurophysiologischen Fundierung von verhaltenswissenschaftlichen Konstrukten erforderlich (vgl. auch Birbaumer, 1975). Zunächst geht es darum, die Prozesse beim Messplatztraining und des Transfers in die Realsituation und ihr Wechselspiel besser kennen zu lernen. Solche Bemühungen sollten nicht mit der ungeduldigen Forderung nach Vorweg-Nachweisen und der dringenden direkten Umsetzbarkeit in die Trainingspraxis belastet werden. Das führt, wie viele Erfahrungen zeigen, häufig zu einer unguten Konfrontation von nichteingelösten Versprechungen mit unerfüllten Erwartungen, die bei allen Beteiligten, wie Sportlern, Trainern, Funktionären, Wissenschaftlern, Finanziers die Fortführung der Zusammenarbeit zu paralysieren droht. Anzudenken ist hier – im Sinne von Reinhard Daugs – die Entwicklung eines Modellmessplatzes, an dem Variablen theoriegeleitet, systematisch abgeprüft werden und deren Ergebnisse dann zu einer Reduzierung von Vagheit in der Trainingspraxis beim Einsatz von Messplatztraining genutzt werden können.

Damit bleiben seine Standpunkte für viele Jahre ein wissenschaftliches Forschungsprogramm für das Gebiet des Messplatztrainings.

4.2 Entwicklung von Denkanstößen

Die von den Autoren kurz gefasste Charakterisierung der Forschung zum Messplatztraining muss auf verschiedene Differenzierungen verzichten und vermittelt insofern ein zwar überschaubares, aber zugleich ungenaues Bild der tatsächlichen Verhältnisse. Sie beansprucht dennoch, die Hauptzüge der gegenwärtigen wissenschaftlichen Entwicklung zu kennzeichnen und für die Überwindung der von Reinhard Daugs aufgeführten kritischen Punkte einige Denkanstöße zu geben:

- Gemessen an ihrem Alter und an den investierten Mitteln hat die Forschung zum Messplatztraining eine beachtliche Entwicklung durchlaufen. Ingenieur- und informationstechnische Fortschritte ermöglichen es, visuelle, kinematische und dynamische Informationen über den Bewegungsverlauf von Sportlern im Spitzenbereich zeitsynchron aufzuzeichnen. In lernrelevanten Zeitspannen werden diese Informationen wieder präsentiert (Müller in diesem Band).

- In der Forschung zum Messplatztraining gibt es zunehmend Arbeiten, welche elaborierte Hypothesenkonstruktionen aus der Lern- und Entscheidungsforschung auf das Messplatztraining übertragen. In empirischen Untersuchungen werden Hypothesen unter der Kontrolle wesentlicher effektrelevanter Antezedenzbedingungen im Trainingsprozess geprüft. Dies geschieht im realen Trainingsprozess. Die so gewonnen Erkenntnisse haben mithin eine Situationskonsistenz bzgl. der Aussage und eine hohe ökologische Validität (materiell, soziale Umwelt) (siehe hierzu Mattes, et.al., 1997).

- Das methodologische Reflexionsniveau entwickelt sich. Als Folge der im Leistungssport häufig vorkommenden kleinen Gruppen klammerte sich die Hypothesenprüfung an stereotype und häufig unangemessene Signifikanzschwellenwerte von 0,05. Erst in letzter Zeit werden Effektgrößen verstärkt in die Diskussion eingebunden (vgl. Naundorf, i. V.). Replikationsstudien werden eingefordert, denn: „An ounce of replication is more than a ton of inferential statistics" (Steiger, 1990, S. 176).

Ein wichtiger Denkanstoß von Reinhard Daugs bleibt weiterhin offen. Mehrfach orientierte er (vgl. Daugs, 2000), die eingesetzten Messplätze bezüglich ihrer Wirksamkeit zu prüfen und daher Methoden der Evaluation und Qualitätssicherung einzusetzen. Die von Daugs aufgestellte Forderung, Messplätze und Messplatztraining im Sinne eines „Total Quality Managment" (vgl. Lang 2001) zu bewerten, gilt es zukünftig in Untersuchungen einzubeziehen (siehe exemplarisch auch Igel & Daugs, i. V.).

Literatur

Anochin, P. K. (1967). Das funktionelle System als Grundlage der physiologischen Architektur des Verhaltensaktes. Jena: Gustav-Fischer-Verlag.

Ballreich, R. (1981). Analyse und Ansteuerung sportmotorischer Techniken aus trainingsmethodischer und biomechanischer Sicht. Leistungssport, 11 (6), 513-526.

Ballreich, R. (1983). Biomechanische Aspekte der Ansteuerung sportmotorischer Techniken. Leistungssport, 13 (5), 33-38.

Beck, K. (1990). Plädoyer für eine grundlagenorientierte erziehungswissenschaftliche Lernforschung. Unterrichtswissenschaft, 18, 10-15.

Bernstein, N. A. (1975). Bewegungsphysiologie. Leipzig: Johann Ambrosius Barth.

Birbaumer, N. (1975). Physiologische Psychologie. Berlin: Springer.

Blischke, K., Müller, H., Reiser, M., Panzer, S., Igel, C., Daugs, R. (1996). Untersuchungen zum Modellernen im Sport. In R. Daugs, K. Blischke, F. Marschall & H. Müller (Hrsg.), Kognition und Motorik (S.241-247). Hamburg: Czwalina.**Daugs, R. (1979).** Programmierte Instruktion und Lerntechnologie im Sportunterricht. München.

Daugs, R. (1988). Zur Optimierung des Techniktrainings durch Feedback-Technologien. In H. Mechling, J. Schiffer & K. Carl (Hrsg.), Theorie und Praxis des Techniktrainings (pp. 124-140). Köln: Sport und Buch Strauß.

Daugs, R. (1992). Motorisches Lernen, Schnellinformation und Knowledge of Results. In K. Mekota (Hrsg.), Sportmotorik 1991 (S.69-81). Olumouc: Acta Universitas Palackianae Olumouousic, Gymnica.

Daugs, R. (1994). Motorische Kontrolle als Informationsverarbeitung: Vom Auf- und Niedergang eines Paradigmas. In P. Blaser, K. Witte & C. Stucke (Hrsg.), Steuer- und Regelvorgänge in der menschlichen Motorik (S.13-38). Academia: Sankt Augustin.

Daugs, R. (2000). Evaluation sportmotorischen Messplatztrainings im Spitzensport. Köln: Sport und Buch Strauß.

Daugs, R. & Blaser, P. (1999). Motor control and motor learning between information processing and self-organization. In P. Blaser (Ed.), Sport Kinetics '97: Theories of Human Motor Performance and their Reflections in Practice (p. 27-43). Hamburg: Czwalina.

Daugs, R., Blischke, K., Marschall, F. & Müller, H. (1990). Videotechnologien für den Spitzensport. Leistungssport, 20, 12-17.

Daugs, R., Mechling, H., Blischke, K. & Olivier, N. (1991). Sportmotorisches Lernen und Techniktraining zwischen Theorie und Praxis. In: R. Daugs,

H. Mechling, K. Blischke, & N. Olivier (Hrsg.), Sportmotorisches Lernen und Techniktraining Bd. 1 (S. 19-32). Schorndorf: Karl Hofmann.

Daugs, R., Olivier, N., Wiemeyer, J. & Panzer, S. (1999). Wissenschaftstheoretische und methodische Probleme bei der sportwissenschaftlichen Erforschung von Bewegung, Motorik und Training. In J. Wiemeyer (Hrsg.), Forschungsmethodologische Aspekte von Bewegung, Motorik und Training im Sport (pp. 13-35). Hamburg: Czwalina.

Farfel, W. S. (1977). Bewegungssteuerung im Sport. Berlin: Sportverlag.

Farfel', W. S. (1962a). Metody sročnoj informacii v sportivnoj trenirovke (Methoden der Sofort-Information im sportlichen Training). Meždunarodnaja naučno-metodičeskaja konferencija po problemam sportivnoj trenirovki – Plenarnoe zasedanie – Moskva, 13.-17.11.1962, 173-182.

Farfel', W. S. (1962b). Puti soveršenstvovanija sportivnoj techniki (Wege zur Vervollkommnung der sportlichen Technik). Teorija i praktika fizičeskoj kul'tury, 22 (8), 23-28.

Heilfort, U. (1986): Zur Entwicklung und zum Einsatz eines mikrorechnergestützten Meß- und Informationssystems zur effektiven Unterstützung des sporttechnischen Trainings. Leipzig.

Igel, C. & Daugs, R. (i. D.). eLearning in Sportwissenschaft und Sport: Strategien, Konzeptionen, Perspektiven. In C. Igel & R. Daugs (Hrsg.), Handbuch e-Learning. Beiträge zur Lehre und Forschung im Sport. Schorndorf: Hofmann.

Jähncke, L. & Heuer, H (1995). Interdisziplinäre Bewegungsforschung. Lengerich: Pabst Science Publishers.

Klix, F. (1971). Information und Verhalten. Berlin: VEB Deutscher Verlag der Wissenschaft.

Krug, J. (1986). Positionen zur Weiterentwicklung der Sporttechnik und des sporttechnischen Trainings in den akrobatischen Sportarten. Theorie und Praxis Leistungssport, 24 (3), 84-99.

Krug, J. (1987). Das parametergestützte Voraussetzungs- und Lerntraining - ein Beitrag zur qualitativen Intensivierung des Trainings in den akrobatischen Sportarten. Theorie und Praxis Leistungssport, 25, 116-128.

Krug, J. (1988). Stand und Aufgaben zur Weiterentwicklung des computergestützten parameterorientierten Trainings in den akrobatischen Sportarten. In 3. Biomechanik-Konferenz der DDR - Anwendung biomechanischer Verfahren zur objektiven Rückinformation im Training. (S.16-20). Leipzig: Forschungsinstitut für Körperkultur und Sport.

Krug, J. (1992). Meßplätze, Meßplatztraining, cp-Training. Meßplätze für moderne Trainingskonzeptionen des Spitzensports.(S. 4-14). Leipzig: Institut für Angewandte Trainingswissenschaft

Lang, H. (2001). Modernes Management von Bildungseinrichtungen nach dem Modell der European Foundation for Quality Management (EFQM). Habilitation an der Friedrich-Alexander-Universität Erlangen-Nürnberg. Diplomica: Hamburg.

Magill, R. A. (2001). Motor learning: Concepts and application. (Vol. 5). Boston: McGraw - Hill.

Mattes, K., Bähr, H., Böhmert, W. & Schmidt, V. (1997). Techniktraining mit direkter Anzeige rudertechnischer Kennlinien im Rennboot. In: P. Hirtz & F. Nüske (Hrsg.), Bewegungskoordination und sportliche Leistung integrativ betrachtet. Hamburg: Czwalina 226-230.

Müller, E. (i. Bd.). Messplätze und Messplatztraining in Wintersportarten. Leipziger Sportwissenschaftliche Beiträge.

Naundorf, F. Messplatztraining im Wasserspringen. Unveröffentlichter Forschungsbericht, Universität Leipzig.

Pawlow, I. P. (1955). Gesammelte Werke. Berlin: Akademieverlag.

Pöhlmann, R. & Thorhauer, H.-A. (1977). Vorwort zur deutschsprachigen Ausgabe. In: W. S. Farfel, Bewegungssteuerung im Sport (S. 5-7). Berlin: Sportverlag.

Raab, M. et.al. (i.V.). MotionLab. E-Journal Bewegung und Training.

Salmoni, A.W., Schmidt, R.A. & Walter, C.B. (1984). Knowledge of results and motor learning: a review and critical reappraisal. Psychological Bulletin, 95, 355-386.

Schmidt, R. A. & Lee, T. (1999). Motor control and learning. Champaign III: Human Kinetics.

Stark, G. (1986). Zur weiteren Erschließung des Faktors Sporttechnik und zur Erhöhung der Wirksamkeit des sporttechnischen Trainings in Vorbereitung auf die Wettkampfhöhepunkte bis 1988. Theorie und Praxis Leistungssport, 24 (3), 6-34.

Steiger, J. (1990). Structural Model Evaluation and Modification: An Interval Estimation Approach. Mulitvariate Behavioral Research, 25 (2), 173-180.

Thorhauer, H.-A. (1970a). Wesen und Charakter des Prinzips der „objektiven ergänzenden Information" und allgemeine Probleme der Steuerung und Regelung von Willkürbewegungen des Menschen. Theorie und Praxis der Körperkultur, 19 (1), 4-14.

Thorhauer, H.-A. (1970b). Probleme und Ergebnisse des methodischen Prinzips der „objektiven ergänzenden Information". Theorie und Praxis der Körperkultur, 19 (8), 700-705.

Thorhauer, H.-A. (1971). Zur Zeitstruktur der „objektiven ergänzenden Information". Theorie und Praxis der Körperkultur, 20 (5), 389-396.

Jürgen Krug/Hartmut Herrmann/Falk Naundorf/Stefan Panzer/
Klaus Wagner

Messplatztraining: Konzepte, Entwicklungsstand und Ausblick

1 Einleitung

Moderne Messplätze werden im Spitzensport in den letzten 15 Jahren immer häufiger in der Leistungsdiagnostik und zunehmend auch im Training eingesetzt (u. a. Ballreich, 1981, 1983, 1986; Daugs, 1986, 2000; Heilfort, 1986; Stark, 1986; Krug, 1988, 1991, 1996; Appell & Brüggemann, 1992). Übereinstimmend wird dabei der Einsatz der Messplätze mit der Erschließung qualitativer Faktoren (u. a. Güte der Bewegungsausführung über eine verbesserte sportliche Technik) für weitere Steigerungen der sportlichen Leistung begründet.

In den Veröffentlichungen werden statt Messplatz und Messplatztraining auch verschiedene andere Begriffe verwendet. Unterschiedlich sind auch die theoretischen Positionen, auf deren Basis die Leistungsdiagnostik und vor allem das Messplatztraining realisiert werden. Mit der Zielstellung der Evaluation sportmotorischen Messplatztrainings hat Daugs (2000) Grundzüge verschiedener Konzepte für das sportmotorische Messplatztraining analysiert und zusammengestellt. Der theoretische Ansatz des FKS/IAT[1] (u. a. Heilfort, 1986; Stark, 1986; Krug, 1988, 1991, 1996; Wagner & Krug, 1998 und zusammenfassend in diesem Band von Knoll & Wagner) wird von ihm als der „umfassendste ... und [mit] den meisten sportartspezifischen Anwendungen" beurteilt (Daugs, 2000, S. 33 ff). Kritisch sieht er, dass die wesentliche theoretische Grundlegung die Arbeitskonzeption von Heilfort (1986) geblieben ist. Auch „die wissenschaftlich-technologischen, lernbezogenen Potenzen des sportmotorischen Messplatztrainings scheinen jedenfalls noch keineswegs ausgeschöpft" (Daugs, 2000, S. 35).

Mehrere Verfasser des vorliegenden Beitrages waren in die Entwicklung dieses Messplatzkonzepts integriert. Deshalb sollen zunächst einige historische und übergreifende Aspekte zum Konzept des FKS/IAT unter der Zusammenfassung als „Leipziger Messplatzkonzept" herausgearbeitet und mit weiteren bisher weniger bekannten Arbeiten des FKS und der DHfK[2] ergänzt sowie mit ausgewähl-

---

[1] FKS – Forschungsinstitut für Körperkultur und Sport, IAT – Institut für Angewandte Trainingswissenschaft

[2] DHfK – Deutsche Hochschule für Körperkultur

ten anderen Ansätzen verglichen werden. Auf der Basis dieser Ausgangsposition werden dann die Ziele verfolgt,

- eine aktuelle Standortbestimmung zum Messplatztraining vorzunehmen und
- ausgewählte trainingsrelevante Weiterentwicklungen aufzuzeigen.

2 Konzepte zur Herausbildung des Messplatztrainings

2.1 Die Konzepte von Farfel, Čchaidze und Ratov in der ehemaligen UdSSR

Die ersten Arbeiten von Farfel' (1962a; 1962b) wurden mit dem methodischen Prinzip einer objektiven Schnellinformation charakterisiert. Die Veröffentlichungen waren auf die Vervollkommnung der sportlichen Technik[3] fokussiert. Später erfolgten Präzisierungen und Erweiterungen. Der Begriff der Schnellinformation wurde sowohl für eine Information mit technischen Mitteln unmittelbar nach der Ausführung als auch im Verlauf der ersten Minute verwendet. Die Informationsgabe wurde in Abhängigkeit von der sportlichen Aufgabe auch bereits synchron mit der Bewegung (zumeist akustisch) gegeben. Farfel (1977) unterschied eine mittelbare Information durch den Trainer von einer unmittelbaren, in der sich die technischen Mittel in einen „Autotrainager" (S. 44) verwandeln. Im Mittelpunkt der Arbeiten stand die Verbesserung der Bewegungsregulation (Bernštejn, 1947; Anochin, 1967). Farfel (1977) verfolgte bei seinen Arbeiten zur Verbesserung der Bewegungsregulation u. a. „Informationswege über Parameter der Bewegungen" (S. 13). Mit dem generellen methodischen Vorgehen über einen Vergleich der subjektiven Wahrnehmung der Bewegung und einer objektiven Schnellinformation, die an das Bewusstsein des Sportlers gerichtet ist, kann dieser Ansatz als ein informationstheoretischer[4] bezeichnet werden. Aus der übergreifenden Arbeit von Farfel (1977) geht jedoch hervor, dass die technischen Mittel zur Schnellinformation sehr breit in verschiedenen Sportarten eingesetzt wurden. Sie umfassen das Spektrum von ergometrischen Geräten über Apparate zur technischen Vervollkommnung von sportlichen Bewegungen bis zu technischen Mitteln zur Regulation der Muskelkraft.

Neben der Arbeitsrichtung von Farfel gab es in der ehemaligen UdSSR weitere Ansätze. Čchaidze (1964) orientierte sein Konzept zur Schnellinformation eben-

---

[3] Farfel bezeichnete die verschiedenen Untersuchungen selbst nicht explizit als informationstheoretisch. Thorhauer (1970) benutzte den Terminus objektiv ergänzende Information.

[4] Im Russischen wurde der Begriff technische Vervollkommnung (u. a. Djačkov, 1973) verwendet. Technische Vervollkommnung ist im deutschen Sprachraum ein Teil des Techniktrainings.

falls an kybernetischen Prinzipien. Seine Arbeiten zur Bewegungsregulation wurden auch auf die Bedingungen des Raumflugs ausgedehnt (Čchaidze, 1968). Ratov und Mitarbeiter (u. a. Ratov, 1972; Ratov, 1977; Ratov & Popov, 1987) entwickelten insbesondere das Prinzip von Autotrainagern weiter. Es entstand eine Reihe technischer Führungsapparate, die Sportler in ein höheres Niveau ihrer sportlichen Leistungsfähigkeit führen sollten. Häufig wurden dabei die Verfahren der Elektromyographie und Elektromyostimulation eingesetzt. Das sportliche Training wurde als ein „gesteuerter Prozess" betrachtet (1972, S. 6).

2.2 Leipziger Messplatzkonzept

Hochmuth (1967) sah in der Nutzung von Sofort- und Schnellinformation eine „Hauptrichtung der modernen Trainingskonzeptionen" (S. 175). Die Entwicklung spezieller Verfahren zur Information von Sportlern und Trainern über den augenblicklichen Leistungsstand war ein über viele Jahre verfolgtes Ziel der Leipziger sportwissenschaftlichen Einrichtungen DHfK und FKS. Zur Objektivierung sportlicher Bewegungsabläufe entstanden am FKS in Leipzig ab den 70er-Jahren des vergangenen Jahrhunderts verschiedene Unikate von Messplätzen (u. a. Messschanze Skispringen, Strömungskanal Schwimmen, Messplatz Gewichtheben, Messplatz Kugelstoßen). Schwerpunkt war zunächst die Erfassung sportartspezifischer Parameter zur Kraftobjektivierung (Hochmuth & Gundlach, 1982). Dabei handelte es sich in der Mehrzahl um dynamometrische Messeinrichtungen, die bereits auch schnelle Rückinformationen an Sportler und Trainer ermöglichten.

Ein weiterer wesentlicher Fortschritt wurde durch den Einsatz von Personalcomputern erreicht. Damit wurde die über viele Jahre zunächst getrennte Entwicklung von Mess-, Video- und Rechentechnik zu einem Mess- und Informationssystem (MIS) zusammengeführt. Überwiegend aus der Sicht der Computer- und Messtechnik werden die Entwicklung und der Einsatz von Mess- und Informationssystemen als ein universell nutzbares System von Heilfort (1986) beschrieben. Kernstück war die Synchronisation von dynamometrischen und kinemetrischen Verfahren.

Stark (1986) und Hochmuth (1986) stellten verschiedene Beispiele zum Einsatz dieser Systeme zur Objektivierung der sportlichen Technik vor. Das MIS war für den Einsatz in verschiedenen Sportarten vorgesehen. Die jeweiligen speziellen Anforderungen der Sportarten konnten in das System integriert werden. In der Disziplin Kugelstoß waren dies vier dynamometrische Plattformen und ein Beschleunigungsaufnehmer synchronisiert mit Videotechnik (Abb. 1).

Der Ansatz zur Nutzung von Mess- und Informationssystemen im Training ist als interdisziplinär zu charakterisieren. In verschiedenen Sportarten arbeiteten Biomechaniker, Informatiker, Physiologen, Psychologen und Trainingswissenschaftler an der Einsatzvorbereitung und Nutzung im Training. Eine wichtige Zielstellung war die Erhöhung der Wirksamkeit des Techniktrainings. Die sportliche Technik wurde allerdings nicht isoliert gesehen, sondern sie wurde in der Verbindung mit anderen Leistungsfaktoren zur Entwicklung der komplexen Leistung in der jeweiligen Sportart betrachtet.

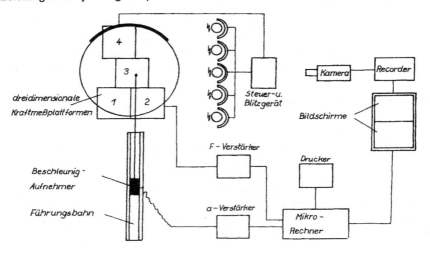

Abb. 1: Messplatz Kugelstoß (Hochmuth, 1986)

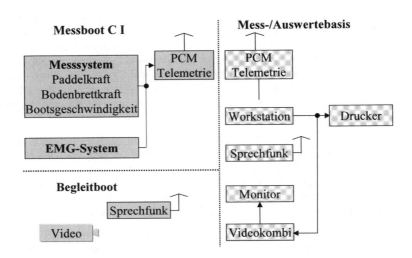

Abb. 2 Komplexes mobiles Messsystem Kanurennsport (modifiziert nach Marhold & Herrmann, 1989)

Markantes Beispiel ist die zuerst von Knauf, Hochmuth & Prause (1982) formulierte und später von Hochmuth (1986) weiter ausgebaute Orientierung des Zusammenhanges von Kraft- und Bewegungsstruktur.

Ein weiterer wichtiger Entwicklungsschritt war die systematische Nutzung des MIS im Training. Krug (1986, 1988) bezeichnete ein systematisches Training mit diesen Systemen am Beispiel der akrobatischen Sportarten als parametergestütztes Training, später computergestütztes parameterorientiertes Training (cpT). Schattke (1988) fasste den Entwicklungsstand verschiedener Verfahren mit objektiven Rückinformationen in den Sportarten zusammen und führt die verwendeten Begrifflichkeiten wie Objektivierungstraining, Messplatztraining bzw. computergestütztes parameterorientiertes Training auf. Die Beiträge auf der 3. Biomechanik-Konferenz der DDR 1988 und die Veröffentlichungen des IAT zum Entwicklungsstand der Messplätze (Krug, 1992) verdeutlichen: Das universelle Konzept von Mess- und Informationssystemen wurde für das Techniktraining, Krafttraining, Kraftausdauertrainings und vor allem für die Entwicklung der komplexen sportlichen Leistung genutzt. Darüber hinaus wurde z. T. Messplatztraining mit mentalem Training verknüpft (Frester & Fricke, 1994).

Parallel zur Entwicklung von Mess- und Informationssystemen am FKS entstanden auch an der DHfK eigenständige Systeme mit komplexen Rückinformationsstrategien. Beispiele sind Trainager im Kanurennsport (Herrmann, 1979) und komplexe Messsysteme für den Kanusport. Diese Systeme ermöglichten Feedback-Prozeduren für Sportler, Trainer und Wissenschaftler (u. a. Herrmann, 1979; Marhold & Herrmann, 1983; Marhold & Herrmann 1989). In Abb. 2 sind die verschiedenen Informations- und Kommunikationsmöglichkeiten dargestellt. Während der Bewegungsausführung im Messboot konnten synchrone Informationen an den Sportler gegeben und über die Telemetrieeinheit im Begleitboot ein weiteres zusätzliches Feedback übermittelt werden. Mit den drei Komponenten Messboot, Begleitboot und Auswerteinheit bestand ein hochkomplexer Messplatz. Das Teilsystem „Video Combi" war eine Entwicklung der FES[5] Berlin (Böhmert, 1986), welches auch in der Sportart Rudern eingesetzt wurde. Auch in der Ausdauersportart Kanurennsport wurde der Messplatz im Sinne der Einheit von Konditions- und Techniktraining genutzt. Charakteristische Merkmale des Trainings mit dem Messplatz waren eine mobil einsetzbare Messtechnik und die Verwendung des Original-Wettkampfbootes ohne zusätzliche Belastung für den Sportler durch die Messung (Rückwirkungsfreiheit). Sporttechnische Leitbilder wurden für das Messplatztraining entwickelt und für Soll-Ist-Vergleiche verwendet (Herrmann, 1992). Der Messplatz wurde zugleich in der komplexen Leistungsdiagnostik (KLD) eingesetzt.

Das „Leipziger Messplatzkonzept" wurde für die wissenschaftliche Begleitung des Spitzensports entwickelt. Messplatz und Messplatztraining erhalten eine

---

[5] FES – Forschungs- und Entwicklungsstelle für Sportgeräte

besondere Funktion in der Leistungsdiagnostik sowie in der Trainings- und Leistungssteuerung (Krug, 1994). Im Unterschied zum Ansatz von Farfel, bei dem die Informationsgestaltung im Mittelpunkt stand, orientiert das „Leipziger Messplatzkonzept" auf die Weiterentwicklung der sportlichen Leistung.

3 Versuch einer Standortbestimmung des Messplatztrainings

3.1 Aktueller Entwicklungsstand

Der erreichte Stand zur Nutzung von Messplätzen im Training soll nachfolgend eingeschätzt werden. Messplätze sind heute für viele Aufgabenstellungen am IAT und am FES, in den Olympiastützpunkten sowie in sportwissenschaftlichen Instituten der Universitäten ein Standard geworden (Daugs, 2000).

In der Literatur werden im Allgemeinen Messplätze mit ihren Teilkomponenten beschrieben. Im englischsprachigen Schrifttum werden Messplätze als measuring units bezeichnet und lediglich bei der Untersuchungsmethode zur Objektivierung der zu untersuchenden Parameter angegeben.

Farfel (1977) klassifizierte die technischen Mittel der Schnellinformation nach inhaltlichen Aspekten, z. B. Information über die Bewegungsgeschwindigkeit oder den Bewegungsrhythmus. Die Vielfalt der Messplätze erfordert heute jedoch zusätzliche Kriterien.

Weitere notwendige Differenzierungsmerkmale sind Bewegungsstruktur, Struktur der Informationen, Modalität der Information und Stellung des Trainers im Trainingsprozess. Beim Einsatz im Training ist die Art des Trainings wie Technik- oder Konditionstraining zu differenzieren. Wird ein Messplatz in der Leistungsdiagnostik genutzt, entfallen die im Training wichtigen Aspekte wie Informationsart (u. a. Sollwert-, Istwert-, Diskrepanz- und Korrekturinformation) und Informationsfrequenz.

In den letzten Jahren wurden mehrere wissenschaftliche Projekte unter der Federführung des BISp und des IAT realisiert. Dadurch wurden weitere Messplätze für Diagnostik und Training in der Trainingspraxis eingeführt. Einen Überblick zum Einsatz der Messplätze in den Olympiastützpunkten geben Krug, Naundorf und Lattke (2002). Die Messplätze werden überwiegend zur Diagnostik eingesetzt. Im Training werden sie für Technik- und Konditionstraining verwendet. Bei der Modalität der Information überwiegt die akustische vor der optischen; bei der optischen Information das Video-Feedback. Messplatztraining mit Synchroninformation während der Bewegung oder im entsprechenden Zeitintervall nach der Ausführung und der notwendigen Systematik im Mesozyklus liegt unter dem Anteil der Diagnostik.

Die Erfahrungen sind allerdings in den Olympiastützpunkten unterschiedlich. So liegen im Olympiastützpunkt Berlin deutlich höhere Anteile beim Messplatzeinsatz für die Entwicklung konditioneller Leistungsvoraussetzungen und für das Messplatztraining selbst vor (vgl. Bähr/Buckwitz in diesem Heft).

Auffällig ist, dass in der Literatur und in der Trainingspraxis recht unterschiedliche Begriffe verwendet werden. Neben Messplatz und Mess- und Informationssystemen tauchen z. B. Autotrainager, Trainager, Imitationsgerät und Simulator auf. Häufig werden die Geräte direkt nach ihrer Funktion bezeichnet, wie Messrad, Saltodrehgerät und Schwimmkanal. Bei letzteren wurde die Bezeichnung auch nach der Weiterentwicklung zum Messplatz beibehalten.

Deshalb wird zunächst eine Begriffsbestimmung von Messplatz und Messplatztraining vorgenommen.

3.2 Was ist ein Messplatz?

Im Spitzensport wurde zunächst ein Messplatz fast ausnahmslos mit einem technischen System in Verbindung gebracht, mit dem bei der sportlichen Tätigkeit erzeugte physikalische Größen oder durch diese Tätigkeit induzierte physiologische Parameter gemessen werden. Mit der Entwicklung der Mikrorechentechnik entstanden Systeme, mit denen nicht mehr nur gemessen, sondern auch Informationen verarbeitet, gespeichert und nach dem Bewegungsvollzug transformiert an Sportler und Trainer weiter geleitet werden. Diese neue Systemkategorie wurde als „Mess- und Informationssystem (MIS)" (Heilfort, 1986) bezeichnet. Das klassische Messen ist nur noch eine Variante des Einsatzes.

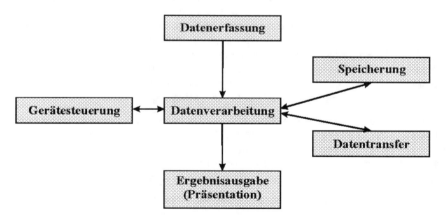

Abb. 3: Komponenten eines Messplatzes (Wagner & Krug, 1998)

Neben umfangreichen Möglichkeiten zur Speicherung der Informationen sind heute vor allem die Erfassung, Verarbeitung und Präsentation von multimedialen, insbesondere visuellen Informationen für verschiedene Vergleiche charakteristisch. In der deutschsprachigen Literatur hat sich jedoch der Begriff des Mess- und Informationssystems zur qualitativen Unterscheidung zum Messplatz nicht durchgesetzt. Die Verkopplung von Video- und Messtechnik über einen Computer wird gegenwärtig mit dem Begriff Messplatz verknüpft. Insbesondere werden mittels Computer Videobildinformationen mit dynamometrischen Messwerten verbunden. Darüber hinaus werden weitere für die Leistungsstruktur der jeweiligen Sportart notwendige Parameter (z. B. physiologische) erfasst. Bildinformationen sowie Messwerte vom Bewegungsablauf und vom Sportler selbst werden im Training am Messplatz verarbeitet und als Rückinformationen Sportler und Trainer zur Verfügung gestellt. Im Allgemeinen besteht ein Messplatz aus den in der Abb. 3 angegebenen Komponenten.

3.3 Definition Messplatztraining

Da der Messplatz ein technisches Mittel zur Präsentation von objektiver Information im Training ist, wurde ein Training mit Messplatz einfach als Objektivierungstraining, computergestütztes parameterorientiertes Training (cpT) oder kurz Messplatztraining bezeichnet. In den bisher vorliegenden Konzepten wurden der Einsatz des jeweiligen Messplatzes und z. T. auch die damit erzielten Effekte beschrieben. Über Deskriptionen hinausgehend soll für eine weitere Vertiefung der Standortbestimmung eine Definition des Messplatztrainings gegeben werden.

Messplatztraining (MPT) wurde in Weiterführung des Prinzips der objektiv ergänzenden Information unter Nutzung moderner Mess-, Video und Computertechnik entwickelt. Dem Wesen nach ist MPT Technik- oder Konditionstraining bzw. komplexes Training zur Steigerung der sportlichen Leistung. Beim MPT wird der Bewegungsvollzug in der Interaktion mit Sportgerät und Umwelt über biomechanische Bewegungsmerkmale und leistungsphysiologische Kennziffern objektiviert und in einem trainingswirksamen Zeitintervall[6] als Feedback mit Soll-Ist-Vergleichen für Sportler und Trainer zur Verfügung gestellt.

Damit ist Messplatztraining Koordinations-, Technik-, Kraft-, Ausdauer-, Schnelligkeits- bzw. auch komplexes Training. Zunehmende Bedeutung erlangt es als Rehabilitationstraining. Eine besondere Rolle spielt auf Grund der vielfältigen Möglichkeiten der Informationsgabe das Techniktraining bzw. seine Verknüpfung mit anderen Trainingsarten (z. B. technikorientiertes Krafttraining).

Für die angestrebte Zielorientierung sollte Messplatztraining gegenüber traditioneller Trainingsgestaltung eine höhere Wirksamkeit besitzen. Dieser Nachweis wurde jedoch nur in wenigen Fällen geführt (Daugs, 2000, S. 47 ff).

---

[6] Mit einem trainingswirksamen Zeitintervall sollen Rückinformationsintervalle sowohl für informationelle (Lernprozesse sporttechnischer Fertigkeiten) als auch für energetische Prozesse angesprochen werden.

4 Beitrag zur Theorieentwicklung und Ausblick

4.1 Beitrag zur Theorieentwicklung

Die Theorie zum sportlichen Training setzt sich aus unterschiedlichen Bestandteilen zusammen. Sie enthält nicht nur trainingswissenschaftliche Ausrichtungen sondern auch über bewegungs- und trainingswissenschaftliche Disziplinen hinausgehende multidisziplinäre Ansatzpunkte. Grundsätzlich ist aber einzuschätzen, dass bisher keine systematische und differenzierte wissenschaftstheoretische Analyse zu Aufbau, Funktion und Entwicklung der Theorie des sportlichen Trainings vorliegt. Standpunkte und Ansätze finden sich u. a. bei Carl (1996), Schnabel (1998), Hohmann (1999) und Daugs et al. (1999).

Hier sollten wir uns der Frage zuwenden, ob über das Messplatztraining mit seinen vielfältigen Anforderungen ein weiterer Beitrag zur Theorieentwicklung des sportlichen Trainings geliefert wurde.

Aus den Beschreibungen der vielschichtigen Nutzung von Messplätzen zur Diagnose des Leistungsstandes, den bisherigen begrifflichen Unschärfen zum Messplatztraining und den relativ geringen Erfahrungswerten über die Wirkung des Messplatztrainings auf die Leistungsentwicklung wird ebenfalls deutlich, dass auch über das Messplatztraining noch keine in sich schlüssige Theorie zum Training entstanden ist. Es lassen sich aber Ansatzpunkte zu Beiträgen für eine Theorieentwicklung erkennen.

Versuchen wir eine Bestandsaufnahme aus der Sicht des Leistungssports. Zunächst haben wir festgestellt, dass der überwiegende Anteil des Messplatztrainings als Techniktraining oder technikorientiertes Training charakterisiert werden kann. Dieses Training ist ein komplexer Gegenstand, der u. a. mit Methoden der Biomechanik zur sportlichen Technik, der Sportmotorik zum motorischen Lernen und der motorischen Kontrolle sowie der Trainingswissenschaft zum Einsatz effizienter Methoden in einem Trainingsabschnitt untersucht wird. Beiträge zu Theoriepositionen gibt es zu folgenden Komplexen:

1. Mit Methoden der Biomechanik lassen sich optimale Lösungen der Bewegungsaufgabe auf der Basis des vorliegenden Erkenntnisstandes begründen. Dabei werden unterschiedliche Optimierungskriterien beachtet: So unterscheidet sich ein zyklischer Bewegungsablauf zur Erzielung eines möglichst großen Vortriebs ganz wesentlich von Höchstschwierigkeiten mit rationalen und expressiven Leistungsmerkmalen in technisch-kompositorischen Sportarten.

2. Am Messplatz kommen unterschiedliche Feedback-Prozeduren zum Einsatz. Folglich gehören zur Theorieposition Begründungen für eine wirkungsvolle Nutzung der Informationsstrategien. An der Optimierung des Vorgehens bei der Rückführung der Informationsmannigfaltigkeit auf eine

für das Individuum umsetzbare Einfachstruktur der Informationsgabe wird weiter gearbeitet.
3. Messplatztraining ist trainingswissenschaftlich gesehen ein Bestandteil der Trainings- und Leistungssteuerung. Da Messplatztraining über mehrere Mesozyklen zum Einsatz kommen kann, sind bisherige Begründungen für einen effektiven Trainings- und Leistungsaufbau unter Berücksichtigung methodischer Anforderungen zur komplexen Leistungsentwicklung mit Kraft-, Ausdauer- Schnelligkeits- und Beweglichkeitstraining weiter zu vertiefen.

Wesentliche Entwicklungen des Messplatztrainings basieren auf der Verfügbarkeit von Mess-, Video- und Computertechnik und deren Adaptation für die unterschiedlichen Anforderungen im Training. Die Disziplinen Biomechanik, Sportmotorik und Trainingswissenschaft haben diese Bedingungen für das Messplatztraining genutzt. Ein interdisziplinäres Theoriegebäude fehlt.

4.2 Ausblick

Auf Grund der geräte- und computertechnischen Entwicklungen wird sich wahrscheinlich der Einsatz von Messplätzen im Training weiter erhöhen. Dabei ist u. a. zu erwarten, dass

- über den Messplatz per Internet auf große Datenbanksysteme über sporttechnische Lösungsvarianten und trainingsmethodische Lösungswege zugegriffen werden kann (Hildebrand & Wagner, 1997),
- durch neue Visualisierungstechnologien (3D-Bildschirme) Instruktionen und Feedbackinformationen zu höherer Anschaulichkeit führen,
- eine weitere Miniaturisierung den Messplatz direkt an Sportler und Gerät (Messski, Messboot, Messreck) bringen wird,
- Bildmessverfahren auf der Basis einer automatischen Realtime-Objekterkennung realisiert werden,
- über Modellierungs- und Simulationsverfahren individuelle Vorgaben für den Sportler gegeben werden können.

Zunächst sind jedoch die Problemfelder des Messplatztrainings besser zu strukturieren. Die in diesem Artikel begonnene Differenzierung in Trainingsarten ist in weiteren Untersuchungen fortzusetzen. Allein das Techniktraining selbst unterscheidet sich in den verschiedenen Sportarten erheblich. Ein besonders wichtiges Problem ist der Einsatz der Messplätze, bei denen nur Teile der Wettkampfübung oder eine veränderte Bewegungsstruktur trainiert wird (z. B. Krafttrainingsgerät Speer, Simulatoren, semispezifische Mittel). Aus wissenschaftlicher Sicht müsste der Nutzen als Umsetzungsproblem in die Wettkampfleistung untersucht werden. Derartige Ansätze fehlen bisher.

Im Konzept von Farfel (1977) wurden einige Autotrainager vorgestellt. Diese Systeme werden derzeit an den OSP nicht aufgeführt (vgl. Krug, Naundorf und Lattke, 2002). Ebenso führte Farfel (1977) eine größere Anzahl von technischen Mitteln mit akustischer Information auf. Aus der Befragung der Olympiastützpunkte geht hervor, dass lediglich eine verbale Interpretation der erfassten Kennwerte und Kennlinien erfolgt. Es ist zu vermuten, dass die starke Betonung optischer Informationen auf die moderne Video- und Computertechnik zurückzuführen ist. Ist diese Information aber tatsächlich wirksamer? Auf den Vorteil der Kombination von akustischen und optischen als audiovisuelle Informationen weist Effenberg (2001) hin, allerdings ist sein Konzept bisher nicht als Messplatztraining erprobt.

Verschiedene Untersuchungen belegen (u. a. Fehres, 1992), dass für ein Feedback im Training ein Intervall von mehr als 90 Sekunden möglichst nicht überschritten werden soll. Die Untersuchung bezog sich auf eine kognitiv-konzeptbildende Aufgabe. Zur Generalisierung der getroffenen Aussage fehlen Studien mit Spitzenathleten in verschiedenen Sportarten (vgl. auch Daugs, 2000). Insbesondere müssen bei den unterschiedlichen Trainingsarten neben zentralnervalen Aspekten der Informationsverarbeitung und -speicherung Ansprechintervalle der beanspruchten Organsysteme und trainingsorganisatorische Bedingungen berücksichtigt werden.

Die Informationsprozeduren am Messplatz sind äußerst vielgestaltig. Die Auswahl der anzusteuernden Leistungsmerkmale ist ein schwieriges Problem. Ansätze dazu finden sich u. a. bei Mendoza und Schöllhorn (1991), Mattes, Bähr, Böhmert und Schmidt (1997), Naundorf et al. (in diesem Band). Die intendierten Veränderungen sind über längere Behaltensintervalle zu überprüfen. Da das Messplatztraining auf die Verbesserung der komplexen Leistung abzielt, sind auch Umsetzungsprobleme in die Wettkampfleistung zu überprüfen.

Im Leistungssport bestehen besondere Bedingungen durch kleine Gruppen und ein hohes Maß an Individualität im Training bei der Entwicklung sportlicher Leistungen. Standards zur Überprüfung von Effekten der Trainingswirksamkeit unter diesen Bedingungen fehlen noch, insofern ist die systematische Replikation von Studien zur Verringerung von Zufallsfehlern unabdingbar (vgl. Robinson & Forster, 1979). Abschließend ist darauf hinzuweisen, dass Messplatztraining keine eigenständige Trainingsart ist. Der Mehrwert entsteht durch die interdisziplinäre Verknüpfung von biomechanischen, lernpsychologischen und trainingswissenschaftlichen Problemstellungen. Neben der Forderung nach einer interdisziplinären Theorie ist auch der praktische Nutzen durch Wirksamkeitsanalysen des realisierten Messplatztrainings eine nach wie vor unzureichend umgesetzte Forderung. Dazu ist Daugs (2000) zuzustimmen, dass für das Messplatztraining ein Qualitätsmanagement als eine Form wissenschaftlicher Kontrolle einzuführen ist.

Literatur

Anochin, P. K. (1967). Das funktionelle System als Grundlage der physiologischen Architektur des Verhaltensaktes. Jena: Gustav-Fischer-Verlag.

Appell, H. J. & Brüggemann, G. P. (Hrsg.). (1992). Erfassen und Messen sportlicher Leistungen. Brennpunkte der Sportwissenschaft, 6 (1). Sankt Augustin: Academia.

Bähr, H. & Buckwitz, R. (2004). Leistungsbezogener Einsatz von Messplätzen am OSP Berlin - Eine Systematisierung und ausgewählte Problemstellungen. In J. Krug/H.-J. Minow (Hrsg.), Messplatztraining (S. 97-103). Sankt Augustin: Academia.

Ballreich, R. (1981). Analyse und Ansteuerung sportmotorischer Techniken aus trainingsmethodischer und biomechanischer Sicht. Leistungssport, 11 (6), 513-526.

Ballreich, R. (1983). Biomechanische Aspekte der Ansteuerung sportmotorischer Techniken. Leistungssport, 13 (5), 33-38.

Ballreich, R. (1986). Biomechanische Aspekte der Ansteuerung sportlicher Techniken. In R. Daugs (Hrsg.), Die Steuerung des Techniktrainings durch Feedback-Medien (S. 34-48). Frankfurt/Main: Limpert Verlag.

Bernštejn, N. A. (1947). O postroenii dviženij (Über den Aufbau der Bewegungen). Moskva: Medgis.

Böhmert, W. (1986). Zum Einsatz der Gerätentwicklung „Video Combi" zur Rudertechnikschulung im Freiwasserbereich (Ergebnisbericht). Berlin: Forschungs- und Entwicklungsstelle für Sportgeräte.

Carl, K. (1996). Trainingswissenschaft heute. Versuch der Bilanzierung der Diskussion zum aktuellen Stand der Trainingswissenschaft. In H.-A. Thorhauer (Hrsg.), Trainingswissenschaft. Theoretische und methodische Fragen in der Diskussion (S. 7-26). Köln: Sport und Buch Strauß.

Čchaidze, L.V. (1964). Sročnaja (tekuščaja) biomechaničeskaja informacija v trenirovke velosipedista (Die biomechanische (mitfließende) Schnellinformation im Training des Radsportlers). Teroija i praktika fizičeskoj kultury, 27 (6), 54-57.

Čchaidze, L. V. (1968). Koordinacija proizvol'nych dviženij čeloveka v uslovijach kosmičeskogo poljota (Koordination freier Bewegungen des Menschen unter den Bedingungen des Raumfluges). Moskva: Izdatel'stvo nauka.

Daugs, R. (2000). Evaluation sportmotorischen Messplatztrainings im Spitzensport. Köln: Sport und Buch Strauß.

Daugs, R. (Hrsg.) (1986). Medien im Sport. Die Steuerung des Techniktrainings durch Feedback-Medien. Frankfurt/Main: Akademieschrift der FVA Verlag.

Daugs, R., Blischke, K., Marschall, F., Müller H. & Olivier, N. (1996). Sportmotorisches Lernen und Techniktraining - ein Werkstattbericht. Leistungssport, 26 (4), 32-36.

Daugs, R., Olivier, N., Wiemeyer, J. & Panzer S. (1999). Wissenschaftstheoretische und methodische Probleme bei der sportwissenschaftlichen Erforschung von Bewegung, Motorik und Training. In J. Wiemeyer (Hrsg.), Forschungsmethodologische Aspekte von Bewegung, Motorik und Training im Sport (S. 13-36). Hamburg: Czwalina.

Effenberg, A. O. (2001). Effekte multisensorisch-konvergenter Information in der Wahrnehmung und bei der Beurteilung und Ausführung komplexer Sportbewegungen. Unveröff. Habil. an der Universität Bonn.

Farfel, W. S. (1977). Bewegungssteuerung im Sport. Berlin: Sportverlag.

Farfel', W. S. (1962a). Metody sročnoj informacii v sportivnoj trenirovke (Methoden der Sofort-Information im sportlichen Training). Meždunarodnaja naučnometodičeskaja konferencija po problemam sportivnoj trenirovki – Plenarnoe zasedanie – Moskva, 13.-17.11.1962, 173-182.

Farfel', W. S. (1962b). Puti soveršenstvovanija sportivnoj techniki (Wege zur Vervollkommnung der sportlichen Technik). Teorija i praktika fizičeskoj kul'tury, 22 (8), 23-28.

Fehres, K. (1992). Videogestütztes Techniktraining im Sport: Theoretische Grundlagen und experimentelle Untersuchungen. Köln: Sport und Buch Strauss.

Frester, R. & Fricke, B. (1994). Psychologisch unterstütztes Techniktraining am komplexen Messplatz - Beispiel Wasserspringen. Schriftenreihe zur angewandten Trainingswissenschaft, 1 (1), 68 82.

Heilfort, U. (1986). Zur Entwicklung und zum Einsatz eines mikrorechnergestützten Mess- und Informationssystems zur effektiven Unterstützung des sporttechnischen Trainings. In P. Schacke (Hrsg.) Mikrorechnergestütztes Mess- und Informationssystem. (S. 5-55). Leipzig: Forschungsinstitut für Körperkultur und Sport.

Herrmann, H. (1979). Ein Trainager zur Entwicklung sporttechnischer Fertigkeiten und konditioneller Fähigkeiten im Kanurennsport. Theorie und Praxis des Leistungssports, Beiheft 1, 102-106.

Herrmann, H. (1992). Ausgewählte Aspekte der sportlichen Technik in den Ausdauersportarten und Probleme ihrer Umsetzung aus biomechanischer Sicht. Leistungssport, 22 (1), 57-60.

Hildebrand, F. & Wagner, K. (1997). Technologische Entwicklungen und ihre Einflüsse auf die Leistungsentwicklung, Trainingssteuerung und Wettkampfführung. Zeitschrift für Angewandte Trainingswissenschaft, 4 (1), 6-25.

Hochmuth, G. (1967). Biomechanik sportlicher Bewegungen. Berlin: Sportverlag.

Hochmuth, G. & Gundlach, H. (1982). Zum gegenwärtigen Stand der Theorie und Praxis des Krafttrainings und zu einigen Reserven für die weitere Steigerung der sportlichen Leistungen. Theorie und Praxis Leistungssport, 21 (2/3), 7-39.

Hochmuth, G. (1986). Der Beitrag der Biomechanik zur höheren Wirksamkeit des Techniktrainings. Theorie und Praxis Leistungssport, 24 (3), 35-55.

Hohmann, A. (1999). Anwendungs- und Grundlagenorientierung in der Trainings- und Bewegungsforschung. In J. Wiemeyer (Hrsg.), Forschungsmethodologische Aspekte von Bewegung, Motorik und Training im Sport (S. 37-54). Hamburg: Czwalina.

Knauf, M. Hochmuth, G. & Prause, D. (1982). Die Bewegungsstruktur von Krafttrainingsübungen unter dem Aspekt der Erhöhung der Bewegungsleistung in der Wettkampfübung. Theorie und Praxis Leistungssport, 21 (2/3), 40-61.

Knoll, K. & Wagner, K. (2004). Messplätze und Messplatzentwicklung am IAT. In J. Krug/Minow (Hrsg.), Messplatztraining (S. 139-151). Sankt Augustin: Academia.

Krug, J. (1986). Positionen zur Weiterentwicklung der Sporttechnik und des sporttechnischen Trainings in den akrobatischen Sportarten. Theorie und Praxis Leistungssport, 24 (3), 84-99.

Krug, J. (1988). Stand und Aufgaben zur Weiterentwicklung des computergestützten parameterorientierten Trainings in den akrobatischen Sportarten. In 3. Biomechanik-Konferenz der DDR - Anwendung biomechanischer Verfahren zur objektiven Rückinformation im Training. (S.16-20). Leipzig: Forschungsinstitut für Körperkultur und Sport.

Krug, J. (1992). Messplätze, Messplatztraining, cp-Training. Messplätze für moderne Trainingskonzeptionen des Spitzensports.(S. 4-14). Leipzig: Institut für Angewandte Trainingswissenschaft .

Krug, J. (1994). Wissenschaftliche Begleitung im Spitzensport - Konzepte - Probleme – Lösungsansätze. In R. Brack, A. Hohmann & H. Wieland (Hrsg.), Trainingssteuerung - Konzeptionelle und trainingsmethodische Aspekte (S. 30-40). Stuttgart: Naglschmid.

Krug, J. (Hrsg.) (1991). Mess- und Informationssysteme. Leipzig: Forschungsinstitut für Körperkultur und Sport.

Krug, J., Heilfort, U. & Zinner, J. (1996). Digitales Video- und Signalanalysesystem - DIGVIS. Ein neues Messplatzkonzept für den Spitzensport. Leistungssport, 26 (1), 13-16.

Krug, J., Naundorf, F. & Lattke, S.(2002). Bericht zum Einsatz von Messplätzen an den Olympiastützpunkten. Sportwissenschaftliche Fakultät der Universität Leipzig: Ergebnisbericht.

Marhold, G. & Herrmann, H. (1983). Some Possibilities and Problems in Collecting Data for the Biomechanical Analysis of Sport Techniques in Flatwater Canoe Events. In H. Matsui & K. Kobayashi (Eds.), Proceedings of the 8. International Congress of Biomechanics (pp. 1053-1063). Nagoya.

Marhold, G. & Herrmann, H. (1989). Elaboration, utilization and changes of sporttechnical ideals from biomechanical point of view. In Proceedings of the first IOC World Congress on Sport Sciences (pp. 259-264). Colorado.

Mattes, K., Bähr, H., Böhmert, W. & Schmidt, V. (1997). Techniktraining mit direkter Anzeige rudertechnischer Kennlinien im Rennboot. In P. Hirtz, F. Nüske (Hrsg.), Bewegungskoordination und sportliche Leistung integrativ betrachtet (S. 226-230). Hamburg: Czwalina.

Mendoza, L. & Schöllhorn, W. (1991). Die Ansteuerung räumlicher Merkmale der Diskuswurftechnik im Hochleistungsbereich mit Hilfe eines biomechanischen Schnellinformationssystems. Leistungssport, 21 (3), 18-22.

Naundorf, F., Lattke, S., Wenzel, K. & Krug, J. (2004). Messplatztraining im Nachwuchsleistungssport Wasserspringen. In J. Krug/H.-J. Minow (Hrsg.), Messplatztraining (S. 158-163). Sankt Augustin: Academia.

Ratov, I. P. (1972). Untersuchung der sportlichen Bewegungen und der Möglichkeiten zur gesteuerten Veränderung ihrer Charakteristik durch den Einsatz technischer Mittel. In Studientexte zur Biomechanik sportlicher Bewegungen (S. 6-31). DHfK Leipzig.

Ratov, I. P. (1977). Zur Veränderung des Trainingssystems durch technische Mittel und Trainingsapparate. Leistungssport, 7 (2), 129-135.

Ratov, I. P. & Popov, G. I. (1987). Upravlenie izmenenjami parametrov sportivnych dviženij ispol'zovaniem uprugych rekuperatov energii. (Steuerung der Veränderung von Parametern sportlicher Bewegungen unter Nutzung von elastischen Rekuperatoren). Teorija i praktika fizičeskoj kul'tury, 22 (8), 23-28.

Robinson, P. W. & Forster, D. (1979). Experimental Psychology: A small-N approach. New York: Harper & Row Publishers.

Schattke, U. (1988). Der Beitrag der Biomechanik zur Erhöhung der Effektivität des Trainings durch den Einsatz von Verfahren mit objektiver Rückinformation. In 3. Biomechanik-Konferenz der DDR - Anwendung biomechanischer Verfahren zur objektiven Rückinformation im Training. (S. 6-15). Leipzig: Forschungsinstitut für Körperkultur und Sport.

Stark, G. (1986). Zur weiteren Erschließung des Faktors Sporttechnik und zur Erhöhung der Wirksamkeit des sporttechnischen Trainings in Vorbereitung auf die Wettkampfhöhepunkte bis 1988. Theorie und Praxis Leistungssport, 24 (3), 6-34.

Thorhauer, H.-A. (1970). Wesen und Charakter des Prinzips der „objektiven ergänzenden Information" und allgemeine Probleme der Steuerung und Regelung von Willkürbewegungen des Menschen. Theorie und Praxis der Körperkultur, 19 (1), 4-14.

Wagner, K. & Krug, J. (1998). Messplätze und computergestütztes Training - Stand und Entwicklungsanspruch. In J. Mester & J. Perl (Hrsg.), Informatik im Sport (S. 192-204). Köln: Sport und Buch Strauß.

Wladimir I. Ljach

Der Einfluss von Farfel auf die Entwicklung sportmotorischer Messplätze

1 Einleitung

Beim Erlernen motorischer Handlungen - falls keine technischen Mittel zur Messung von Bewegungen benutzt werden - haben wir hauptsächlich mit zwei Informationsquellen zu tun, und beide sind subjektiv. Das sind, erstens, die Hauptoder Eigeninformation, auf die sich der Sportler selbst bei der Bewegungsausführung stützt, und zweitens, fremde, zusätzliche Information, die vom Trainer oder Sportlehrer kommt. Laut Farfel reicht das bei weitem nicht aus, um bewusst die objektiven Bewegungsparameter zu steuern. Es ist notwendig, dass die Fremdinformation Daten über die quantitative Seite der Bewegung beinhaltet. Dafür benutzt man schon ziemlich lange einfache technische Messgeräte - Messband, Stoppuhr, Waage. In den 20 - 40er Jahren des 20. Jahrhunderts kamen kompliziertere Messgeräte dazu: Foto- und Filmaufnahmen, darunter auch die Chronozyklographie, die es ermöglicht, die Kinematik und Dynamik verschiedener Bewegungen des Menschen mit Hilfe von speziellen Fotoaufnahmen mit hoher Genauigkeit zu analysieren (Bernstein, 1926, 1947). Später kamen dazu Videoaufnahmen, und heute - Computertechnik.

All diese Geräte sind wichtige technische Mittel, die dem Trainer bei der Bewegungseinschätzung des Sportlers helfen. Trotzdem - nach Meinung von Farfel (1975, S. 31) - geben sie keine genaue Information über verschiedene Bewegungsparameter unmittelbar nach dem Ende der Bewegungsausführung. So stellte Farfel Ende der 50er-Jahre vorigen Jahrhunderts die Frage über die Entwicklung von speziellen technischen Mitteln für eine objektive Schnellinformation über Bewegungsparameter - "Mittel, die für eine effektive Nutzung unmittelbar im Sportunterricht oder im Training geeignet sind". Diese sportmotorischen Messplätze, die Ergebnis der Forschungsarbeit und des Erfindungsgeistes von Farfel und seiner zahlreichen Schüler sind, werden benutzt für:

- die Erforschung des Bewegungssteuerungsprozesses,
- die Verbesserung des Lernprozesses und die Vervollkommnung der sportlichen Technik.

Im Folgenden werden im Vortrag eine Systematisierung und eine kurze Charakteristik technischer Mittel (sportmotorischer Messplätze) dargestellt, die in die Theorie und Praxis der Sportwissenschaft von Farfel und seinen Schülern eingeführt worden sind.

Farfel (1975) hat technische Mittel nach Hauptbewegungsparametern systematisiert: Räumliche Messungen, Bewegungsgeschwindigkeit, Zeit der Bewegungsreaktion, Zeit für eine Einzelbewegung und Bewegungsrhythmus, Werte für die erforderliche Muskelanspannung, Leistungsfähigkeit des Sportlers.

2 Systematisierung und Charakteristik sportmotorischer Messplätze

2.1 Messgeräte für metrische Maße

Das einfachste Messgerät - das Messband - hat Farfel nicht für das übliche Messen der Maximalsprunghöhe oder -weite benutzt, sondern zum Messen der Sprunggenauigkeit bei vorgegebener Entfernung. Nach dem Sprung mit maximaler Kraft hat der Sportler die Aufgabe bekommen, die Hälfte der Maximalsprungweite zu realisieren. Gemessen wurde die Differenz zwischen dem Soll- und dem Ist-Wert, d.h. die Fehlergröße.

Die Übung (Test) wurde mehrmals wiederholt, um die mittlere Abweichung und Fehler festzustellen. Dieses Verfahren nutzt man heute bei der Feststellung der Reproduktionsgenauigkeit der räumlichen, zeitlichen oder dynamischen Bewegungsparameter.

Außerdem erfüllte der Sportler (Schüler) mehrmals eine weitere Aufgabe - er sollte die Höhe bzw. Weite des Sprunges minimal erhöhen oder verringern. Heutzutage nutzt man dieses Verfahren zur genauen Differenzierung der Bewegungsparameter.

Die oben erwähnten Verfahren benutzte Farfel nicht nur zur Feststellung der Fähigkeit, die Sprünge zu steuern, sondern auch beim Erarbeiten der Sprunggenauigkeit durch Sofortinformation über die Fehlergröße nach jedem Versuch (z. B., genaues Aufstellen des Fußes auf die Sprunglatte beim Abstoß).

Das Messband hat man für die automatische Signalisierung des „Umsetzens" im Gewichtheben verwendet (Roman, 1965). In einem bestimmten Teil des Bandes wurde ein Spezialkontakt befestigt, wonach ein Ton- oder Lichtsignal entstand, wenn die Hantel die vorgegebene Entfernung passiert hat. Dies galt als Information für den Gewichtheber, wann er mit dem "Umsetzen" beginnen soll.

Eine elektronische Anlage (Abb. 1), die die Amplitude der Schwünge auf dem Barren registriert, wurde von Tscheburajev (1966) entwickelt. Sie besteht aus Fotoelementen (1), die im Halbkreis seitlich des Barrens angebracht sind. Die Entfernung zwischen den Fotoelementen entspricht 5° des Körperwinkels. Auf der Basis dieser Fotoelemente wurde auch eine automatische akustische Signalanlage entwickelt, die den Turner sofort darüber informierte, dass er den notwendigen räumlichen Punkt erreicht hat. Eine spezielle Anlage zur Registrierung räumlicher Bewegungsgenauigkeit im Fechten wurde von Gussewa (1965)

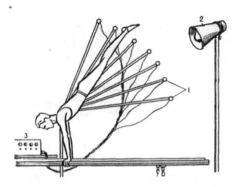

Abb. 1: Elektronische Vorrichtung zur Schnellinformation über die Schwungamplitude am Barren (nach Tscheburajev, 1966)

entwickelt. Auf einer Puppe oder auf der Brust des Gegners werden Zielscheiben aus konzentrischen Kreisen angebracht. Darunter befinden sich Lämpchen, die entsprechend dem geplanten Programm aufleuchten. Der Sportler bekommt die Aufgabe, das Zentrum einer bestimmten Zielscheibe zu treffen. Die Hiebgenauigkeit wird abhängig davon bewertet, welchen der konzentrischen Kreise er trifft.

2.2 Messgeräte zur Information über die Bewegungsgeschwindigkeit

Das verbreitetste Gerät zur Messung der der Fortbewegungsgeschwindigkeit (Strecke und ihre Teile) ist bekannterweise die Stoppuhr. Nach Meinung von Farfel (1975) kann man mit Hilfe der Information über die Zeit beim wiederholten Durchlaufen einer vorgegebenen Strecke unter der Aufgabenstellung, die Geschwindigkeit minimal zu erhöhen oder zu verringern, beim Sportler das „Geschwindigkeitsgefühl" vervollkommnen und die Geschwindigkeitssteuerung verbessern. Es wurde nicht nur die Teilstreckenlaufzeit registriert. Farfel hat auch ein Verfahren zur Schrittzahlzählung mit Hilfe eines Impulszählers vorgeschlagen, der die Bewegungen eines Kontaktschalters summierte. Der Schalter wurde von einem Beobachter bei jedem Schritt des Sportlers gedrückt. Aufgrund der bekannten Zeit (t) auf der vorgegebenen Teilstrecke (s) und der Schrittzahl (n) auf dieser Teilstrecke wird die Geschwindigkeit $v = s/t$ (m/s), Schrittlänge l (cm), Schrittzeit t (s) und Schrittfrequenz f (s^{-1} oder m^{-1}). Die festgestellten Parameter wurden dem Sportler nach dem Passieren einer vorgegebenen Strecke mitgeteilt. Auf der Basis dieser Idee wurden Verfahren nicht nur zur Verbesserung der Laufgeschwindigkeit, sondern auch zur Verbesserung der Schrittlänge und -frequenz im Laufen (Pjankov, 1961), im Eisschnelllauf (Podar, 1966) und im Skilauf (Korytnikov, 1963), sowie der Zugamplitude und -frequenz im Schwimmen (Makarenko, 1963; Botnarenko, 1970) erarbeitet.

Zum Messen der Dauer einzelner Schritte oder Züge wurden Kontaktgeber verwendet, die in den Schuhen der Leichtathleten (Artemjev, 1968), an den Schlittschuhen (Podar, 1966), oder an den Händen und Füßen der Schwimmer (Makarenko, 1963; Botnarenko, 1970) angebracht wurden. Die Zugkraft wurde von pneumatischen Gebern durch lange Gummischläuche zu einer pneumatischen

Registrieranlage weitergeleitet, die in der Mitte der Beckenseitenwand montiert war. Der Versuchsleiter verfolgte die Aufzeichnung der Schwimmzüge und gab dem Sportler per Funk entsprechende Hinweise (Abb. 2).

Später benutzten Farfel und seine Mitarbeiter (1975) nicht nur pneumatische, sondern auch piezoelektrische und tensiometrische Geber zum Messen von Zeitparametern der Schwimmbewegungen.

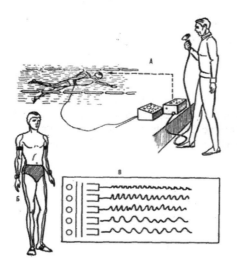

Abb. 2: Zweiseitige Kopplung Trainer/Schwimmer (nach Botnarenko, 1970)

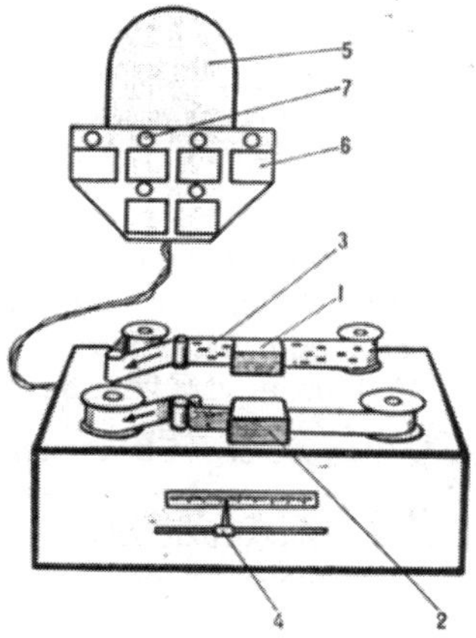

Abb. 3: Anlage zur Untersuchung der Bewegungsreaktionen des Boxers (nach Farfel et al., 1961)

2.3 Messgeräte zum Messen der Bewegungsreaktionsdauer

Die Untersuchungen von Farfel waren nicht auf die Messung der Bewegungsreaktionszeit unter Laborbedingungen ausgerichtet, wie es z. B. für die Arbeit der Psychophysiologen charakteristisch war (Latenzzeit, motorische Komponente, Gesamtreaktionszeit), sondern auf die Bewegungsreaktion der Sportler unter natürlichen Bedingungen im 'Training und Wettkampf. Entsprechende Anlagen zum Messen der Reaktionszeit wurden für die Kampfsportarten (Boxen, Fechten) und für Sportspiele (Handball, Volleyball, Federball) geschaffen.

Im Boxen (Abb.3) wurden auf dem Sandsack 6 Zielscheiben für 3 Schläge von rechts und links befestigt: gerade, von der Seite und von unten. Hinter den Zielscheiben befanden sich Lämpchen, die Reihenfolge ihres Aufleuchtens wurde von speziellen Filmbändern programmiert. Die Zeit vom Signal bis zum Schlag wurde auf einem Sechskanalschreiber registriert (Farfel et al., 1961).

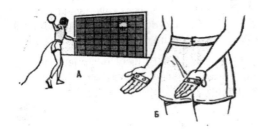

Abb. 4: Anlage zur Messung der Reaktionszeiten bei Handballspielern (nach Keberlinski, 1967)

Nach einem ähnlichen Prinzip wurden auch Untersuchungen der Bewegungsreaktion im Fechten durchgeführt (Gusewa, 1965).

Für Handballspieler hat Keberlinski (1967) das Modell eines Tores in Quadrate aufgeteilt. Im Zentrum des Quadrats leuchteten Lämpchen auf, was das Signal fürs Werfen auf diese Stelle war (Abb. 4). Die Lämpchen konnten direkt vom Versuchsleiter geschaltet oder programmiert werden. Gleichzeitig ging die Stoppuhr an. Auf den Handflächen des Sportlers waren Kontakte befestigt, die beim Werfen unterbrochen wurden, dabei blieb die Stoppuhr stehen. Diese Anlage nutzte man zum Messen nicht nur der einfachen, sondern auch der Wahlreaktion.

Ein System von Elektrostoppuhren registriert auch verschiedene Aktionszeitcharakteristika des Volleyballspielers bei der Ballannahme (Abb. 5); die Zeit vom Beginn des Ballfluges bis zur ersten Bewegungsreaktion des Spielers und vom Sprungbeginn bis zur Ballannahme. Da die Fluggeschwindigkeit des Balles bei seiner Angabe mittels Katapult genau programmierbar ist, kann man die maximale Fluggeschwindigkeit bestimmen, bei der er vom Sportler noch angenommen werden kann (Sarkisov, 1971).

Es wurden noch zwei Anlagen zum Messen der Bewegungsreaktionszeit im Volleyball entwickelt:

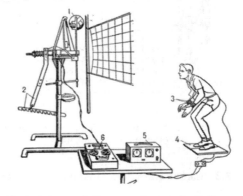

Abb. 5: Anlage mit Programmierung der Ballgeschwindigkeit und -richtung zur Messung der Reaktions- und Bewegungszeiten bei Volleyballern (nach Sarkisov, 1971)

- die die Spielsituation auf dem Spielfeld mit Hilfe von Fotoaufnahmen und Elektrostoppuhren (Sarkisov, 1971) modelliert haben und
- die die Absprungdauer und die Flugphase des Sprunges bis zur Ballberührung sowie die Gesamtdauer der Flugphase bis zur Landung registriert haben.

Die gewonnenen Daten zeigen, wann (in welchem Moment) der Angriffsschlag erfolgte: in der höchsten Flughöhe, davor oder danach. Auf der anderen Seite des Volleyballnetzes wurde ein Block gebildet, der von zwei oder vier „Gummihänden" modelliert wird. Ihr Erscheinen wird vorher programmiert (Sarkisov, Sulfagarov, laut Farfel 1975, S. 42).

Die Bewegungsreaktion im Federball (Alijev) untersuchte man mit Hilfe von 12 Federballschleudern, die die Federbälle mit unterschiedlicher Geschwindigkeit und in verschiedene Stellen des gegnerischen Feldes schießen. Über die Schnelligkeit und die Richtigkeit der Bewegungsreaktion des Sportlers urteilt man nach dem minimalen Zeitintervall zwischen den „Schüssen", in dessen Verlauf es dem Sportler gelingt, die auf ihn zufliegenden Bälle genau zu spielen.

2.4 Messgeräte zum Messen der Zeit der Einzelbewegung und des Bewegungsrhythmus

Zum Messen der Zeit einzelner Schritte wurde ein Verfahren, das man „Seismographie" genannt hat, entwickelt (Golowina et al., 1962), das die Anbringung jeglicher Messgeräte am Körper des Sportlers überflüssig machte. Ein piezoelektrischer Geber, der auf der Erde in der Nähe des Sportlers aufgestellt wurde, registrierte jeden Stoß gegen die Oberfläche, und ein Elektrokardiograph registrierte in diesem Moment die Erdschwankungen. Mit diesem Verfahren kann man die Zeit jeden Schrittes beim Anlauf im Hochsprung, der letzten Schritte beim Anlauf im Weitsprung, der Anfangsschritte im Sprint, beim Hürdenlauf und beim Anlauf der Speerwerfer messen. Wenn der Geber sehr sensibel ist, kann man alle Schritte im 100-m-Lauf registrieren, sowie im Hammerwurf, Diskuswerfen und Kugelstoßen.

Die Information über den Rhythmus, d. h. das Seismogramm des Anlaufs, wurde auf ein Tonband überspielt, sodass der Sportler und sein Trainer den Gesamtrhythmus hören konnten. Das ermöglichte dem Sportler, seinen optimalen Bewegungsrhythmus für den Anlauf (z. B., für die letzten Anlaufschritte im Speerwurf) zu finden.

Mit Hilfe einer anderen Methode - mit Kontaktscheiben - kann man den Anlaufrhythmus beim Stützsprung trainieren (Kirmelaschwili, 1965), z. B. bei der Arbeit mit Nachwuchssportlern in der Leichtathletik (Anlauf im Hochsprung - Artemjev, 1968). Im letzten Fall benutzte man nicht nur Kontaktscheiben, die auf dem Anlaufweg angebracht wurden, sondern auch Kontaktsohlen in den Schuhen des Läufers.

Um zu bewerten, bei welchem Zugrhythmus ein Schwimmer die beste Ausdauer zeigt, wurden ihm Elektrometronomsignale über die Kopfhörer gegeben (Absaljamov, 1968). Die Funkanlage „Trainer-Schwimmer" (Botnarenko, 1970) wurde zur Information über den Bewegungsrhythmus und die Schwimmtechnik entwickelt. Die Signale des Elektronoms und die Hinweise des Trainers, die drahtlos übertragen wurden, nahm ein Miniaturempfänger auf, der zusammen mit einem Mikrophon (s. Abb.2) unter der Badekappe des Sportlers angebracht war.

2.5 Messgeräte zum Messen der Genauigkeit der Muskelanspannung

Das verbreitetste technische Mittel zum Bestimmen der Muskelkraftentwicklung sind bekanntlich Dynamometer verschiedener Art.

Für eine Schnellinformation über die Muskelanspannung beim Umsetzen der Stange im Gewichtheben wurde eine dynamographische Anlage, die sogenannte „dynamographische Plattform" entwickelt (Sokolov, 1967). Die Kraft, die auf die Stange wirkt, wird auf die Plattform übertragen, die sich ihrerseits auf elastische Sprungfedern stützt. Deren Spannung wird von Hebeln übertragen und von Schreibern auf einem Band registriert (Abb. 6). Nach der Übung wurden die Aufzeichnungen zusammen mit dem Sportler ausgewertet und die notwendigen Korrekturen beim nächsten Training berücksichtigt (Farfel, 1975, S. 45).

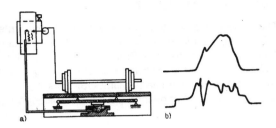

Abb. 6: Schema der dynamographischen Plattform (a) und Beispiel eines Dynamogramms (b) für das Reißen im Gewichtheben (nach Sokolov, 1967)

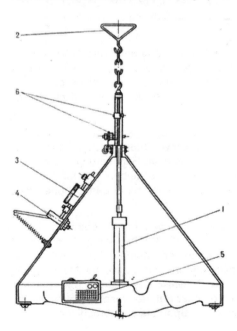

Für das Bogenschießen hat man ein Bogen-Dynamometer entwickelt (Abb. 7), das eine Schnellinformation über die Größe der Kraftanspannung beim Sehnenspannen erlaubte (Struck, 1973). Durch weitere Entwicklung kam dazu später auch ein Tonsignal, das anzeigte, wann die Sehne für den Abschuss des Pfeils optimal gespannt war.

Abb. 7: Bogendynamometer mit akustischer Information über die Spannung der Sehne (nach Struck, 1973)

Für den Wasserskisport entwickelte man einen Komplex von Gebern und Registrieranlagen (W. Nechajewski, 1973, J. Nechajewski, 1973).

Zum Messen der Anspannung, die der Fechter beim Degenhieb entwickelt, wurde ein Dynamometer konstruiert, das in den Waffengriff eingebaut war (Sladkov, 1967).

Zum Messen der Schlagkraft im Boxen wurden entwickelt:

1. ein Dynamometer, das über die Schagkraft durch eine graphische Darstellung des Schlages informierte (Sokolov, 1962) und

2. ein tensiometrisches Dynamometer (Bachschalijev, 1972).

Im letzten Fall kann man nicht nur die Größen Schlagkraft und Schlagdauer, sondern auch das Verhältnis von Kraft und Zeit, d. h. die Schlagheftigkeit (Farfel, 1975) bestimmen.

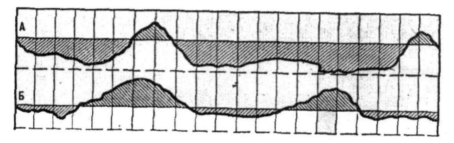

Abb. 8: Kraftaufzeichnung bei Schwüngen im Stütz am Barren (nach Manukjan, 1970)

Für das Kunstturnen wurde von Manukjan (1970) eine Anlage geschaffen, die eine graphische Darstellung der entwickelten Anspannungen ermöglichte. Mit Hilfe von Schreibern, die am Barren befestigt waren, wurden vertikale Schwingungen der Holme registriert (Abb. 8). Die Dechiffrierung der Aufzeichnungen gibt Information darüber, ob die Schwünge durch passive oder aktive Kraft realisiert wurden.

2.6 Messgeräte zur Informationsgewinnung über die Leistungsfähigkeit des Sportlers

Die Veränderung der Arbeitsleistung in der Zeit ist einer der wichtigsten Parameter der Leistungsfähigkeit des Sportlers. Die Information darüber gibt dem Trainer die Möglichkeit, die optimale individuelle Trainingsbelastung zu bestimmen (Farfel, 1975, S. 49).

Für die Kanutrainer wurde von Farfel, Galkov und Penjajev (1973) eine Methode der Ergographie des Kanufahrens geschaffen. Sie basiert auf der Registrierung der Amplitude der Bewegungen, die mit maximaler Schnelligkeit ausgeführt werden (Abb. 9).

Eine Reihe anderer Verfahren zur Bestimmung der Leistungsfähigkeit wurde durch die Modifizierung des Testes PWC 170 entwickelt. Für die Langstreckenläufer war der Test ein Lauf auf dem Laufband mit Geschwindigkeiten, welche eine Erhöhung der Herzfrequenz (HF) auf 130 bis 170 Schlägen pro Minute hervorriefen (Kurakin, 1972).

Telemetrische Technik wurde zur Bestimmung der Leistungsfähigkeit der Ruderer unter natürlichen Bedingungen benutzt (Farfel, 1975). Nach der notwendigen Beschleunigung, bei einer HF der Sportler von 130 bis 140 Schlägen pro Minute, durchfuhr das Boot eine Messstelle, die die Geschwindigkeit registrierte. Die HF wurde von einem Empfänger registriert, der sich auf einem Motorboot befand. Danach näherte sich das Boot mit größerer Geschwindigkeit (HF 150-160) der Messstelle. Danach errechnete man die Bootsgeschwindigkeit bei HF 170, d. h. man bestimmte v_{170}. Die Korrelation mit den Wettkampfergebnissen betrug 0,93 (Farfel, 1975).

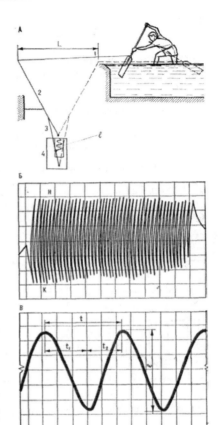

Abb. 9: Ergographie des Kanufahrens (Farfel, Galkov & Penjajev, 1973)

Für die Bestimmung der Leistungsfähigkeit von Kanuten, die im Becken trainierten, wurde gleichzeitig mit der Aufzeichnung des Ergogramms eine Berechnung der HF durch Abhören mit einer speziellen Vorrichtung (Phonendoskop mit verlängerten Leitungen) durchgeführt: In einem Fall rief die Frequenz der Armzüge eine HF von 130 - 140, im anderen von 150 - 160 hervor. Danach errechnete man die Armzugfrequenz bei einer HF von 170 Schlägen pro Minute. Der Korrelationskoeffizient mit den Wettkampfergebnissen betrug 0,93 (Farfel, 1975).

Farfel und seine Mitarbeiter entwickelten nicht nur verschiedene technische Anlagen, sondern auch eine spezielle Methodik ihrer Anwendung, die auf der Nutzung von Messgeräten, die eine objektive Schnellinformation liefern, basiert.

3 Schlusswort

Im Vortrag wurde der Einfluss von Farfel und seiner Mitarbeiter auf die Entwicklung sportmotorischer Messplätze betrachtet, die für folgende Zwecke benutzt werden:

1. bewusste "Feinsteuerung einzelner Bewegungsparameter" (Farfel,1975, S. 199) und
2. Verbesserung des Lernprozesses und Vervollkommnung der Technik verschiedener Sportarten.

Literatur

Absaljamov, T.M. (1968). Untersuchung der Dynamik früher Ermüdungsanzeichen im Sportschwimmen. Dissertation, Moskau.

Artemjev, W.P. (1968). Der Einfluss der verschiedenen Formen der Information auf die Effektivität der Bewegungsschulung bei 11- bis 13jährigen Jungen. Dissertation, Moskau.

Bachschalijev, R.M. (1972). Bewegungsäußerung der Ermüdung bei Schnellkraftarbeit der unteren und oberen Extremitäten des Menschen. Dissertation, Baku.

Bernstein, N.A. (1926). Allgemeine Biomechanik. Moskau

Bernstein, N.A. (1947). Über den Aufbau der Bewegungen. Moskau.

Botnarenko, F.A. (1970). Die Nutzung technischer Mittel der Zweiseitigen Kopplung für die Ausbildung der Steuerung der Schwimmgeschwindigkeit. Dissertation, Moskau.

Farfel, W.S., Galkov W.A. & Penjajev, J.N. (1973). Ergographie des Ruderns. Teor. fisitsch. kult. (8).

Farfel, W.S. (1975). Bewegungssteuerung im Sport. Moskau: Körperkultur und Sport.

Golowina, L.L., Kutschin, L.G., Farfel, W.S. & Frutkov, A.L. (1962). Der Doppelstütz beim Gehen. Legkaja atletika (6), 14ff.

Gussewa, I.A. (1965). Methoden zur Vervollkommnung der Schnelligkeit und Genauigkeit der Stöße im Fechten. In Die Anwendung technischer Mittel und der programmierten Ausbildung in der Fach- und Hochschule, (S. 286ff). Minsk.

Keberlinski, K.A. (1967). Die räumliche Genauigkeit und die Zeit der Reaktion bei Torwürfen im Handball aus verschiedenen Entfernungen. Dissertation, Moskau.

Kirmelaschwili, G.D. (1965). Die akustische Information über den Rhythmus der Hauptbewegung als Ausbildungsmitte für Stützsprünge im Turnen. In Die

Anwendung technischer Mittel und der programmierten Ausbildung in der Fach- und Hochschule, (S. 299ff). Moskau.

Korytnikov, J.P.1(963). Über die rationale Kräfteverteilung beim Skirennen. Teor. fisitsch. kult. (1).

Kurakin, M. A. (1972). Veränderungen der physiologischen Parameter beim Lauf in Abhängigkeit von seiner Geschwindigkeit und der Ermüdung, die sich auf langen Strecken entwickelt. Dissertation, Moskau.

Makarenko, L.P. (1963). Experimentelle Begründung der Anwendung von Schnelligkeitsübungen im Training junger Schwimmer. Dissertation, Moskau.

Manukjan, M.S. (1970). Anwendung der Schnellinformation über dynamische Charakteristika der Bewegungen bei der Ausbildung von Schülern an Turngeräten. Dissertation, Moskau.

Nechajewski, J.L. (1973). Methodik zur Registrierung der Anstrengungen Im Skispringen. In Die Anwendung technischer Mittel in der Ausbildung und im Training von Sportlern, (S. 115ff). Minsk.

Nechajewski, W.L. (1973). Anlage für die Untersuchung der Bewegungstechnik des Wasserskiläufers. In Die Anwendung technischer Mittel in der Ausbildung und im Training von Sportlern, (S. 101ff). Minsk.

Pjankov, J.P. (1961). Die Bedeutung der Differenzierung des Raumes und der Zeit im Lauftraining. Dissertation, Moskau.

Podar, G.K. (1966). Die Entwicklung der Steuerungsfähigkeit der Geschwindigkeit im Eisschnellauf bei 13- bis 16jährigen Schülern. Dissertation, Moskau.

Roman, R.A. (1965). Räumliche Genauigkeit der Bewegungen des Gewichthebers, ihre Vervollkommnung und die Bedeutung des Bewegungsanalysators. Dissertation, Moskau.

Sarkisov, M.S. (1971). Bewegungsreaktionen unter modellierten Bedingungen des Sportspiels als Kennziffern des speziellen Trainingszustandes der Sportler. Dissertation, Moskau.

Sladkov, E.D. (1967). Unteersuchungen der räumlichen, zeitlichen und dynamischen Charakteristika der Bewegungen im Fechten (Degen) und der Methoden ihrer Vervollkommnung. Dissertation, Moskau.

Sokolov, A.I. (1967). Grundlagen der Dynamik der Übungen des Gewichtheberdreikampfes. Dissertation, Moskau.

Struk, B.I. (1973). Registrierung der dynamischen und der Zeitparameter der akustischen Information beim Bogenschießen. In Die Anwendung technischer Mittel in der Ausbildung und im Training von Sportlern, (S. 128ff). Minsk.

Tscheburajev, W.S. (1966). Untersuchung der Fähigkeit der Turner zur Steuerung der Bewegung im Raum und Wege der Vervollkommnung dieser Fähigkeiten. Dissertation, Moskau.

Winfried Hacker

Zur psychischen Regulation motorischen Handelns - Regulations„ebenen"

1 Motorisches Handeln als Teil zielgerichtet-volitiver Tätigkeiten

Motorisches Handeln im Sport sei hier verstanden als ein zielgerichtetes, willentlich reguliertes Handeln, das körperlich realisiert wird.

Derartige zielgerichtet-volitiv regulierte Tätigkeiten werden als antriebsmittelbare Tätigkeiten bezeichnet, weil zwischen der Auslösung der Tätigkeit und der tatsächlichen Ausführung mindestens drei psychische Sachverhalte erforderlich sind. Dabei handelt es sich:

- um das Aufstellen eines Ziels als Einheit der Vorwegnahme der auszuführenden Tätigkeit (Antizipation) und der Absicht, diese Handlung mit eigener Anstrengung zu realisieren (Intention).

- um eine abgetrennte Vorbereitungs- oder Orientierungsphase, in der eine Orientierung in der Situation, in der diese Handlung auszuführen ist, und im eigenen Gedächtnis erfolgt; des Weiteren wird auf der Basis dieser Orientierung eine Ausführungsweise, ein Handlungsprogramm, entworfen und im Falle von Tätigkeitsspielraum zum Ausführen unterschiedlicher Handlungsprogramme des Weiteren entschieden, welches Handlungsprogramm auszuführen ist.

- Diese Vorbereitungsphase wird abgeschlossen durch einen Entschluss zum Ausführen der vorbereiteten Handlung, also dem Übergang vom bloßen Wünschen eines Handlungsergebnisses zu dem tatsächlichen Wollen. In der Willenspsychologie wird dieser Übergang mit der Metapher der Rubikon-Überschreitung beschrieben (Heckhausen, Gollwitzer & Weinert, 1987).

An der psychischen Regulation des Handelns sind also wenigstens fünf psychische Teilprozesse beteiligt. Diese sind:

- die Übernahme und in der Regel auch Redefinition der gestellten Aufgabe in das auszuführende Ziel,

- das Orientieren in der Umgebung und im eigenen Gedächtnis,

- die Programmentwicklung oder das Reproduzieren bereits bekannter Programme aus dem Gedächtnis,

- das Entscheiden über Vorgehensweisen, sofern Tätigkeitsspielraum gegeben ist,

- das Kontrollieren des Ausführens der Tätigkeit durch Rückmeldungen über die Ausführung des gewählten Programms (Verlaufsrückmeldungen) und über das Erreichen der Teilziele sowie des Gesamtziels der Handlung (Ergebnisrückmeldung).

Diese psychischen Regulationsvorgänge betreffen unterschiedlich umfangreiche Teile des Handelns. Diese Handlungsteile entstehen dadurch, dass umfassende Tätigkeiten (beispielsweise ein Rennen fahren) nicht in einem Schritt ausgeführt werden können, sondern zur Ausführung in kleinere Teile nacheinander zu zerlegen und in einer zerlegten Form zu realisieren sind. Diese unterschiedlich großen Tätigkeitsteile werden psychisch unterschiedlich reguliert. Die Gesamttätigkeit wird durch Makro- oder Oberziele, die enthaltenen Handlungen werden durch einzelne Ziele und die in den Handlungen enthaltenen Teilhandlungen oder Operationen durch wahrgenommene Ausführungsbedingungen (cues) reguliert.

Diese Zerlegung ist mehr als eine logische Untergliederung einer Tätigkeit in Bestandteile, weil dabei nicht nur eine ausführbare, sondern eine zweckmäßige Reihenfolge für die Ausführung der Teile entworfen werden muss. Das Zerlegen ist ein Vorgang, der gleichzeitig übergeordnete Tätigkeitsstrukturen zerlegt in kleinere Teile und sie in eine zielführende Reihenfolge ordnet. Dieser Zerlegungsvorgang wird als ein hierarchisch-sequenzieller Vorgang bezeichnet. Die psychischen Leistungen bei dieser hierarchisch-sequenziellen Organisation der Ausführungsregulation von Tätigkeiten sind also:

- das Ermitteln von Tätigkeitsteilen (Zerlegen),
- das Reihen der Teile nach Optimalitätskriterien,
- das Zurückstellen der nicht sofort auszuführenden Teile zur späteren Ausführung,
- das Behalten der zurückgestellten Vornahmen während des Ausführens der vorangehenden Tätigkeitsteile sowie
- das Wiederaufgreifen der zurückgestellten und behaltenen Tätigkeitsteile in der zweckmäßigen Reihenfolge.

Die kleinsten psychisch – nicht physiologisch – interessierenden Bestandteile des Handelns, die Teilhandlungen oder Operationen, werden psychisch in der Regel anders reguliert als die umfassenderen Tätigkeitsteile. Die kleinsten Tätigkeitsbestandteile sind Routinen (Fertigkeiten), die umfassenderen dagegen intellektuell zu regulierende Vorgänge, bei deren Herleitung auch strategische Erwägungen eingeschlossen sein können. Diese Unterschiede in der Art der psychischen Regulation verschiedener umfangreicher Tätigkeitsbestandteile führen zu der Metapher der Regulationsebenen mit der Unterscheidung zwischen psychisch automatisierter, wissensbasierter und intellektueller Regulation. Diese Unterscheidung betrifft dabei sowohl die aktionsvorbereitenden psychischen Vorgänge, als auch die aktionsrealisierenden Vorgänge, die so genannten Ausführungsprogramme. Diese „Ebenen" unterscheiden sich unter anderem durch das Ausmaß, in dem sie der bewussten Regulation zugänglich sind.

Die Ebene der automatischen oder automatisierten Regulation ist nicht ohne weiteres bewusstseinsfähig; die wissensbasierte Regulation ist bewusstseinsfähig, wenn auch nicht bewusstseinspflichtig; die intellektuelle Regulation ist in der Regel bewusstseinspflichtig.

Die Unterteilung in drei Ebenen ist sowohl vergröberbar (beispielsweise in eine automatisierte im Unterschied zu einer so genannten kontrollierten Regulation) als auch stark verfeinerbar bis hin zu einem System von zehn Stufen psychischer Regulationsvorgänge. Entscheidend ist nicht die Anzahl der unterschiedenen Stufen, sondern die Tatsache, dass übergeordnete Regulationsvorgänge die untergeordneten einschließen, sich ihrer zur Ausführung von Tätigkeiten bedienen können. Neben dieser Relation des Enthaltenseins niedrigerer Regulationsebenen in höheren existieren allerdings wesentliche weitere Relationen, die anderweitig dargestellt sind (Hacker, 1998).

2 Sequenziell-heterarchisch vollständige Tätigkeiten als ein normatives psychologisches Konzept

Ausgehend von umfangreichen theoretischen und empirischen Untersuchungen an Arbeitstätigkeiten wurde ein Konzept der sequenziell-hierarchisch bzw. -heterarchisch vollständigen Tätigkeiten entwickelt. Dieses Konzept gilt im Bereich der Erwerbsarbeit als ein normatives Konzept, nach dem Arbeitstätigkeiten zu gestalten und bezüglich ihrer Zulässigkeit zu bewerten sind. Sequenziell bzw. hierarchisch unvollständige, so genannte partialisierte Arbeitstätigkeiten haben nach dieser Konzeption Gestaltungsmängel mit nachteiligen Auswirkungen auf die Arbeitenden (zusammenfassend Hacker, 1998).

Möglicherweise ist es denkanregend, das Konzept auch zu Sporttätigkeiten in Beziehung zu setzen, die teilweise als Erwerbsarbeitstätigkeiten realisiert werden. Eine bedenkenswerte Frage könnte dabei sein, inwieweit diese Sporttätigkeiten außerhalb der Gestaltungsanforderungen von Arbeitstätigkeiten stehen oder nicht.

Was also besagt das Konzept der sequenziell und hierarchisch vollständigen Tätigkeiten?

Sequenziell vollständige Tätigkeiten umfassen nicht nur das Ausführen der jeweiligen Tätigkeit, die von anderen vorbereitet, hinsichtlich der Ausführungsweise mit weiteren Personen abgestimmt und kontrolliert wird, sondern schließt hinausgehend über das reine Ausführen auch Vorbereitungs-, Abstimmungs- (Organisations-) und Kontrollvorgänge ein. Eine Bewertungsskala der sequenziellen Vollständigkeit ist dadurch herstellbar, dass bewertet wird, welche weiteren psychischen Anforderungen neben dem reinen Ausführen einer Tätigkeit entstehen. Eine sequenziell komplett vollständige Tätigkeit schließt also das Vorbereiten, das Abstimmen mit anderen, das Ausführen sowie das Kontrollieren der Tätigkeitsausführung und ihrer Ergebnisse ein.

Hierarchisch vollständige Tätigkeiten umfassen nicht nur – im Sinne des skizzierten Ebenenkonzepts – psychisch automatisierte Vorgänge wie Routinen, Automatismen und Fertigkeiten, sondern darüber hinaus auch bewusste (kontrollierte) psychische Regulationsvorgänge wissensbasierter sowie intellektueller Art.

Im Arbeitsprozess entstehen unvollständige, partialisierte Tätigkeiten hauptsächlich durch eine Arbeitsteilung, bei der die Tätigkeitsvorbereitung und -kontrolle mit ihren intellektuellen Anteilen nicht von den Arbeitenden selbst, sondern beispielsweise von Vorgesetzten ausgeführt werden, also gleichsam eine Teilung zwischen „Hirn" und „Muskel" vorgenommen wurde. Beim Vorliegen unvollständiger Arbeitstätigkeiten weist die psychische Regulation der Arbeitstätigkeiten im Falle ihrer langzeitigen Realisierung eine Reihe von Mängeln mit nachteiligen Auswirkungen auf die Arbeitenden auf. Bei diesen Mängeln handelt es sich um Mängel in den Denkanforderungen, Mängel in der Kooperation und damit oftmals auch der sozialen Unterstützung, Mängel in Lernanforderungen und damit oftmals im Verlernen von Leistungsvoraussetzungen sowie schließlich Mängel in der wahrgenommenen Verantwortlichkeit der Arbeitenden, die durch den wahrgenommenen Mangel an Beeinflussbarkeit ihrer Tätigkeiten durch sie selbst (durch den so genannten Kontrollverlust) entsteht und zu einem Verlust an Motivation für die jeweilige Tätigkeit führen kann.

3   Zielgerichtetheit motorischen Handelns

Zu Beginn der Darstellung wurde betont, dass auch „motorisches" Handeln ein zielgerichtetes, antriebsmittelbares Handeln sei.

Die dramatischen Vorzüge zielgerichteten Handelns erscheinen so selbstverständlich, dass es kompliziert ist, sie zu verdeutlichen. Daher soll zunächst auf einige Merkmale nicht oder kaum zielgerichteten, also antriebsunmittelbaren Handelns eingegangen werden, um am Fehlen der Zielgerichtetheit ihre entscheidenden Besonderheiten zu erkennen. Zielgerichtetheit fehlt in unterschiedlichem Ausmaß beispielsweise bei unterschiedlichen Formen psychischer Störungen. In derartigen Fällen kaum oder nicht zielgerichteten Handelns liegen unter anderem folgende Defizite vor:

- Es erfolgt keine Analyse der Ausführungsbedingungen der Handlungen vor dem Handeln in einer abgehobenen Vorbereitungsphase.
- Es erfolgt kein Probehandeln an einem entwickelten mentalen Modell der Handlungssituation und

Psychische Regulation motorischen Handelns - Regulationsebenen

- im Zusammenhange damit ist das Handeln nicht durch Sprechen in Form von Selbstbefehlen und Sprache unterstützt, es fehlt damit ein begrifflich bedingtes, abstrahierendes Mittel der Selbstregulation des zielgerichteten Handelns.
- Es liegt keine ausreichende Ordnung der einzelnen Teilziele und ihrer Verwirklichungsschritte auf ein Endziel hin und damit kein geordnetes Gesamtprogramm des Handelns vor und
- es erfolgt kein abschließender Vergleich von Ergebnis und im Gedächtnis gespeichertem Ziel.

Zurück zum Gegenteil des zielgerichteten Handelns:

Das Ziel des Handelns ist deshalb der möglicherweise faszinierendste psychische Sachverhalt, weil es mindestens vier Funktionen ausübt, die unterschiedliche Bereiche psychischer Vorgänge integrieren:

- Das Ziel ist kognitiv eine Vorwegnahme (Antizipation) des künftig zu erreichenden Ergebnisses – ohne Antizipation keine Regulation auch von motorischen Handlungen.
- Das Ziel ist motivational eine Vornahme zum Herbeiführen des antizipierten Ergebnisses durch eigene Anstrengungen, oftmals bezeichnet als Intention.
- Das Ziel ist gedächtnisbezogen zu speichern mit allen angestrebten Ergebnisparametern bis zum Handlungsabschluss für den Soll-Ist-Vergleich auf der Grundlage von Rückmeldungen (Feedback) der ausgeführten und abgeschlossenen Tätigkeit. Das Ziel ist in dieser Hinsicht der entscheidende Inhalt des so genannten prospektiven oder Absichtsgedächtnisses.
- Das Ziel ist emotional eine Ansatzstelle tätigkeitsspezifischer Emotionen, d. h. von Emotionen, die nur bei Tätigkeiten mit Leistungsanspruch und dort nur im Bereich des so genannten Anspruchsniveaus entstehen. Dabei handelt es sich um Emotionen vom Typ des Erfolgserlebens, Misserfolgserlebens oder Flusserlebens („flow").

Neben diesen in der aktuellen Tätigkeitsregulation wirksamen Funktionen des Ziels hat das Ziel habituell einen entscheidenden Einfluss auf relativ überdauernde Persönlichkeitsmerkmale vom Typ des Selbstbilds und des Tätigkeitsstils.

In der Psychomotorik-Forschung ist die Funktion des Ziels als eine regulierende Antizipation umfassend untersucht. Diese regulierende Funktion des Ziels als Antizipation strahlt dabei bis auf Teilhandlungen (Operationen) als unselbstständige Teile motorischen Handelns aus. Auch Operationen sind indirekt durch Beeinflussung von Zielstellung und Rückmeldung zum Ziel gestaltbar. Das ist umfassend dargelegt und soll deshalb hier nicht vertieft werden.

Stattdessen soll auf einen Aspekt der Zielbildung und Zielsetzung hingewiesen werden, der in der Arbeitspsychologie besonders umfangreich bearbeitet und genutzt ist. Es handelt sich dabei um die herausragende Rolle des Ziels in Techniken zur Leistungsverbesserung, den so genannten Zielvereinbarungen (management by objectives). Die Grundlage bilden Forschungen zur Rolle der Ziele in der Tätigkeitsregulation, beispielsweise von Locke und Latham (1990). Auf diesen Grundlagen wurden Steuerungssysteme der Leistungsverbesserung entwickelt, die als PPM (Partizipative Productivity Measurement) beziehungsweise ProMES (Productivity Measurement and Enhancement System) Konzepte bekannt sind (Pritchard, 1995; Pritchard, Kleinbeck & Schmidt, 1993). Die wichtigsten Merkmale dieser Vorgehensweisen zur Leistungsverbesserung sind verallgemeinerbar. Sie bestehen unter anderem in den folgenden Schritten:

- Identifizieren jener Tätigkeitsteile, die ein entscheidendes Kettenglied für die zu erreichende Leistung darstellen.

- Eingehendes Festlegen der Soll-Beschaffenheit dieser Tätigkeitsteile, die in ihren Einzelschritten vorgegeben werden.

- Festlegen der zu erreichenden Schritte als Ziele, wobei diese Ziele so präzise wie möglich sein und sich an der jeweiligen oberen Grenze der Leistungsmöglichkeiten bewegen sollten.

- Unverzögerte präzise, möglichst anschauliche Rückmeldung über das Ausmaß der jeweiligen Zielerreichung.

Wir haben uns in einem zurückliegenden Projekt (Klarius, Reinhold & Hacker, 1996, unveröffentlichter Forschungsbericht) mit der Übertragbarkeit dieses Vorgehens auf den Leistungssport beschäftigt. Es wurde gezeigt, dass mit der Technik des Zielsetzens erfolgreiche Handlungen im Leistungssport deutlich gesteigert werden können und das als Erklärung für diese Steigerung die zunehmende Anzahl der Sportler benannt werden kann, die sich selbst spezifische Ziele in jeder Trainingseinheit stellen und die spezifischen Rückmeldungen der Trainer systematisch in ihr weiteres Handeln umsetzen. Dabei verbessert sich durch die Zielsetzungstechnik nicht nur die Leistung des Sportlers, sondern als Voraussetzung dafür auch die Präzision und Regelmäßigkeit sowie Nutzbarkeit der Rückmeldungen der Trainer.

Mit der Qualität der Rückmeldungen ist eine weitere Komponente erfolgreichen zielgerichteten Handelns benannt:

4 Zu psychischen Merkmalen von Rückkopplungen im zielgerichteten motorischen Handeln

Präzise Ziele und präzise, unverzögerte und auf die Zielsetzung bezogene Rückmeldungen über die Zielerreichung hängen untrennbar zusammen. Zielgerichtetes Handeln wird als organisiert in Rückkopplungseinheiten (bei Miller, Galanter & Pribram (1960) TOTE-Einheiten genannt) strukturiert beschrieben. Weniger neobehavioristisch betrachtet ist das Handeln in Vornahme-Veränderungs-Rückmeldungs-Einheiten organisiert, die hierarchisch ineinander verschachtelt sind.

Entscheidend für die psychische Regulation auch des motorischen Handelns vom Menschen sind Besonderheiten menschlicher Rückmeldungen. Diese Besonderheiten bestehen unter anderem in Folgendem:

- Neben der abschließenden Ergebnisrückmeldung einer fertig gestellten Handlung ist das menschliche Handeln durch verlaufsbegleitende Rückmeldungen gekennzeichnet, die Korrekturen während des Ausführens des Handelns unter gegebenen Bedingungen ermöglichen.
- Im menschlichen Handeln können Rückmeldungen psychisch vorweggenommen und auf der Basis dieser Vorwegnahme in die Handlungsregulation eingebaut werden.
- Im menschlichen Handeln haben Sprache und Sprechen sowohl für die verlaufsbegleitenden als auch für die Ergebnisrückmeldungen einen ausschlaggebenden Einfluss.

Wenn auf die umfassende Funktion des Sprechens und der Sprache in der psychischen Regulation auch des motorischen Handelns erst im Zusammenhang mit den Rückmeldungen eingegangen wird, dann darf das die umfassende Funktion von Sprache und Sprechen in der Handlungsregulation nicht verdecken:

Das System der Sprache und das Sprechen als Tätigkeit haben neben ihrer kommunikativen auch eine individuelle Funktion in der Regulation des individuellen Handelns. Diese handlungsregulierende Funktion betrifft sowohl die Zielbildung wie auch die Handlungsausführung. Bei der Handlungsausführung wiederum haben Sprache und Sprechtätigkeit keineswegs nur im Orientieren des Handelns, sondern auch im Regulieren des Ausführens entscheidende Einflüsse. Ein Beispiel dafür ist das mögliche Wiederbewusstmachen von zu Routine gewordenen Handlungsbestandteilen bei einer sprachgestützten Regulation (eingehender hierzu Hacker, 1998).

Diese umfassende Wirkung von Sprache und Sprechen macht verständlich, dass das Sprechen einschließlich seiner schrittweisen Verkürzung im Fortschritt von Lernvorgängen eine umfangreiche praktische Nutzung zur Regulation zielgerichteten Handelns findet. Beispiele dafür sind unter anderem:

- das sprachgestützte motorische Training,
- die sprachgestützte Handlungsregulation in kritischen Handlungssituationen zur Steigerung der bewussten Kontrolle auszuführender Handlungsschritte (beispielsweise das so genannte commentary driving bei großer Ermüdung) – oder enger im Zusammenhang mit Ergebnisrückmeldungen,
- die sprech-/sprachgestützte Reflexion eigener Tätigkeitsergebnisse zum Zwecke ihrer weiteren Verbesserung.

In eingehenden eigenen Untersuchungen (Hacker & Wetzstein, 2002) konnten wir beispielsweise erhebliche Leistungsverbesserungen an nichtmotorischen Tätigkeiten durch sprachgestützte Reflexion zeigen. Dabei stellte sich heraus, dass ein systematisches sprachgestütztes Beschreiben und Erklären der eigenen Tätigkeitsergebnisse und ihrer Entstehungsweise die stärksten Leistungsverbesserungen gegenüber der bloßen Aufforderung, die eigene Leistung „nochmals zu überdenken" erbringt. Derzeit sind keine Gründe erkennbar, warum sprachgestützte Reflexion nicht auch beim motorischen Handeln im Sport zu Verbesserungen der Handlungsausführungen führen und damit ein wesentlicher Bestandteil der Selbstregulation des Handelns und der Trainingsauslegung sein sollte.

Insgesamt bietet bereits der derzeitige, lückenhafte Erkenntnisstand zur psychischen Regulation zielgerichteten Handelns viel versprechende Ansatzpunkte zur Optimierung auch motorischer zielgerichteter Handlungsformen im Sport.

Literatur

Hacker, W. (1998). Allgemeine Arbeitspsychologie. Psychische Regulation von Arbeitstätigkeiten. Bern: Huber.

Hacker, W. & Wetzstein, A. (2002). Verbalisierende Reflexion und Lösungsgüte beim Entwurfsdenken. Sprache & Kognition (in Vorbereitung).

Heckhausen, H., Gollwitzer, P. M. & Weinert, F. E. (Hrsg.) (1987). Jenseits des Rubikon. Der Wille in den Humanwissenschaften. Berlin: Springer.

Locke, E. A. & Latham, G. P. (1990). A Theory of Goal Setting and Task Performance. Englewood Cliffs N. J.: Prentice Hall.

Miller, G. A., Galanter, E. & Pribram, K.-H. (1960). Plans and the Structure of Behaviour. New York: Holt.

Pritchard, R. D. (Hrsg.) (1995). Productivity measurement and improvement. New York: Praeger.

Pritchard, R. D., Kleinbeck, U. & Schmidt, K.-H. (1993). Das Managementsystem PPM. München: Beck.

Thomas Weiss/Wolfgang H. R. Miltner

Zentralnervale Aktivierung und motorisches Lernen[1]

1 Einleitung

Jede motorische Handlung erfordert eine Reihe von zentralnervösen Prozessen, die es dem peripheren motorischen System erst ermöglichen, entsprechend des gewünschten Bewegungsziels in Aktion zu treten. Sollen motorische Aktionen optimal ausgeführt werden, müssen zentralnervöse und periphere Voraussetzungen erfüllt sein. Dieses Kapitel befasst sich mit einigen zentralnervösen Voraussetzungen für optimales Bewegen sowie für motorische Lernprozesse.

Will man zentralnervöse Prozesse im Zusammenhang mit motorischem Lernen verstehen, so muss man sich zunächst der Komplexität der Prozesse bewusst werden, die im Zentralnervensystem (ZNS) vor und während der Ausführung einer zielgerichteten Bewegung ablaufen. So setzt eine motorische Handlung zunächst eine Zielstellung voraus, die aus Motiven, Absichten oder langfristigen Handlungsplänen hervorgeht. Im ZNS existieren subkortikale und kortikale Areale, die fortwährend die Bedürfnisse des Organismus analysieren und aus der jeweiligen Motivationslage den notwendigen Handlungsantrieb ableiten. Der vorherrschende Handlungsantrieb wird dann in einen Handlungsplan mit entsprechendem Bewegungsentwurf umgesetzt. Dazu bedarf es einer exakten Analyse der konkreten Situation und des gewünschten Resultats, die durch eine große Anzahl von Regionen des ZNS geleistet wird. Hierzu gehören vor allem die sensorischen Areale, die eine Analyse der konkreten Situation, in der sich der Organismus befindet, erstellen, wobei den visuellen (hierzu gehören die Hinterhauptsregion, auch Okzipitalhirn genannt, Teile der Schläfenregionen, also des Temporalhirns, sowie Teile der Scheitelregionen oder Parietalhirns) und somatosensorischen Regionen (hierzu gehören primäre und sekundäre somatosensorische Kortizes des vorderen Parietalhirns und Anteile des hinteren Parietalhirns) besondere Bedeutung im Zusammenhang mit motorischen Handlungen beizumessen ist. In die aktuelle Analyse werden aber auch der Assoziationskortex (hauptsächlich des Frontal- und Parietalhirns) und das limbische System eingebunden. Die konkrete motorische Programmierung beginnt mit der Entscheidung, eine bestimmte Handlung ausführen zu wollen. Aus einer nahezu unendlichen Vielzahl möglicher Realisierungen wird im Wechselspiel verschiedener motorischer Zentren (z. B. des motorischen und des prämotorischen Kor-

---

[1] Die Forschungsarbeiten wurden durch das Kuratorium ZNS, IZKF Jena und die DFG unterstützt.

tex, des Kleinhirns, der Basalganglien, des Thalamus) die beabsichtigte Bewegung programmiert. Bis zu diesem Verarbeitungsschritt kann die geplante Bewegung abgebrochen werden, ohne dass ein externer Beobachter (z. B. ein Trainer oder ein Physiotherapeut) konkrete Hinweise auf die bislang abgelaufenen Prozesse erhält. In der Regel wird dann die geplante Bewegung auch realisiert. Erst hierbei kommt das motorische System im engeren Sinne zum Tragen (Weiss, 2000a).

Motorische Aktionen sind also ohne das ZNS ebenso undenkbar wie der Erwerb motorischer Fertigkeiten, also das motorische Lernen. Die oben dargestellte Vielfalt von zentralnervösen Prozessen, die an der Realisierung einer definierten Bewegung beteiligt sind, eröffnet eine große Anzahl von Einflussmöglichkeiten. Für die Ausführung von motorischen Handlungen ist beispielsweise das zentralnervöse Aktivierungsniveau von Bedeutung. So konnte zunächst im Tierexperiment gezeigt werden, dass ein Zusammenhang zwischen zentralnervöser Aktivierung und motorischer Leistung besteht. Dieser Zusammenhang ist nicht linear, sondern kann in Form eines umgekehrten U beschrieben werden, d. h., bei geringer, aber auch bei zu starker zentralnervöser Aktivierung kann die optimale Leistung nicht abgerufen werden. Vielmehr existiert ein Bereich, in dem eine nahezu optimale Leistung möglich ist. Ähnliche Befunde liegen inzwischen aus vielen Bereichen des Leistungs- und Breitensports vor. Mit verschiedenen Maßen wurde und wird versucht, den optimalen Bereich zu finden und ihn in Wettkampfsituationen einzustellen. Dazu wurden solche Parameter wie Herzfrequenz, elektrodermale Aktivität, die Flimmerverschmelzungsfrequenz oder diverse Größen aus dem Elektroenzephalogramm (EEG) genutzt. Während die vegetativen Maße über eine Charakterisierung sympathischer und parasympathischer Aktivität eher indirekte Hinweise über die zentralnervöse Aktivität geben, liefern die Flimmerverschmelzungsfrequenz und EEG-Parameter direkte Kenngrößen. Von den letzteren seien hier besonders die mittlere Leistung im Theta-, Alpha- und Beta-Band sowie die jeweiligen mittleren Frequenzen im Frequenzband genannt (siehe z. B. Beyer et al., 1993, 1994, 1996; Sust et al., 1997; Weiss et al., 1991).

Den verschiedenen Prozessen, deren Abfolge und Bedeutung für die Ausführung einer motorischen Handlung zu Beginn der Abhandlung dargestellt wurden, kommt im Laufe eines motorischen Lernprozesses unterschiedliches Gewicht zu. Man unterscheidet daher verschiedene Stadien des motorischen Lernens. Neben anderen Vorschlägen zur Unterteilung von motorischen Lernprozessen unterscheidet man drei Stadien, das kognitive, das assoziative und das autonome (z. B. Weiss, 2000b; Weiss & Miltner, 2001). Das kognitive Stadium ist dadurch gekennzeichnet, die Aufgabe zu verstehen und unterschiedliche Informationsquellen (visuelle Eindrücke, Propriozeption, Mitteilungen des Trainers oder Physiotherapeuten) optimal zu nutzen. Im zweiten, assoziativen Stadium werden die Interaktionen zwischen den Bestandteilen der Bewegung neu arrangiert und optimiert, Fehler können eigenständig erkannt und eliminiert werden.

Während des dritten, autonomen Stadiums erfolgen die Bewegungen automatisiert, die Aufmerksamkeit des Lernenden kann jetzt eher auf Teilaspekte der Bewegung gelenkt werden. Der Lernerfolg in diesem Stadium wird langsamer, denn Teilaspekte sind schwieriger zu verändern.

2   Motorisches Lernen aus psychomotorischer Sicht

Lernen kann als grundlegender Prozess der Aneignung von neuen Erfahrungen, Kenntnissen und Fertigkeiten definiert werden, der zu einer relativ stabilen Veränderung des Verhaltens oder des Verhaltenspotentials führt. Unter Gedächtnis wird die generelle Fähigkeit verstanden, die erlernten Erfahrungen, Kenntnisse und Fertigkeiten für lange Zeit zu bewahren, sie später wieder abrufen und nutzen zu können. Dabei können die Prozesse der Speicherung (diese deckt sich mindestens teilweise mit dem Lernen), der Pflege des Gespeicherten (Konsolidierung) und des Abrufs (Erinnern und Wiedererkennen) unterschieden werden.

Das Lernen und der Abruf, wie etwas zu tun ist, werden meist von nicht bewusstseinspflichtigen Vorgängen realisiert. Solche Lern- und Gedächtnisvorgänge werden im Rahmen der Kognitionswissenschaften implizit genannt. Der Lernende kann sich dabei meist nicht mehr an die Einzelheiten erinnern, wie er etwas gelernt hat oder unter welchen Umständen das Lernen stattfand. Unter explizitem Gedächtnis versteht man Wissen über Fakten, Orte, die Welt und eigene Lebensereignisse, es wird bewusst verfügbar gehalten. Motorisches Lernen und Gedächtnis sind in der Regel implizit, wenngleich sie durch explizite Gedächtnisaspekte unterstützt werden können. Aktuelle Erkenntnisse der Hirnforschung zeigen, dass die beiden Gedächtnissysteme sich unterschiedlicher zentralnervöser Netzwerke bedienen (Miltner und Weiss, 1999; Cabeza und Nyberg, 2000).

Aus neuropsychologischer Sicht existieren unterschiedliche Betrachtungsweisen zum motorischen Lernen, wobei die Schema-Theorie wohl die einflussreichste ist (Schmidt, 1975, 1988). Neben der Schema-Theorie haben Überlegungen Einfluss auf die Vorstellungen zum motorischen Lernen gewonnen, die den sich ändernden Zusammenhang zwischen der Wahrnehmung und Umweltfaktoren durch die Bewegungsausführung betonen (sog. ökologische Theorien der Perzeption und Aktion). Schema-Theorie und ökologische Theorien überschneiden sich an vielen Stellen, obwohl sich der Betrachtungsstandpunkt (eher intern vs. eher extern) etwas anders darstellt. Hier soll aufgrund ihrer weiteren Verbreitung und einiger praktischer Konsequenzen, die im Weiteren dargestellt werden, knapp auf die Schema-Theorie eingegangen werden.

Im Mittelpunkt der Schema-Theorie stehen zwei Grundbegriffe, nämlich das „Generalisierte motorische Programm" und das „motorische Handlungsschema". Unter dem Generalisierten motorischen Programm versteht man ein räumlich-zeitliches Muster von Muskelaktivierungen, die zur Ausführung der gewünschten

Bewegung benötigt werden. Nicht jede Bewegung wird durch ein eigenes Programm kontrolliert, sondern ein motorisches Programm unterstützt meist eine ganze Klasse von Bewegungen. Durch Spezifikationen des Handlungsschemas wird das motorische Programm so konkretisiert, dass aus der Klasse von Bewegungen die nach der Erfahrung jeweils günstigsten Bewegungsparameter ausgewählt werden. Dabei gibt es Parameter, die sich nicht ändern (invariante Parameter) und somit das Generalisierte motorische Programm charakterisieren, während andere ständig den aktuellen Bedingungen angepasst werden können (variante Parameter). Zu den invarianten Parametern gehören die zeitliche Struktur („Phasing"), die relative Kraft und die Ordnung der angesprochenen Bewegungselemente. Die Gesamtdauer der Bewegung und der Gesamtkraftaufwand stellen variante Parameter dar. Ein typisches Beispiel für die Benutzung eines motorischen Programms ist etwa das Füllen eines Glases, das mit unterschiedlichen Stoffen (etwa Seide und Schmirgelpapier) eingehüllt wurde. Für die verschiedenen Phasen des Füllungsvorgangs (Anheben des Glases, Füllen, Halten, Abstellen des Glases) wird zwar jeweils eine unterschiedliche Greifkraft benötigt, damit das sich allmählich füllende Glas nicht aus der Hand entgleitet, doch die Relation der Bewegungsphasen, der relative Krafteinsatz bei einzelnen Bewegungsabschnitten wird konstant bleiben. Während das Generalisierte motorische Programm also das allgemeine Programm zur Ausführung einer Gruppe von Bewegungen darstellt, beinhaltet das motorische Handlungsschema konkrete Regeln für seine Anwendung (Schema wird hier für den Begriff Regel verwendet). Es ist der eigentliche Kernpunkt der Theorie und lässt sich in ein Erinnerungsschema und ein Wiedererkennungsschema unterteilen. Das Wiedererkennungsschema prognostiziert die zu erwartenden sensorischen Konsequenzen der geplanten Bewegung. Es ergibt sich als eine Abstraktion zwischen dem gewünschten Ziel, den jeweils konkreten Anfangsbedingungen, den früheren, also vergangenen Bewegungsresultaten bei der Ausführung des Generalisierten Motorischen Programms und den dabei (also früher) eingelaufenen sensorischen Reafferenzen. Es ermöglicht somit nach dem Reafferenzprinzip eine Kontrolle und ggf. eine Korrektur des laufenden motorischen Programms. Das Erinnerungsschema stellt die Regeln dar, nach denen die varianten Programmparameter (auch Handlungsspezifikationen genannt) für die Ausführung eines motorischen Programms ausgewählt werden. Dies geschieht auf der Basis des gewünschten Ziels, der Analyse der konkreten Ausgangsbedingungen sowie vergangener Bewegungsrealisierungen. Es wird ggf. ein Extrapolationsprozess eingeleitet, wobei ausgehend von den vorliegenden konkreten Anfangsbedingungen und vergangenen Realisierungen die varianten Parameter für das motorische Programm so ausgewählt werden, dass das gewünschte Ziel mit höchster Wahrscheinlichkeit erreicht werden kann.

Diese Überlegungen lassen wichtige Schlussfolgerungen für das motorische Lernen zu:

1. Lernprozesse, bei denen noch kein Generalisiertes motorisches Programm vorliegt, sind von denen zu unterscheiden, bei denen das motorische Handlungsschema zu etablieren bzw. zu verbessern ist. Die erstgenannten Lernprozesse sind im Erwachsenalter selten.
2. Bei der Betrachtung des eigentlichen motorischen Handlungsschemas erkennt man, dass der Lernende vor der Bewegungsausführung die Umwelt exakt analysieren muss. Das Analysieren der Umwelt stellt also eine wesentliche Voraussetzung für erfolgreiches Lernen dar.
3. Der eigentliche Lernprozess als Bildung der Abstraktion zwischen Anfangsbedingungen, den benutzten Programmparametern und dem Handlungsresultat ist erst nach Vorliegen des Bewegungsresultats umsetzbar, da das Resultat erst nach Ausführung der Bewegung vorliegt! Die logische Konsequenz lautet, dass nach einer Bewegung Zeit benötigt wird, um die entsprechenden Schemata zu erstellen, wobei der benötigte Zeitaufwand um so größer wird, je komplizierter die motorische Aufgabe subjektiv wahrgenommen wird.

Tatsächlich konnten z. B. Brashers-Krug et al. (1996) oder Sadmehr & Holcomb (1997) zeigen, dass der Lernerfolg wesentlich von der Pause nach einer Bewegungsausführung abhängt. Bei einer schwierigen Bewegung in einem externen Kraftfeld (die Armbewegungen wurden systematisch um 90° abgelenkt) erwies sich eine Pause von 24 Stunden (!) zwischen den Versuchsdurchgängen als die optimale Trainingsvariante. Allerdings wurde hier die Anzahl der Übungsdurchgänge (jeweils n = 140) konstant gehalten. Untersuchungen, die als Kriterium die Zeit erfassen, die benötigt wird, um zu einem bestimmten motorischen Lernerfolg zu gelangen, gibt es kaum. Fest steht aber, dass unmittelbare mehrfache Wiederholung ein und derselben Bewegung ohne Pause zu Interferenzen bei der Erstellung des Handlungsschemas führt. Es sei angemerkt, dass dies nicht prinzipiell gegen massierte praktische Übungen spricht, die Einzeldurchgänge sollten durch kurze Pausen unterbrochen werden. Diese sollten umso länger sein, je schwieriger die Aufgabe subjektiv für den Lernenden empfunden wird.

Bemerkenswert im Zusammenhang mit der Schema-Theorie erscheint eine Studie von Rijntjes und Mitarbeitern (1999). Die Autoren untersuchten die Ausführung einiger hoch automatisierter Bewegungen, nämlich einer Zick-Zack-Bewegung und dem Schreiben der eigenen Unterschrift jeweils mit dem Zeigefinger oder der großen Zehe. Dabei untersuchten sie die Hirndurchblutung mittels funktioneller Kernspintomographie. Es zeigte sich erwartungsgemäß, dass die Bewegungen mit dem Zeigefinger das zugehörige sensomotorische Handareal und die Zehenbewegungen das sensomotorische Fußareal aktivierten. Darüber hinaus fanden sich aber Aktivierungen in Teilen des posterioren Parietalhirns bei der Ausführung der Unterschrift sowohl während der Ausführung mit der Hand als auch bei der Ausführung mit dem Fuß. Geht man davon aus, dass die Unterschrift gewöhnlich nur mit der Hand geleistet wird, könnte diese Studie

Hinweise auf das neuronale Netzwerk des motorischen Handlungsschemas nach Schmidt geben, denn hier spiegelt sich die Extrapolation des Schemas auf eine andere Extremität wider. In einer folgenden Studie konnte dann demonstriert werden, dass wiederholtes Schreiben der Unterschrift mit einer ungewohnten Extremität zum Aufbau eines eigenen Motorprogramms führt.

3   Neuronale Grundlagen des motorischen Lernens

Die oben dargestellte Lernsituation der Durchführung von Armbewegungen in einem externen Kraftfeld wurde aufgrund ihrer Attraktivität auch in tierexperimentellen Studien untersucht. Dabei wurde die Aktivität einzelner Neurone bei Affen in verschiedenen Kortexarealen intrakortikal registriert. Es konnten in der Arm- und Handregion im primären motorischen Kortex Neurone identifiziert werden, deren Entladungsverhalten sich beim Erlernen der entsprechenden Bewegung veränderte und diese Veränderungen in der Entladungsrate mit der erlernten Bewegung über die Zeit weiter bestehen blieben, auch wenn das externe Kraftfeld abgeschaltet wurde (z. B. Gandolfo et al., 2000); die Autoren nannten diese Zellen Gedächtniszellen der entsprechenden Bewegung. Andere Neurone änderten ihr Entladungsverhalten während des Lernens und fielen in ihr altes Muster zurück, sobald das Kraftfeld abgeschaltet wurde. Eine dritte Klasse von Neuronen änderte ihr Entladungsverhalten in keiner Phase des Experiments. Dieses und sich anschließende Experimente zeigten, dass sich die funktionellen Eigenschaften dieser Neurone im Laufe eines Lernprozesses auch in den primären kortikalen Strukturen ändern können, man spricht von funktioneller Plastizität. Neurowissenschaftliche Untersuchungen haben in den letzten Jahren zahlreichen Belege dafür erbracht, dass unser Gehirn zeitlebens plastisch und damit lernfähig ist, was auch – und das war lange Zeit sehr umstritten – für primäre kortikale Strukturen, also z. B. den primären motorischen oder den primären somatosensorischen Kortex, zutrifft. Belege für die funktionelle Plastizität im motorischen Kortex wurden dabei mit recht unterschiedlichen Methoden erbracht, etwa mit den schon erwähnten Einzelzellableitungen von Neuronen, mit Ableitungen von größeren Zellpopulationen, der Ableitung von Hirnströmen und magnetischen Hirnfeldern, der transkraniellen Magnetstimulation oder mit Untersuchungen der Hirndurchblutung und des Hirnmetabolismus mittels Positronenemissionstomographie (PET) oder funktioneller Kernspintomographie (fMRI). Sicherlich sind wir weit davon entfernt, die neuronalen Prozesse erschöpfend zu verstehen, die bei motorischem Lernen auftreten, dennoch wurden einige grundlegende Vorgänge, so etwa die Langzeitpotenzierung (LTP, siehe weiter unten), wiederholt bestätigt.

Untersuchungen der letzten Jahre belegen auch, dass die Grundlagen von motorischem Lernen in einzelnen Neuronen zu finden sind. Auch wenn diese Veränderungen zwischen zwei konkreten Neuronen keine wesentliche Rolle für das Gesamtverhalten spielen, sondern die Veränderungen in einem großen neuronalen Netzwerk zu finden sind, so erfolgen die elementaren Leistungen durch eine Verbesserung des Kontakts zwischen zwei (oder mehreren) Neuronen. So führt die wiederholte Erregung einer prä- und einer postsynaptischen Zelle in zeitlicher Kontingenz zu einer Steigerung der synaptischen Übertragung. Solche zeitliche Kontingenz wird durch wiederholtes Üben hervorgerufen. Dieser Mechanismus bleibt nicht auf eine Synapse beschränkt, vielmehr können mehrere präsynaptische Zellen involviert sein, was in eine weitere Verstärkung der o. g. Steigerung der synaptischen Übertragung einmündet. Mehr noch, ganze Systeme von Zellen (neuronale Netze) tendieren dazu, miteinander eng assoziiert zu werden, wenn die Zellen wiederholt in einer zeitlichen Relation erregt werden.

Das wohl verbreitetste Modell zur Erklärung dieser Verbesserung von Verknüpfungen zwischen Neuronen oder Neuronengruppen stellt die Langzeitpotenzierung (long-term potentiation, LTP) dar. LTP findet man in erregenden (oder exzitatorischen) Synapsen, deren Neurotransmitter Glutamat übertragen. Dabei existieren mehrere Typen von postsynaptischen Rezeptoren, die mit Blick auf die Langzeitpotenzierung in zwei Klassen unterteilt werden können. Rezeptoren, die auf den Stoff N-Methyl-D-Aspartat (kurz NMDA) mit einer Erregung reagieren, werden NMDA-Rezeptoren genannt, während die zweite Klasse von Rezeptoren auf NMDA nicht reagieren und deshalb non-NMDA-Rezeptoren genannt werden. Einige dieser non-NMDA-Rezeptoren reagieren bei normalen Membranbedingungen mit dem während einer Erregung freigesetzten Glutamat, was die Öffnung der Kanäle für Kationen und eine Positivierung (Depolarisation) des Membranpotentials (EPSP) zur Folge hat. NMDA-Rezeptoren sind hingegen unter Ruhebedingungen durch Magnesiumionen blockiert. Sie können nur bei deutlicher Depolarisation (im Zusammenhang mit einem starken erregenden postsynaptischen Potential EPSP oder einem applizierten Strom) freigegeben werden. Für ihre Nutzung muss die postsynaptische Zelle also bereits erregt sein und zusätzlich der Transmitter, das Glutamat, im synaptischen Spalt vorliegen. Solche Bedingungen liegen bei wiederholter Stimulation, starker Aktivierung o. ä. vor. Kommt es zur Aktivierung dieser Rezeptoren durch den Neurotransmitter Glutamat, so fließen über die mit ihnen assoziierten Ionenkanäle Calciumionen in die Zelle.

Wird also die präsynaptische Endigung nun durch ein Aktionspotential erregt, so verursacht dies die Ausschüttung einer gewissen Menge des Neurotransmitters Glutamat, der zunächst nur einige non-NMDA-Rezeptoren erregt. Werden die präsynaptischen Fasern aber durch wiederholte Aktionspotentiale aktiviert, so steigt die Anzahl der aktivierten non-NMDA-Rezeptoren. Die Folge ist eine stärkere Depolarisation, gleichzeitig befindet sich aber durch die wiederholte Reizung noch Transmitter im synaptischen Spalt, so dass auch eine Aktivierung der NMDA-Rezeptoren ermöglicht wird. Es gibt mindestens zwei Folgen einer solchen Aktivierung der NMDA-Rezeptoren. Erstens stellen die NMDA-Rezeptoren eine Art zelluläres Gedächtnis dar: Wurden nämlich durch ein Aktionspotential zunächst nur non-NMDA-Rezeptoren erregt und damit ein EPSP einer ganz bestimmten Größe ausgelöst, so folgt nun auf ein Aktionspotential ein EPSP mit einer höheren Amplitude. Dies geschieht, weil das eingeflossene Calcium über intrazelluläre Prozesse in der postsynaptischen Zelle die Eigenschaften der non-NMDA-Kanäle verändert. Durch diese Veränderungen ‚merkt' sich die postsynaptische Zelle das Ereignis der auslösenden Impulsserie kurzfristig. Die zweite und längerfristige Konsequenz der Aktivierung der NMDA-Rezeptoren wird über eine ganze Kaskade weiterer Prozesse erreicht, die u. a. zu einem Anstieg des präsynaptischen Transmitterausstoßes je Aktionspotential, über eine Aktivierung des genetischen Apparats der Zelle zu Veränderungen der räumlichen Organisation im Verhältnis prä- und postsynaptische Endigung, zum Anstieg der Anzahl und der Dichte von Rezeptoren in der postsynaptischen Membran, zu Veränderungen in der Geometrie der Dornfortsätze (Spines) der postsynaptischen Neuronen und einem Anstieg der Anzahl der Dornfortsätze führen. Es muss vermerkt werden, dass die LTP durch Aktivierungsprozesse, Motivation etc. gefördert werden kann, da die dabei frei werdenden Neurotransmitter (etwa Azetylcholin oder Noradrenalin) die Ausbildung der Langzeitpotenzierung verbessern und verlängern können. Die geschilderten Veränderungen sind sehr spezifisch, d. h. die Veränderungen treten ganz spezifisch ausschließlich in den stimulierten Synapsen auf.

Langzeitpotenzierung wurde auch an Synapsen des motorischen Kortex wiederholt gezeigt (Asanuma & Pavlides, 1997; Rioult-Pedotti et al., 1998, 2000). Im Rahmen der Lernprozesse im motorischen Kortex kommt es u. a. zur Steigerung der synaptischen Übertragung, wenn im Rahmen des Übungsprozesses die Afferenzen des primären somatosensorischen Kortex SI und/oder thalamischer Kerne den motorischen Kortex aktivieren werden.

Veränderungen der neuronalen Aktivität im Zusammenhang mit motorischem Lernen treten nicht nur im primären motorischen Kortex auf. Für den Erkenntnisgewinn spielen hier Messungen der regionalen Hirndurchblutung und des Hirnstoffwechsels eine zunehmende Rolle. Solche Untersuchungen beruhen auf Differenzbildungen der Hirndurchblutung zu Beginn eines motorischen Lernprozesses und am erfolgreichen Abschluss des Lernens (automatisierte Bewegung). Ein typisches Beispiel ist das motorische Sequenzlernen, bei dem die Finger in einer bestimmten Sequenz zu bewegen sind. So konnte gezeigt werden (Honda et al., 1998), dass Hirnregionen existieren, deren Anstieg in der Hirndurchblutung mit der Abnahme der Reaktionszeiten korreliert. Hier handelt es sich vorwiegend um die kontralateral zur Bewegung gelegenen sensomotorischen Areale. Untersuchte man den Zusammenhang zwischen der Abnahme der Fehlerhäufigkeit und dem Anstieg der Hirndurchblutung, so sind umfangreiche Areale aktiviert. Hier scheint ein ganzes Netzwerk involviert zu sein, zu dem u. a. der vordere Gyrus cinguli und das Kleinhirn gehören.

Frackowiak und Mitarbeiter (1997) sowie Cabeza und Nyberg (1997, 2000) haben versucht, die vorliegenden Daten zu Änderungen der Hirndurchblutung im Rahmen motorischer Lernprozesse zusammenzufassen. Sie stellten fest, dass die Veränderungen einerseits maßgeblich von der konkreten Bewegungsaufgabe beeinflusst wurden und daher z. T. erheblich differierten. Es ließen sich jedoch auch einige Gemeinsamkeiten feststellen. Beim Erlernen neuer motorischer Sequenzen etwa zeigen sich erhöhte Aktivitäten im dorsolateralen präfrontalen Kortex (hier wird ein wesentlicher Teil unseres Arbeitsgedächtnisses vermutet), in den Basalganglien, dem prämotorischen Areal und im Cerebellum. Wird die Bewegung gut beherrscht, so weisen die sekundären motorischen Areale (bei sequentiellen Bewegungen besonders das Supplementär-motorische Areal SMA), der vordere Gyrus cinguli, aber auch Teile der Basalganglien erhöhte Durchblutungswerte auf. Man kann schlussfolgern, dass beim Lernen von Bewegungen, ihrer Optimierung sowie der Langzeitspeicherung von automatisierten Abläufen unterschiedliche Hirnregionen involviert sind. Interessant ist aber auch, dass bei der Auflistung der relevanten Strukturen der primäre motorische Kortex nicht auftritt. Hierfür gibt es jedoch eine plausible Erklärung: Beim Erlernen neuer Sequenzen, bei denen die Finger so schnell und korrekt wie möglich zu bewegen sind (vergleichbar mit Klavierspiel), beherrscht man die einzelne Bewegung der Finger bereits, d. h., man braucht nicht zu lernen, wie beispielsweise der rechte Zeigefinger eine bestimmte Taste erreicht, wozu der primäre motorische Kortex in erster Linie notwendig ist. Vielmehr geht es hier um das zeitlich und räumlich korrekte Aneinandersetzen unterschiedlicher Bewegungen. Dies wird offenbar durch die oben genannten Strukturen realisiert.

4   Fazit

Motorische Handlungen sind ohne vielfältige zentralnervöse Prozesse nicht denkbar. Sie beginnen mit der Generierung einer Handlungsmotivation, beinhalten die Analyse der Afferenzen, die Programmierung der Zielmotorik und der unterstützenden Veränderungen in Haltung etc. Eine optimale Bewegungsaufführung ist dabei nicht nur an optimale periphere Voraussetzungen (Muskel, Skelett u. a.), sondern auch an ein Optimum der zentralnervösen Vorgänge gebunden. Unspezifische und spezifische Aktivierungsvorgänge spielen dabei eine große Rolle. Diese können mit Hilfe direkter und indirekter Parameter gemessen und zur Optimierung genutzt werden.

Motorische Lernprozesse beruhen auf Veränderungen in verzweigten neuronalen Netzwerken, die auf verschiedenem Niveau beschrieben werden können. Dies beginnt auf subzellulärer Ebene, wie anhand des Beispiels der Langzeitpotenzierung gezeigt wurde. Diese Veränderungen führen zu veränderten Interaktionen zwischen einzelnen Zellen und letztendlich im Gesamtnetzwerk. In Abhängigkeit von der jeweiligen Phase des Lernprozesses lassen sich Veränderungen in verschiedenen Teilen des Netzwerkes nachweisen. So zeigen einzelne Neurone im Verlauf des Erwerbs von neuen Generalisierten motorischen Programmen überdauernde Veränderungen ihres Entladungsverhaltens, das mit dem Erwerb der neuen Fähigkeit korreliert. Beim Erlernen neuer Sequenzen findet man erhöhte Aktivierungen u. a. im lateralen präfrontalen Kortex und in prämotorischen Arealen, während gut automatisierte Sequenzen u. a. durch das supplementär-motorische Areal unterstützt werden. Das Wissen über den Ablauf motorischer Lernprozesse kann die Effizienz des Trainings oder von krankengymnastischen Behandlungen steigern. Es gelingt heute mit Hilfe moderner bildgebender Verfahren, die physiologischen Wirkmechanismen weiter aufzudecken.

Literatur

Asanuma, H. & Pavlides, C. (1997). Neurobiological basis of motor learning in mammals. Neuroreport, 8 (4), R1-R6.

Beyer, L., Weiss, T., Hansen, E. & Rost, R. (1993). Die EEG-Grundaktivität - Parameter zentralnervaler Aktivierung der Handlungsregulation bei Ringern. Deutsche Zeitschrift für Sportmedizin, 44 (7), 294-299.

Beyer, L., Rost, R., Hansen, E., Weiss, T. & Grunwald, M. (1994). EEG-Analyse und Veränderungen der EEG-Aktivität während sportlicher Belastung. In L. Zichner & M. Engelhardt & J. Freiwald (Eds.), Die Muskulatur - Sensibles, integratives und messbares Organ (pp. 99-121). Wehr: Ciba-Geigy Verlag.

Beyer, L., Grunwald, M., Plietz, M., Rost, R. & Weiss, T. (1996). EEG und Modellbewegungen. In U. Bartmus & H. Heck & J. Mester & H. Schumann & G. Tidow (Eds.), Aspekte der Sinnes- und Neurophysiologie im Sport (pp. 119-129). Köln: Strauß.

Brashers-Krug, T., Shadmehr, R. & Bizzi, E. (1996). Consolidation in human motor memory. Nature, 382 (6588), 252-255.

Cabeza, R. & Nyberg, L. (1997). Imaging cognition: An empirical review of PET studies with normal subjects. Journal of Cognitive Neuroscience, 9 (1), 1-26.

Cabeza, R. & Nyberg, L. (2000). Imaging cognition II: An empirical review of 275 PET and fMRI studies. Journal of Cognitive Neuroscience, 12 (1), 1-47.

Frackowiak, R. S. J., Friston, K. J., Frith, C. D., Dolan, R. J. & Mazziotta, J. C. (1997). Human brain function. San Diego: Academic Press.

Gandolfo, F., Li, C. S. R., Benda, B. J., Schioppa, C. P. & Bizzi, E. (2000). Cortical correlates of learning in monkeys adapting to a new dynamical environment. Proceedings of the National Academy of Sciences of the United States of America, 97 (5), 2259-2263.

Honda, M., Deiber, M. P., Ibanez, V., Pascual Leone, A., Zhuang, P. & Hallett, M. (1998). Dynamic cortical involvement in implicit and explicit motor sequence learning - A PET study. Brain, 121 (11), 2159-2173.

Miltner, W. H. R. & Weiss, T. (1999). Psychologische und psychobiologische Grundlagen der Verhaltensmedizin. In H. Flor & N. Birbaumer & K. Hahlweg

(Eds.), Enzyklopädie der Psychologie, Band 3: Verhaltensmedizin: Grundlagen und Interventionen (pp. 29-173). Göttingen: Hogrefe.

Rijntjes, M., Dettmers, C., Buchel, C., Kiebel, S., Frackowiak, R. S. J. & Weiller, C. (1999). A blueprint for movement: Functional and anatomical representations in the human motor system. Journal of Neuroscience, 19 (18), 8043-8048.

Rioult-Pedotti, M. S., Friedman, D. & Donoghue, J. P. (2000). Learning-induced LTP in neocortex. Science, 290 (5491), 533- 536.

Rioult-Pedotti, M. S., Friedman, D., Hess, G. & Donoghue, J. P. (1998). Strengthening of horizontal cortical connections following skill learning. Nature Neuroscience, 1 (3), 230-234.

Schmidt, R. A. (1975). A schema theory of discrete motor skill learning. Psychological Review, 82, 225-260.

Schmidt, R. A. (1988). Motor control and learning. A behavioral emphasis (Vol. 2). Champaign - Illinois: Human Kinetics Publishers.

Shadmehr, R. & Holcomb, H. H. (1997). Neural correlates of motor memory consolidation. Science, 277, 821-825.

Sust, M., Schmalz, T., Beyer, L., Rost, R., Hansen, E. & Weiss, T. (1997). Assessment of isometric contractions performed with maximal subjective effort: corresponding results for EEG changes and force measurements. International Journal of Neuroscience, 92 (1-2), 103-118.

Weiss, T. (2000a). Das Zentralnervensystem. In H. Van der Berg (Ed.), Lehrbuch Angewandte Physiologie (pp. 293-365). Stuttgart: Thieme Verlag.

Weiss, T. (2000b). Motorisches Lernen. Die Bewegung aus zentralnervöser Sicht. Physiotherapie, 5, 7-16.

Weiss, T. & Miltner, W. H. R. (2001). Motorisches Lernen - neuere Erkenntnisse und ihre Bedeutung für die motorische Rehabilitation. Zeitschrift für Physiotherapeuten, 53 (4), 578-588.

Weiss, T., Beyer, L. & Hansen, E. (1991). Motor imagination - a model for motor performances? International Journal of Psychophysiology, 11 (2), 203-205.

Gregorie I. Popov

Der Einfluss von I.P. Ratov auf die Entwicklung von Trainingsgeräten (Trainager) für den Leistungssport

Lange Zeit wurden viele wissenschaftliche und methodische Probleme im Leistungssport der UdSSR - später Russlands - von Professor I.P. Ratov und seinen Schülern gelöst. Die Hauptidee der Ratov-Schule besteht darin, dass man als Endziel der gemeinsamen Arbeit der Trainer und Wissenschaftler nicht bloß die sportliche Leistung eines konkreten Sportlers ansieht, sondern seine persönliche Rekordleistung oder die dieser Sportart.

Wenn man für die Lösung der angegebenen Zielaufgabe das traditionelle Schema als Grundlage des Trainingsprozesses nimmt, hat man mit zwei Widersprüchen zu tun:

1. Das Streben nach einer immer besseren Leistung ist ein ständiger Prozess von „Lernen und Umlernen". Um eine Bestleistung vorzuweisen, muss der Sportler seine Bewegungsfertigkeiten stabilisieren; andererseits behindert diese Stabilisierung eine Verbesserung der erreichten sportlichen Leistung, da man dafür neue Bewegungsfertigkeiten braucht (Abb. 1).

2. Das effektive Mittel zum Erreichen der Rekordleistung, d. h. die sportliche Technik, kann nicht außerhalb der Bedingungen und des Bewegungsregimes, die dieser Leistung entsprechen, erworben werden.

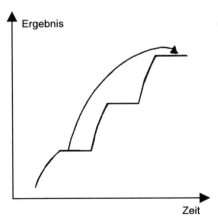

Abb. 1: Traditionelles und auf Rekordleistung ausgerichtetes Training

Die Beseitigung der Widersprüche wurde möglich, indem man eine speziell organisierte künstliche Arbeitsumgebung schuf: Trainingsvorrichtungen, Trainager, Sportgeräte und -ausrüstung.

Also, nicht ständig „lernen und umlernen", sondern gleich Übungen schaffen, die auf eine verbesserte bzw. Rekordleistung orientieren (Abb. 1). Die Besonderheit des von der Ratovschen Schule angewandten Herangehens an die sportliche Ausbildung besteht in Folgendem:

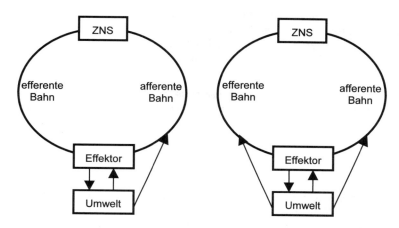

Abb. 2: Modell zur Theorie der künstlichen Steuerungsumgebung nach Ratov

Um eine Rekordleistung vorzuweisen, muss der Sportler in einem Regime trainieren, das dieser Rekordleistung entspricht. Aber weder energetische noch informationelle Funktionssysteme, weder konditionelle noch koordinative Fähigkeiten seines aktuellen Trainingszustandes können ihm die Möglichkeit geben, im Rekordregime zu trainieren. Also müssen wir dem Sportler helfen, indem wir die notwendigen Arbeitsbedingungen schaffen. Die Hauptaufgabe dabei ist es, dem Sportler jene energetischen, koordinativen und Kraftzusätze zu geben, die die fehlenden natürlichen Kräfte und funktionellen Möglichkeiten kompensieren. Obwohl bei diesem Herangehen die angestrebte Rekordleistung durch die Kombination von natürlichen und künstlichen Kräften erzielt wird, behalten die Bewegungsabläufe und die ihnen entsprechende intermuskuläre Koordination ihren natürlichen Charakter, da die Bewegungen vom Sportler selbst, durch seinen neuromuskulären Apparat realisiert werden. Des Weiteren besteht die Aufgabe des Trainers darin, natürliche Bewegungen und die unter künstlich geschaffenen Bedingungen ausgeführten Bewegungen optimal zu kombinieren. Später sollte die Menge der sogenannten „künstlichen Zusätze" verringert und durch Umfangserhöhung natürlich ausgeführter Bewegungen ersetzt werden. Der Sportler und seine Umgebung (in diesem Fall ein Komplex technischer Mittel) werden zu einem einheitlichen Ganzen, wobei immer noch der Mensch der aktive Ursprung ist. Seine Aufgabe besteht darin, die natürlichen motorischen Handlungen den ihm aufgezwungenen künstlichen Bedingungen anzupassen. Der Charakter menschlicher Bewegungen wird immer den Bedingungen seiner Umgebung angepasst, deswegen können bewusst geschaffene Bedingungen die notwendige, von uns angedachte Bewegungsreaktion des Sportlers vorbestimmen. Die Bewegungsreaktion wird durch mehrmals wiederholte Übungen unter speziell geschaffenen Bedingungen gefestigt. Da die äußeren Bedingungen vor allem die afferenten Bahnen des neuromuskulären Systems beeinflussen (Abb. 2), führen die Korrekturen des vorhandenen motorischen Programms zur Bildung eines neuen motorischen Programms, welches der Ausführung der Übung mit verbesserter oder Rekordleistung entspricht. Diese einfachen Überlegungen liegen der Theorie der künstlichen Steuerungsumgebung von I. P. Ratov zugrunde.

Das entsprechende System technischer Mittel zur Realisierung der Theorie basiert auf dem Hauptgedanken, wie eine konkrete Aufgabe jeweils zu lösen ist. Dazu einige Beispiele.

Beispiel 1

Die Aufgabe lag in der Verbesserung der sportlichen Leistung der Sprinter im Leistungssport. Notwendig waren hierfür die Veränderung des Lauftempos und des Laufrhythmus, um die Laufgeschwindigkeit um 5% bis 6% zu verbessern. Die Hauptbesonderheit bei der Lösung dieser Aufgabe ist die Verringerung der äußeren Arbeit, die durch den Stütz- und Bewegungsapparat des Läufers realisiert wird.

Es wurde ein Trainager entwickelt, der das **„System der erleichternden Führung" (SEF)** genannt wurde.

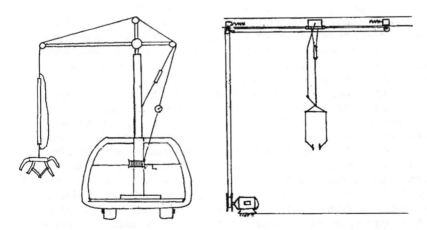

Abb. 3: Trainagervarianten des „Systems der erleichternden Führung" (SEF)

Das SEF verfügt über eine vertikale elastische Verbindung (**VEV**), die beim Lauf am Körper des Sportlers angebracht ist und entweder mit einer fahrbaren Vorrichtung bzw. einem Kurbellager auf einer Einschienenbahn oder mit einer stationären Konsole auf der Laufbahn (Abb. 3, 4) verbunden ist. Das eine Ende der

Ratovs Einfluss auf die Entwicklung von Trainingsgeräten

VEV wird am SEF, das andere am Körper des Sportlers befestigt. Die VEV besteht aus einer Reihe von Gummibändern, deren Anzahl in Abhängigkeit von der Aufgabe verändert wird. Die VEV wirkt auf den Sportler auf zwei Arten:

1. durch die Veränderung der statischen Zugkraft aufgrund der Vordehnung der VEV gegen die Richtung des Beschleunigungsvektors des freien Falls,
2. durch die Veränderung der Elastizität der VEV (größere Anzahl der Gummibänder).

Tab. 1: Indikatoren des Laufrhythmus und der Geschwindigkeit von Sprintern beim 30-m-Lauf (fliegender Start) unter verschiedenen trainingsmethodischen Bedingungen
Legende: VB - Versuchsbedingungen; EK - Effektivitätskoeffizient
1 - Lauf unter normalen Bedingungen (Ausgangsdaten),
2 - Lauf am Trainager „SEF" (Elastizitätsmodul VEV 1 x 1000 N/m, statischer Zug 10 % vom Körpergewicht des Probanden),
3 - wie 2, aber mit VEV 3 x 1000 N/m,
4 - Lauf unter normalen Bedingungen unmittelbar nach dem Trainagereinsatz

Proband	Qualifikation	VB	Zeit (s)	Stützzeit (s)	Flugzeit (ms)	V (ms^{-1})	EK
1	Intern. Meister des Sports	1	2,72	0,095	0,111	4,85	1,168
		2	2,68	0,091	0,111	4,95	1,220
		3	2,68	0,085	0,109	5,15	1,282
		4	2,70	0,093	0,111	4,90	1,194
2	Meister des Sports	1	2,79	0,096	0,104	5,00	1,051
		2	2,73	0,092	0,103	5,13	1,120
		3	2,68	0,084	0,100	5,44	1,190
		4	2,75	0,093	0,102	5,13	1,097
3	Meister des Sports	1	2,78	0,099	0,110	4,78	1,111
		2	2,76	0,094	0,109	4,92	1,160
		3	2,73	0,090	0,106	5,10	1,178
		4	2,78	0,098	0,109	4,83	1,112
4	Kandidat Meister des Sports	1	3,06	0,104	0,112	4,63	1,077
		2	3,03	0,100	0,111	4,64	1,110
		3	2,98	0,094	0,110	4,89	1,170
		4	3,00	0,111	0,111	4,72	1,099

In den Tab. 1 und 2 sind Daten angeführt, die im Laufe der Untersuchungen erhoben wurden. Folgendes konnte festgestellt werden:

- Verringerung der Stützzeit,
- Vergrößerung des Bewegungstempos,
- Erhöhung der Geschwindigkeit auf der Testlaufstrecke.

Diese Gesetzmäßigkeiten bleiben auch dann erhalten, wenn nur die Zugkraft vertikal nach oben vergrößert und dabei zusätzlich die Elastizität der VEV erhöht wird. Die Bewegungsreaktionen auf dem Trainager SEF waren bei Männern und Frauen gleich.

Noch ein wichtiges Moment wurde bei der Arbeit mit dem SEF beobachtet (Abb. 5). Dargestellt sind die Herzfrequenz-Verläufe beim Lauf auf der Laufbahn mit und ohne VEV.

Abb. 4: Trainagervariante (SEF)

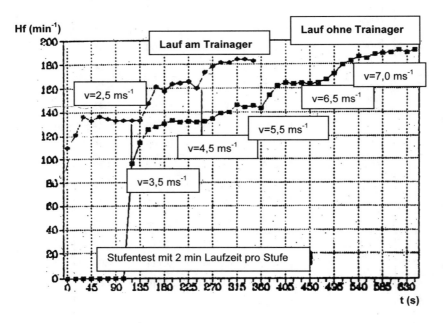

Abb. 5: Herzfrequenz-Verläufe (Hf) eines Probanden beim Lauf mit und ohne Trainagereinsatz mit VEV (Stufentest)

Tab. 2: Indikatoren des Laufrhythmus und der Geschwindigkeit von Sprinterinnen beim 30-m-Lauf (fliegender Start) unter verschiedenen trainingsmethodischen Bedingungen
Legende: VB - Versuchsbedingungen; EK - Effektivitätskoeffizient
1 - Lauf unter normalen Bedingungen (Ausgangsdaten),
2 - Lauf am Trainager „SEF" (Elastizitätsmodul VEV 1 x 1000 N/m, statischer Zug 10 % vom Körpergewicht des Probanden),
3 - wie 2, aber mit VEV 3 x 1000 N/m,
4 - Lauf unter normalen Bedingungen unmittelbar nach dem Trainagereinsatz

Probandin	Qualifikation	VB	Zeit (s)	Stützzeit (s)	Flugzeit (ms)	V (ms^{-1})	EK
1	Meister des Sports	1	3,12	0,096	0,113	4,87	1,177
		2	3,07	0,092	0,112	4,90	1,217
		3	3,02	0,087	0,108	5,13	1,241
		4	3,07	0,093	0,112	4,88	1,204
2	Kandidat Meister des Sports	1	3,42	0,108	0,120	4,39	1,111
		2	3,40	0,103	0,118	4,52	1,146
		3	3,34	0,097	0,115	4,72	1,186
		4	3,39	0,106	0,120	4,42	1,132
3	1. Kategorie	1	3,62	0,122	0,122	4,29	1,099
		2	3,57	0,120	0,120	4,39	1,111
		3	3,48	0,118	0,118	4,57	1,168
		4	3,55	0,121	0,121	4,37	1,120

- Bei normalem Lauf ist die Herzfrequenz höher als mit VEV.
- Mit VEV dauert der Lauf länger und hört auf einer höheren Geschwindigkeit als unter Normalbedingungen auf, und genau das ist notwendig, um ein neues motorisches Programm zu bilden, das einer höheren Leistung entspricht.

Beispiel 2

Die Aufgabenstellung bestand in der Leistungsverbesserung von Mittel- und Langstreckenläufern. Notwendig dafür war es, die Energierekuperationsprozesse im Organismus der Sportler zu beschleunigen, um die Bewegungen auf der Laufstrecke ökonomischer zu gestalten. Darin liegen die Reserven der Leistungsverbesserung der Langstreckenläufer. Das SEF wurde auch hier genutzt.

In der Abb. 6 sind die Abhängigkeiten des Koeffizienten der Energierekuperation und errechnete Werte der rekuperierten Energie als Funktionen des Verhältnisses Zugkraft-Körpergewicht des Sportlers dargestellt. Diese Grafiken weisen das Maximum auf, welches die optimalen individuellen Einwirkungsbedingungen auf den Sportler charakterisiert.

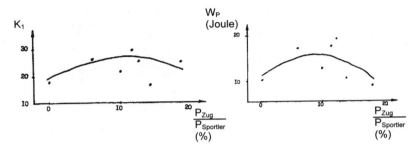

Abb. 6: Veränderung des Koeffizienten der Energierekuperation K_1 (linkes Bild) bzw. Veränderung der rekupierten Energie Wp (rechtes Bild) in Abhängigkeit vom Verhältnis von Zugseilkraft zum Körpergewicht des Sportlers

Als Bestandteil der Vorbereitung auf die wichtigen internationalen Wettkämpfe haben die Mittelstreckenläufer der höchsten Leistungsklassen das SEF benutzt, um ihre Rekordleistung zu erreichen. Trainiert wurde mit Rekordgeschwindigkeit (6,35 m/s). Hier werden die Ergebnisse des Projektteils dargestellt, in dem die Läufer diese Geschwindigkeit bis an die Grenze des Möglichen realisiert hatten.

Am Versuch nahmen drei Meister des Sports und drei Meister des Sports der internationalen Kategorie teil. Durchschnittlich betrug die Laufzeit 12 min. Die oben genannte Geschwindigkeit wurde unter Normalbedingungen von keinem der Läufer je zuvor realisiert. Der Koeffizient der Energierekuperation K_1 betrug unter Normalbedingungen 17,7 %, in der 2. Minute 10,4 %, in der 8. Minute 18,5 % und in der 12. Minute 24,6 %. Und das alles bei nachweisbar niedrigeren (bis zu 12 %) Parametern der äußeren Atmung im Vergleich zum Lauf unter Normalbedingungen. Einige Daten dieser Untersuchungen sind in der Tab. 3 dargestellt.

Ein längeres Beibehalten des Rekordlaufregimes kann nur mit erhöhter rekuperierter Energiemenge erklärt werden. Die beschriebene Wirkungseffektivität der VEV auf den Sportler bleibt auch später erhalten; bei längerer Arbeit unter Benutzung modifizierter Trainager so lange, um eine stabile Leistungsverbesserung in der Wettkampfperiode zu ermöglichen.

Tab. 3: Kinematische und energetische Untersuchungsparameter eines Sportlers, bezogen auf den Körperschwerpunkt (KSP)
Legende:
K_1 - Koeffizient der Energierekuperation
Zykluszeit und äußere Arbeit beziehen sich auf einen Laufschritt (Halbzyklus)

Parameter	normale Bedingungen	Einsatz Trainager (SEF mit vertikaler Zugkraft)		
		2. Minute	8. Minute	12. Minute
Stützzeit (s)	0,203 ± 0,005	0,195 ± 0,005	0,162 ± 0,006	0,155 ± 0,006
Zykluszeit (s)	0,295 ± 0,012	0,300 ± 0,011	0,291 ± 0,013	0,305 ± 0,012
äußere Arbeit	40,8 ± 2,2	49,2 ± 3,2	41,5 ± 3,2	37,6 ± 3,6
K_1	5,7 ± 1,1	5,7 ± 1,1	9,4 ± 1,3	12,3 ± 1,2

Beispiel 3

Die Aufgabenstellung bestand in der Leistungsverbesserung der Kugelstoßer und Diskuswerfer. Notwendig dazu war die Veränderung der rhythmischen und Schnelligkeitsparameter. Die Hauptarbeitsrichtung bestand in der Entlastung des Stütz- und Bewegungsapparates (bei Körperverlagerung im Schwerkraftfeld).

Eingesetzt wurde der Trainager „Stabilisierende Aufhängung" (Abb. 7). Das Gerät besteht aus einem auf der Oberfläche stabil befestigten Stab. Auf der Spitze ist eine Drehvorrichtung mit einer beweglichen Konsole angebracht. Auf dem Kugellager befindet sich die vertikale elastische Verbindung (VEV). Unten endet sie an einem Riemensystem wie bei einem Fallschirm, das am Körper befestigt wird. Wenn sich der Sportler bewegt, dreht sich die Konsole in Wurfrichtung, das Kugellager bewegt sich auf der Konsole, das ganze System dreht sich. Im Ergebnis wird über die vertikale elastische Verbindung auf den Körper des Sportlers die Kraft weitergeleitet, die gegen die Richtung des Schwerkraftvektors gerichtet ist.

Abb. 7: Trainager „Stabilisierende Aufhängung"

In der Tab. 4 sind Ergebnisse während einer Trainingseinheit im Diskuswerfen dargestellt. Es werden die Ausgangswerte einiger Versuche von fünf Sportlern angegeben, dann die Ergebnisse, die sie mit dem Trainager erzielt haben und die Versuchsergebnisse gleich nach den Versuchen mit dem Trainager.

Tab. 4: Veränderungen der Wurfweite (in m) beim Training von Diskuswerfern mit dem Trainager „Stabilisierende Aufhängung"

Wurfweite, Ausgangswerte		Wurfweite beim Einsatz des Trainagers		Wurfweite unmittelbar nach Einsatz des Trainagers	
Mittelwert	Prozent	Mittelwert	Prozent	Mittelwert	Prozent
54,7 ± 0,69	100,0	57,06 ± 0,66	104,3	55,8 ± 0,61	102,0

Beispiel 4

Die Aufgabe bestand im Techniktraining schwieriger Elemente im Grundlagentraining des Turnens. Notwendig war die Programmierung solcher zeitlichen und räumlichen Charakteristika der Übung, die dem hohen Schwierigkeitsgrad entsprechen. Das Hautziel bestand in der Verringerung technischer Fehler beim Erlernen und der Ausbildung motorischer Fertigkeiten mit einer optimalen Ausführungstechnik in kürzerer Zeit.

Die Trainager einer solchen Ausrichtung enthalten die notwendigen Zwänge, die es dem Sportler nicht erlauben, von den vorgegebenen optimalen Bahnen oder Bewegungsamplituden in den Gelenken abzuweichen. In solchen Fällen wird die Information auf taktile und kinästetische Rezeptoren ausgerichtet.

In der Abb. 8 ist ein Trainager für die Übungen am Reck dargestellt. Es wurde die optimale Bewegungskurve des KSP errechnet. Auf dem Trainager kann man effektiv den Griffwechsel beim Vor- und Rückschwung, beim Salto vorwärts in den Hang, beim Salto mit und ohne ganze Drehung, beim Deltschew-Salto u. a. üben.

Es gibt weitere Trainager zum Erlernen von Felgen am Reck und an den Ringen. Das Prinzip des Beibehaltens der Bewegungsbahn, der ein bestimmter Körperpunkt folgen soll, ist auch hier eingehalten worden. Allerdings wurden zwei zusätzliche Zwänge eingeführt:

- Zwangsverlagerung des Körpers in einer vorgegebenen Bahn.
- Vergleich biomechanischer Modellcharakteristika der Bewegungsausführung eines konkreten Sportlers mit seiner realen Charakteristika bei der Arbeit auf dem Trainager. Wenn die letztgenannten Werte bestimmte Wertgrenzen überschreiten, hält der Trainager an.

Es wurde ein Versuch mit Nachwuchssportlern (AK 9) am Reck mit dem Trainager durchgeführt, der zu folgenden Ergebnissen führte:

Ratovs Einfluss auf die Entwicklung von Trainingsgeräten

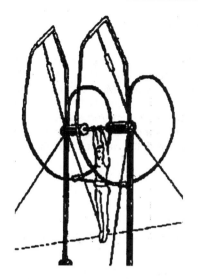

Abb. 8: Trainager für Übungen am Reck

Die Versuchsgruppe trainierte zwei- bis dreimal die Woche (insgesamt 6 - 9 TE) mit 4 bis 6 Serien bei 2 bis 5 Wiederholungen pro Serie. Durchschnittlich wurden 188 Felgen realisiert und die Durchschnittspunktzahl betrug 4 Punkte. In der zweiten Gruppe (Kontrollgruppe) führte man 35 TE durch, dabei wurden (durchschnittlich) 548 Felgen realisiert. Die Durchschnittspunktzahl betrug 2,73 Punkte.

Beim Erlernen der Riesenfelge rückwärts an den Ringen (AK 11) wurde Folgendes festgestellt. Die Versuchsgruppe erlernte die Bewegung in 9 bis 12 Trainingseinheiten, die Kontrollgruppe erst nach 119. Die Versuchsgruppe realisierte durchschnittlich 160 Riesenfelgen, die Kontrollgruppe hingegen 867. Die Durchschnittspunktzahl betrug 3,9 bzw. 2,28 Punkte.

Beispiel 5

Die Aufgabe bestand darin, die besten Radsportlerinnen an die Weltbestleistung heranzuführen. Die Hauptrichtung beim Training war das Erreichen der Rekordgeschwindigkeit und das Halten dieser Geschwindigkeit.

Als Trainager benutzte man speziell angefertigte „Roller", geeignet für Bahn und Chaussee. Die Sportlerinnen - Mitglieder der Nationalmannschaft der damaligen UdSSR - benutzten ihre eigenen Fahrräder. Die „Roller" wurden so konstruiert, dass man das Bremsmoment als Imitation einer Oberflächenreibung und als „Anstiege" verschiedener Neigung nutzen konnte. Um die aktuelle Höchstgeschwindigkeit der Radfahrerinnen weiter zu erhöhen, wurde auf das Hinterrad zusätzliche Drehkraft geleitet. Außerdem wurde eine Reihe von anderen Datengebern angebracht: zum Messen der Herzfrequenz, Trittkraft u. a. m. Ein Teil der Geber realisierte die Rückinformation zwecks Steuerung des vorgegebenen Arbeitsregimes. Die Bewegungssteuerung der Athletinnen erfolgte über die Geschwindigkeit, den Krafteinsatz oder das Moment. Zur Aktivierung der im Rekordregime eingesetzten Muskulatur benutzte man ein **elektrostimulierendes System (ESS)**. Die Aktivierung erfolgte zum Zeitpunkt des höchsten natürlichen Muskeleinsatzes. Die Wirkung des ESS auf die Muskel war unterschiedlich. So erhöhte die künstliche Aktivierung des Köpfchens des geraden Teils des Quadrizeps die maximale Geschwindigkeit durchschnittlich um 0,09 m/s, die des inneren und äußeren Teils um 0,2 m/s und die des hinteren Oberschenkelmuskels um 0,13 m/s.

Beim Treten auf dem Trainager im Einzelzeitfahren sollten die Sportlerinnen die Rekordgeschwindigkeit von 15 m/s halten. Durchschnittlich schafften sie es 43,4 Sekunden lang - bzw. 669,3 Meter. Eine kurzzeitige Muskelstimulierung verlängert diese Zeit durchschnittlich um 10,7 Sekunden bzw. 177 Meter. Man errechnete, dass die Bestleistung im Einzelzeitfahrregime im Vorbereitungstraining 1:05,0 Minuten betragen muss. Dementsprechend plante und realisierte man ein Trainingsprogramm unter Zuhilfenahme von ESS, was schließlich zum Weltrekord geführt hat.

Zusammenfassung

Die hier angeführten Beispiele sind nur ein kleiner Ausschnitt aus den Arbeiten unter Ratovs Leitung.

Die Idee der Sportlerführung mit dem Ziel, den Einfluss von negativen Faktoren (die das Zustandekommen von Bestleistungen erschweren) zu verringern, hat man im Schwimmen (Ziehen der Sportler mit hoher Geschwindigkeit), im Rudern (Geschwindigkeitserhöhung des Bootes auf der Wettkampfstrecke), im Skisport, im Gehen und in den Sportspielen (für das Sprinttraining) realisiert.

Die Elektromyostimulation während der Bewegungsausführung erfolgte praktisch in allen Disziplinen der Leichtathletik, im Gewichtheben, im Kunstturnen, im Skisport und Eisschnelllauf, im Rudern und in den Spielsportarten (für die Sprungkraftverbesserung).

Außerdem wurden auch Situationstrainager für Fechten, Boxen, Karate und für viele andere Sportarten entwickelt.

Literatur

Literatur beim Verfasser

Arndt Pfützner/Dieter Gohlitz

Messplätze im Ergometrie-Zentrum des Instituts für Angewandte Trainingswissenschaft (IAT)

1 Vorbemerkung

Zielstellung des nationalen Spitzensportkonzepts des Deutschen Sportbundes (DSB) ist es, Sportlerinnen und Sportlern Entwicklungsmöglichkeiten für das Erreichen internationaler Spitzenleistungen zu sichern und ihnen damit gleichzeitig eine Chancengleichheit im Wettkampf zu gewähren. Im Rahmen dieser Zielstellung realisiert das Institut für Angewandte Trainingswissenschaft, eine athletennahe, sportartspezifische, interdisziplinäre und komplexe Trainings- und Wettkampfforschung.

Angewandte Trainingswissenschaft ist in hohem Maße prozessbedingt und prozessbegleitend. Sie orientiert sich dabei am leistungsrelevanten Bedarf, an der praktischen Nutzung der Ergebnisse und an der Nutzungsüberprüfung. Damit wird sowohl eine grundlagen- als auch anwendungsorientierte Eigen- und Vorlaufforschung nicht ausgeschlossen, sondern zur Bedingung.

Aber auch die ständige Weiterentwicklung des eigenen methodischen Instrumentariums mit der entsprechenden Forschungstechnologie und sportartspezifischen Messplätzen ist ein Gegenstand, der in hohem Maße verantwortlich für die Effektivität der Forschungstätigkeit ist (Martin, 1999).

Diese Forschungsstrategie hat für das Institut in der Zusammenarbeit mit den Spitzenverbänden eine zentrale Bedeutung. Folgende wissenschaftliche Interventionen bestimmen die prozessbegleitende Trainings- und Wettkampfforschung in den Spitzenverbänden:

- Wettkampfanalysen/Weltstandsanalysen,
- Trainingsanalysen,
- Leistungsdiagnostik/Messplatztraining,
- Gesundheits- und Belastbarkeitsdiagnostik.

2 Erhöhung der Wirksamkeit des Trainings durch effektive Trainingssteuerung unter besonderer Berücksichtigung der Leistungsdiagnostik

Ein Hauptinstrument für die Erhöhung der Wirksamkeit des Trainings ist eine effektive Trainingssteuerung auf der Basis tragfähiger Trainingskonzepte. Es muss leider immer wieder kritisch angemerkt werden, dass die Trainingssteuerung kein fehlendes trainingsmethodisches Grundkonzept der Sportart ersetzen kann. Im Gegenteil, ein leistungsrelevantes Trainingskonzept ist Voraussetzung.

Die Trainingssteuerung ist zugleich ein Hauptarbeits- und Hauptforschungsfeld in den sportartspezifischen Projekten des IAT.

Schwerpunkte einer effektiven Trainingssteuerung sind:

- die zielorientierte, fähigkeits- und fertigkeitsbezogene Leistungs- und Trainingsplanung,
- der gezielte und kontinuierliche Einsatz einer sportartspezifischen Leistungsdiagnostik und Wettkampfanalyse im Jahresverlauf sowie
- die zeitbezogene Verbindung von Leistungsanalysen mit aussagefähigen Trainingsanalysen.

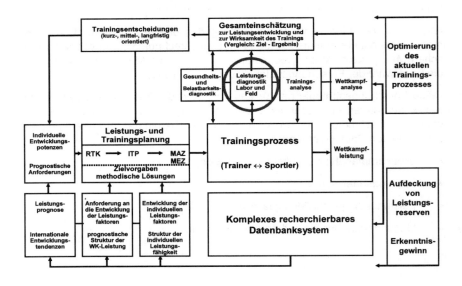

Abb. 1: Hauptinhalte der wissenschaftlichen Prozessunterstützung als Grundlage für die Trainingssteuerung

Die komplexe Leistungsdiagnostik (KLD) ist somit ein zentrales Element der „Wirkungskette" Trainingssteuerung (Abb. 1).

Für eine wirkungsvolle komplexe Leistungsdiagnostik in den Ausdauersportarten wurden folgende Kriterien herausgearbeitet (Reiß, 1994):

- Ausrichtung der Inhalte auf die leistungsbestimmenden Fähigkeiten und Fertigkeiten der jeweiligen Sportart/Disziplin. Primat hat die Leistungsstruktur der Sportart/Disziplin.

- Sicherung der Komplexität in Bezug auf trainingsmethodische, leistungsphysiologische und bewegungsanalytische Parameter mit pc-gestützter schneller Ergebnisauswertung.

- Kompatibilität mit den Trainingsprogrammen/Trainingsbereichen sowie einem vergleichbaren Einsatz der Programme unter Labor- und Feldbedingungen.

- Standardisierung des Ablaufes, um objektive Ergebnisse und ihre Vergleichbarkeit zu sichern.

- Gewährleistung einer ausreichenden Aussagesicherheit der Ergebnisse (so genau wie nötig) im Sinne einer aktuellen Zustandsdiagnostik und einer Längsschnittverlaufsdiagnostik mit trainingsmethodisch verwertbaren Ergebnissen (Sicherung einer mehrjährigen Stabilität der Programme).

- Realisierung zu 3 bis 5 trainingsmethodisch relevanten Eckpunkten des Jahresleistungs- bzw. Jahrestrainingsaufbaus bei gleichzeitiger Verfügbarkeit einer Analyse des absolvierten Trainings.

Am Beispiel des Jahresaufbaus für die Entwicklung einer leichtathletischen 800-m-Leistung ist die Einordnung der KLD in das Trainingskonzept dargestellt (Abb. 2).

3 Messplätze im Ergometrie-Zentrum für Ausdauersportarten

Seit der Gründung des Forschungsinstituts für Körperkultur und Sport (FKS) im Jahre 1969 bestand eine Hauptrichtung der Forschung in der Entwicklung sportartspezifischer Messplätze. Die Entwicklung von flachen und kippbaren Laufbändern, Armzuggeräten, Rad- und Schwimm-Messplätzen etc. für die Ausdauersportarten hatte in dieser Zeit ihren Ursprung. Im Institut für Angewandte Trainingswissenschaft fanden diese Messplätze unter neuen technologischen Voraussetzungen ihre Weiter- und Neuentwicklung.

Mit dem Gedanken, eine Konzentration von Messplätzen zu schaffen, hat sich das IAT bereits seit 1992 beschäftigt. Besonders dem leider viel zu früh verstorbenen Direktor, Professor Martin, ist es zu verdanken, dass seine Vision von einer Konzentration von Messplätzen unter entscheidender Mithilfe des Bundesministeriums des Inneren Ende des Jahres 2000 Wirklichkeit wurde.

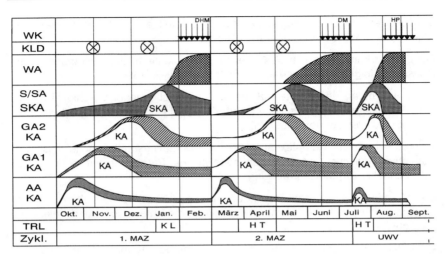

Abb. 2: Einordnung der KLD in den Jahrestrainingsaufbau am Beispiel des 800-m-Laufs

Das Ergometrie-Zentrum bietet einer Vielzahl von Sportarten modernste Bedingungen für eine komplexe Leistungsdiagnostik und ein sportartspezifisches Messplatztraining.

Auf der Grundlage langjähriger Erfahrungen mit sportartspezifischen Leistungsdiagnostiken und entsprechender Technologieentwicklung in den Ausdauersportarten konnten

- die am Institut vorhandene Untersuchungstechnik mit den Möglichkeiten einer präziseren Gewinnung und Auswertung relevanter Messdaten zusammengeführt,
- ein Technologievorsprung mit Neuentwicklungen geschaffen und
- die Infrastruktur optimiert werden.

Mit den komplexen sportartspezifischen Messplätzen für die Ausdauersportarten, das sind 12 % aller Messplätze des IAT, wird das Ziel verfolgt, durch synchrone Vereinigung mehrerer Mess- und Objektivierungsverfahren und durch eine rechentechnische Verarbeitung der Messdaten (Erfassen, Verarbeiten, Speichern, Präsentieren) umfassendere Aussagen zu biomechanisch-bewegungstechnischen, atemphysiologischen und energetischen Komponenten der sportlichen Leistung (im Quer- und Längsschnitt) zu erhalten (Wagner, 2001).

Komplexe Messgrößen unter leistungsphysiologischem Aspekt sind der Stoffwechsel, das Herz-Kreislauf-System und die Atmung sowie unter dem Aspekt Biomechanik die Schrittstrukturen und Kraft-Zeitverläufe bei disziplinspezifischen Belastungsanforderungen (Geschwindigkeit/Strecke).

Messplätze im Ergometrie-Zentrum des IAT

Die wichtigsten Aufgabenbereiche für das neue Zentrum bestehen:
- in der zentralen Leistungsdiagnose für die Spitzenverbände,
- in Spezialdiagnosen zur Lösung von Einzelfragen und
- im Messplatztraining.

Das Ergometrie-Zentrum ist die Basis für die Leistungsdiagnostik und für wissenschaftliche Arbeiten im Triathlon, Radsport, Sportschwimmen, Kanurennsport, Skilanglauf, Biathlon und Lauf/Gehen.

Beim Aufbau des Zentrums ging es darum auf der Grundlage des vorhandenen, langfristig entwickelten, voll funktionstüchtigen Systems der komplexen Leistungsdiagnostik in den Sportarten den vorhandenen Standard der Mess-, Informations- und Kommunikationstechnologien sowie der trainingswissenschaftlich begründeten Analyseverfahren auf einem höheren Niveau zu realisieren. Die über Jahrzehnte aufgebauten Datensammlungen mussten weiterhin nutzbar sein.

Die dabei durch die Wissenschaftsdisziplinen Mess-, Informations- und Kommunikationstechnologie zu lösenden Aufgaben lassen sich zu folgenden drei Komplexen zusammenfassen:
- Ersatz der bisher genutzten Laufbänder durch Neuentwicklungen,
- Aufbau einer gemeinsamen Datenbasis für alle Ergometrie-Messplätze und
- Aufbau der Kommunikationsinfrastruktur im Ergometrie-Zentrum (Datennetz, Videonetz, Rechnerkommunikation).

Im Rahmen der Leistungsdiagnostik in den Ausdauersportarten werden folgende Messplätze eingesetzt:

Messplatz Fahrradergometer

Der Einsatz des Fahrradergometers (Modell Lode) erfolgt in den Radsportdisziplinen einschließlich Triathlon sowie in der Gesundheits- und Belastbarkeitsdiagnostik. Zur Anwendung kommt ein Stufentest mit einem Standardprogramm, dass z. B. alle Einrichtungen, die Triathleten untersuchen, nutzen. Neben der Fahrzeit sind es die Leistung, Laktat, Herzfrequenz und Sauerstoffaufnahme, die in jeder Stufe registriert werden. Die Auswertung erfolgt auf der Grundlage der Laktat-, Herzfrequenz- und Sauerstoff-Leistungskurven. Als ein Parameter für die sportartspezifische Trainingssteuerung fungiert die Herzfrequenz.

Messplatz Tretstruktur

Die Untersuchung der Trettechnik erfolgt mittels IAT-Messpedale unter definierten Belastungs- und Bewegungsparametern. Das Ergometer wurde vom Institut für Entwicklung von Sportgeräten (FES) geschaffen. Es werden Kräfte am Pedal in 2-dimensionaler Richtung getrennt nach dem rechten und linken Bein erfasst. Die Einschätzung der Trettechnik erfolgt u. a. anhand der Technikparameter:

- Kraftwirkungsgrad im gesamten Tretzyklus sowie in der Druckphase (Verhältnis von vortriebswirksamen Kräften und Verlustkräften),
- Lage und Höhe des Pedalkraftmaximums,
- Rechts-Links-Differenzen.

Messplatz Kanuergometer

Der Einsatz des Kanuergometers erfolgt in den Sportarten Kanurennsport und Kanuslalom. Im Mittelpunkt stehen Kraftausdauertests für die oberen Extremitäten. Dabei sitzt der Sportler in einem Original-Bootskörper, zum Beispiel Canadier- bzw. Kajak-Einer, und arbeitet gegen einen körpergewichtsbezogenen definierten Widerstand (der Widerstandserzeuger ist eine Wirbelstrombremse). Es werden die Kraft-Zeit- und Weg-Zeit-Verläufe am Paddel getrennt für den rechten und linken Arm erfasst. Als Gesamtergebnis werden die Summe aller Schläge, die Schlagfrequenz und die Ergometerleistung berechnet. Die Einschätzung der Schlagtechnik erfolgt anhand der Kraft- und Technikparameter. Eine Simulation der Freiwasserfahrt ist möglich.

Messplatz Seilzugergometer

Der Einsatz des Seilzugergometers erfolgt in den Sportarten Schwimmen, Triathlon und Skilanglauf. Im Mittelpunkt stehen Kraftausdauertests für die oberen Extremitäten. In der Sportart Schwimmen liegt der Sportler auf einer Schwimmbank und führt Armbewegungen in der Technik Kraul bzw. Schmetterling gegen einen definierten Widerstand aus. Der Widerstandserzeuger ist eine Wirbelstrombremse. Im Skilanglauf werden die Diagonal- und Doppelstocktechnik initiiert. Im Mittelpunkt der Objektivierung stehen die Kraft-Zeit- und Weg-Zeit-Verläufe. Als Gesamtergebnis werden die Summe der Arbeit aller Züge, die Bewegungsfrequenz und die Ergometerleistung berechnet (Witt, 2000). Geräte dieser Art befinden sich in den Schwimm- und Wintersportzentren und werden vom FES gefertigt.

Messplatz kippbares Laufband

Der Einsatz des kippbaren Laufbandes erfolgt in den Sportarten Rad, Ski klassisch und Freistil sowie im Eisschnelllauf bzw. Inline-Speed-Skating.

Das Laufband bietet die Möglichkeiten, Stufenprogramme oder auch Wettkampf- und Anstiegssimulationen mit oder ohne Selbststeuerung des Laufbandes durch den Athleten durchzuführen. Das Laufband ist in einem Winkelbereich von -2° bis +12° kippbar. Messmöglichkeiten für die Vortriebskraft und Voraussetzungen für eine Atemgasanalyse sind vorhanden.

Bei Läufern werden die Stütz- und Flugzeiten sowie Schrittlängen und Schrittfrequenzen durch einen Lichtteppich erfasst.

Messplatz flaches Laufband

Die zwei Laufbänder sind mit einer speziell aufgebrachten Kunstrasenoberfläche ausgestattet und erfüllen folgende technische Voraussetzungen:

- Die Länge des Laufbandes beträgt 4,0 m und die Breite 1,0 m. Das Band ist mit dynamometrischen Messplattformen mit einer Länge von 1,60 m und einer Breite von 0,8 m ausgestattet.

- Der Geschwindigkeitsbereich ist von 1,0 bis 12,0 m/s stufenlos mit hoher Genauigkeit und Stabilität der Bandgeschwindigkeit regelbar.

- Die maximale Beschleunigung des Bandes beträgt 2,5 m/s², d. h. in der Zeit von 4 s wird die Geschwindigkeit von 10 m/s erreicht und ist damit auch im Sprintbereich einsetzbar.

- Die Geschwindigkeitssteuerung erfolgt über Laufbandrechner nach vorgegebenen Standardtests sowie durch eine frei wählbare Menüführung. Die Erfassung der Daten, auch der durch externe Messplätze aufgenommenen, erfolgt in einer sportlerbezogenen einheitlichen Datenbank.

- Die Geschwindigkeits-, Weg- und Zeitinformationen werden über Großsichtanzeigen getrennt für beide Laufbänder dargestellt.

- Es besteht die Möglichkeit zur Selbststeuerung der Bandgeschwindigkeit durch den Sportler.

Der Einsatz des flachen Laufbandes erfolgt vorrangig in den leichtathletischen Ausdauerdisziplinen (Lauf/Gehen) einschließlich des Sprints, im Triathlon sowie in Spielsportarten. Dabei werden in den Ausdauersportarten vor allem Stufen- und Tempolaufprogramme realisiert. Herzfrequenz, Sauerstoffaufnahme, Schrittstrukturparameter und Kraft-Zeit-Verläufe werden mit synchron laufenden eigenen Messplätzen erfasst. Ziel der Auswertung ist die Ableitung konkreter Geschwindigkeiten für die Trainingsbereiche.

4   Messplatz flaches Laufband als Kernstück des Ergometrie-Zentrums

Die Fachgruppe Ausdauer des IAT verfügt über ein langfristig entwickeltes System der komplexen Leistungsdiagnostik auf flachen Laufbändern für die Sportarten LA-Lauf/Gehen und Triathlon.

Die im Rahmen der KLD realisierten methodisch begründeten Belastungstests werden durch die unterschiedlichen Anforderungen der jeweiligen Sportart/Disziplin bestimmt.

In den Ausdauersportarten sind in erster Linie drei disziplinspezifische Fähigkeitskomplexe leistungsbestimmend:

- die aerobe (Kraft-) Ausdauerfähigkeit als Geschwindigkeit unter aeroben Bedingungen,
- die aerob-anaerobe (Kraft-) Ausdauerfähigkeit, als Geschwindigkeit unter definierten aerob-anaeroben Bedingungen und
- die wettkampfspezifische Leistungsfähigkeit als Geschwindigkeit unter Wettkampfbedingungen.

Die Bedeutung und die Wertigkeit dieser drei Fähigkeitskomplexe innerhalb der Leistungsstruktur der leichtathletischen Laufdisziplinen sind differenziert und sollen am Beispiel der Leistungsstruktur des 800-m-Laufs dargestellt werden (Abb. 3).

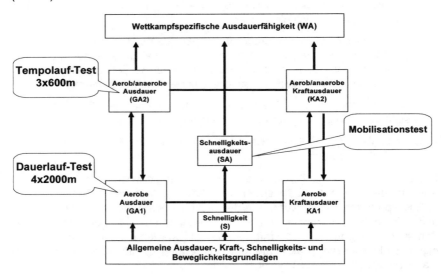

Abb. 3: Typische Testprogramme zur Bestimmung der Ausdauer und des Mobilisationsvermögens, abgeleitet von der Leistungsstruktur des 800-m-Laufs

Auf der Basis allgemeiner Ausdauer-, Kraft-, Schnelligkeits- und Beweglichkeitsgrundlagen sind die aerobe Ausdauer und Kraftausdauer, die Schnelligkeit sowie die aerob/anaerobe Ausdauer und Kraftausdauer sowie die Schnelligkeitsausdauer leistungsbestimmende Fähigkeiten, die zusammen mit der wett-

Messplätze im Ergometrie-Zentrum des IAT

kampfspezifischen Ausdauer die Komplexleistung bestimmen. Die für die Sportart konzipierten leistungsdiagnostischen Tests erfassen die leistungsbestimmenden Fähigkeitskomplexe.

Die leistungsdiagnostischen Tests in den Laufdisziplinen bestehen aus Belastungsstufen mit definierter Streckenlänge und Geschwindigkeit. Sie haben gleichzeitig einen unmittelbaren Bezug zu entsprechenden Trainingsprogrammen und damit eine hohe Praxisrelevanz. Zur Sicherung einer komplexen Testaussage werden sowohl leistungsphysiologische als auch biomechanische Messgrößen genutzt (Abb. 4).

Im Mittel- und Langstreckenlauf wird durch die genannten Tests ein Geschwindigkeitsspektrum von 75 % bis zu 95 % des Zielrenntempos abgedeckt.

Für den Lauf in den Langzeitausdauerdisziplinen und im Triathlon wird das Zielrenntempo schon mit der letzten Belastungsstufe im Ausdauerstufenprogramm (4 x 4000 m) zur Bestimmung der aeroben Ausdauer nahezu erreicht.

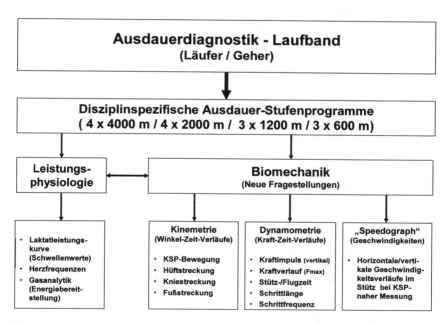

Abb. 4: Bestimmung komplexer/integrativer Messgrößen der Ausdauer bei der Realisierung disziplinspezifischer Belastungsprogramme auf dem Laufband

Maßgebend für die Festlegung der Geschwindigkeit auf den einzelnen Teststufen ist der individuelle Entwicklungsstand der Leistungsfähigkeit unter Beachtung des realisierten Trainings und des individuellen Entwicklungsziels.

5 Weiterentwicklung der komplexen Leistungsdiagnostik durch die stärkere Einbeziehung des Kraft-Technik-Faktors auf der Grundlage der Dynamometrie am Laufband

Leistungsentwicklungen in den leichtathletischen Laufdisziplinen sind an höhere und wirkungsvollere Trainingsreize zur Entwicklung disziplinspezifischer Kraftausdauer gebunden. Damit ist die Erhöhung der Vortriebsleistung in der Zyklenfolge durch Zunahme von Zyklusweg (Schrittlänge) und/oder Zyklusfrequenz (Schrittfrequenz) ein zentrales Problem.

Ein Hauptansatz zur Bewältigung dieser Aufgabe besteht in der bewussten Erschließung des Kraft-Technik-Faktors im Ausdauertraining. Das setzt jedoch eine bessere Kennzeichnung leistungsrelevanter Erscheinungsformen der Kraft und Technik des Läufers unter disziplinspezifischen Belastungsanforderungen einer KLD voraus.

Zur Kennzeichnung der disziplinspezifischen Kraftausdauer wurden bisher die Entwicklungen der Schrittlänge, der Schrittfrequenz sowie der Stütz- und Flugzeiten- unter dem Begriff „Zyklenstruktur" zusammengefasst und als indirekte Kriterien genutzt.

Entwicklungen der Vortriebsleistung wurden durch Vergrößerung der Schrittlänge und/oder der Schrittfrequenz bei Verkürzung der Stützzeiten in der Zyklenfolge bei den Ausdauerbelastungen in Form von Stufenprogrammen innerhalb der KLD und im Wettkampf nachgewiesen.

Als Messverfahren zur Objektivierung von Stütz- und Flugzeiten auf dem Laufband und davon abgeleitet der Schrittlänge und Schrittfrequenz wurde bisher ein „Schlagschatten-Messsystem" eingesetzt.

Durch den Einbau von insgesamt vier dynamometrischen Messplattformen zur direkten Bestimmung von Bodenreaktionskräften in den drei Kraftrichtungen vertikal, horizontal und quer unter den zwei Laufbändern im Ergometrie-Zentrum bestehen erstmals die technischen Voraussetzungen zur kontinuierlichen Ableitung von Kraft-Zeitverläufen in den Stützphasen des Läufers.

Da bisher dynamometrische Plattformen zur Messung von Bodenreaktionskräften an Laufbändern kaum eingesetzt werden, fehlen auch diesbezügliche Erfahrungen. Im Vorfeld wurden die mit der Nutzung von Plattformen verbundenen Probleme weitestgehend abgeklärt. Dazu zählen u. a.:

- die Minimierung von Eigenschwingungen des Systems Laufband – Plattform,
- die Sicherung der zeitlichen Stabilität der Kalibrierung beider Plattformen,
- die Abklärung der Gesetzmäßigkeiten für die Reibung des Laufbandbelages auf den Plattformen als Voraussetzung zur Ermittlung der horizontalen Kraftkomponente.

Messplätze im Ergometrie-Zentrum des IAT

Die bisherigen Untersuchungen ergaben, dass die Probleme bei der Ableitung der vertikalen Kraftkomponente beherrschbar sind. Die Untersuchungen zur Bestimmung der horizontalen Kraftkomponente sind noch nicht abgeschlossen.

Tab. 1: Entwicklungen der Zyklusstruktur und leistungsphysiologischer Messgrößen im speziellen Ausdauertest (800-m-Läufer). v - Laufgeschwindigkeit; s - Laufstrecke; Sl - Schrittlänge; Sf - Schrittfrequenz; VO_2 - Sauerstoffaufnahme

Datum	v [m/s]	s [m]	Sl [m]	Sf [1/s]	Schritte [Anzahl]	Stütz [ms]	Flug [ms]	Laktat [mmol/l]	VO_2 [ml/min/kg]
19.01.98	7,25	600	2,183	3,32	274,8	160	141	11,6	69,0
26.01.99	7,25	600	2,237	3,24	268,2	163	146	13,1	71,7
11.05.99	7,25	600	2,244	3,23	270,9	155	155	13,6	69,6
30.05.00	7,25	600	2,309	3,14	267,4	156	162	12,7	69,1
26.05.01	7,25	600	2,324	3,12	258,2	155	165	10,1	69,8

Am Beispiel direkter Kraftmessungen beim Tempolauf-Stufenprogramm auf dem Laufband soll dargestellt werden, wie dadurch die Aussagefähigkeit der Leistungsdiagnostik erhöht werden kann.

Wettkampfanalysen von Weltspitzenathleten der letzten Jahre belegen, dass Entwicklungen der Wettkampfleistung unter dem Aspekt der Vortriebsleistung im 800-m-Lauf vorrangig durch die Zunahme des Vortriebsweges (Schrittlänge) erfolgen. Gleiche Tendenzen sind in der Entwicklung der Bewegungsstruktur beim Tempolauf-Stufenprogramm auf dem Laufband erkennbar (Tab. 1).

Im Mehrjahresverlauf treten auf einer vergleichbaren Belastungsstufe mit wettkampfnahen Geschwindigkeiten (93 % des Renntempos) Vergrößerungen der Schrittlänge auf. Diese Entwicklungen bestätigen sich in den Wettkampfanalyse-Ergebnissen.

Daraus resultiert, dass die Zunahme des Vortriebs durch Verlängerung der Schrittlänge ein leistungsbestimmendes Merkmal der Antriebsgestaltung von 800-m-Läufern ist. In der Leistungsdiagnostik sind solche Erscheinungsformen der Ausdauerentwicklung zu bewerten.

Eine höhere Stabilität der Schrittstruktur einschließlich der Stütz- und Flugzeiten während der submaximalen Belastungsbedingungen kann somit ein indirekter Ausdruck für die Entwicklung der disziplinspezifischen Kraftausdauer sein und charakterisiert den Grad der Ermüdung.

Durch die direkten Kraftmessungen am Laufband konnte diese Annahme erstmals am Beispiel eines 800-m-Weltspitzenläufers belegt werden.

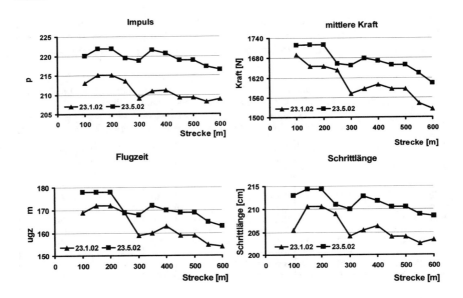

Abb. 5: Entwicklungen der Kraft und der Flugzeiten bei Zunahme der Schrittlänge im speziellen Ausdauertest (Geschwindigkeit 7,25 m/s) am Beispiel eines 800-m-Läufers

In der Abb. 5 sind die typischen leistungsabhängigen Entwicklungen der vertikalen Kraftkomponente beim Tempolauf-Stufenprogramm im Trainingsjahr 2001/2002 dargestellt:

- Jeweils unmittelbar vor der Hallen-Wettkampfperiode und der Sommer-Wettkampfperiode wurde der Tempolauf-Stufentest unter standardisierten Bedingungen auf dem Laufband realisiert (3 x 600 m mit 6,75, 7,00 und 7,25 m/s).
- Die dynamometrischen und schrittstrukturellen Messgrößen der 2. Belastungsstufe kennzeichnen die typische Entwicklung der Kraft- und Schrittstruktur.

Es ist nachweisbar, dass die größere Schrittlänge (+6 cm) im Ergebnis des realisierten speziellen Kraft- und Tempolauftrainings an folgende typische Entwicklungen gebunden ist:

- die Zunahme des vertikalen Kraftimpulses,
- die Vergrößerung der mittleren Kraft und
- die deutliche Verlängerung der Flugzeiten.

Zusammenfassend ist festzustellen, dass größere Schrittlängen in der Folge eines besseren Leistungsvermögens in wettkampfnahen Belastungsbereichen mit höheren vertikalen Krafteinsätzen in der Zyklenfolge verbunden sind. Dabei ist noch unklar, welchen Stellenwert hierbei der Entwicklung der horizontalen Kraftkomponente besitzt.

Die wissenschaftlich begründete Bewertung des Verhaltens von Zyklusweg und/oder Zyklusfrequenz und der dazugehörigen Kraftentwicklung unter Ermüdungsbedingungen des Wettkampfes und im speziellen Ausdauertest hat Konsequenzen für das Kraft-Techniktraining der Fuß-, Knie- und Hüftstrecker. Es ist eine Voraussetzung zur gezielten Einflussnahme auf den Kraft/Technik-Faktor in den Haupttrainingsbereichen des Grundlagenausdauer-, Kraftausdauer- und Schnelligkeitsausdauertrainings.

6 Zusammenfassung und Folgerungen

Mit dem Aufbau des Ergometrie-Zentrums am IAT wird dem Forschungstyp des Institutes „Prozessbegleitende Trainings- und Wettkampfforschung" Rechnung getragen. Es ist gelungen, einerseits das operative, inhaltliche und messtechnische Instrumentarium im Sinne von Mess- und Informationssystemen für die sportartspezifischen Projekte zu vervollkommnen bzw. zu erweitern und andererseits diese Untersuchungstechnik (-methodik) im Prozess der Leistungsentwicklung der Sportler einzusetzen, um so einen Beitrag für die leistungswirksame Steuerung und Reglung des Trainings zu leisten und wissenschaftlichen Vorlauf zu schaffen.

Mit den komplexen sportartspezifischen Messplätzen für die Ausdauersportarten im Ergometrie-Zentrum des IAT wird das Ziel verfolgt, durch synchrone Vereinigung mehrerer Mess- und Objektivierungsverfahren und durch eine rechentechnische Bearbeitung der Messdaten umfassendere Aussagen zu biomechanisch-bewegungstechnischen, atemphysiologischen und energetischen Komponenten der sportlichen Leistung zu erhalten. Die synchrone Bestimmung der genannten Messwerte und die Speicherung in sportlerbezogenen Datenbanken erhöht die Interpretationssicherheit auch bei kleinen Leistungsunterschieden wie sie im Hochleistungssport üblich sind und ermöglicht zudem eine objektive Wertung der durch das Training hervorgerufenen Funktionsveränderungen oder Adaptationen.

Durch die Dynamometrie unter Laufbandbedingungen ist die Möglichkeit der direkten Kraftmessung in der Zyklenfolge und damit während der Leistungsdiagnostik geschaffen worden. Es ist perspektivisches Ziel, innerhalb der Ausdauertests der komplexen Leistungsdiagnostik das Kraftausdauerverhalten zu untersuchen, um trainingswissenschaftlich abgesicherte Erkenntnisse zur Leistungsdiagnose und Trainingssteuerung zu gewinnen.

Literatur

Gohlitz, D., Reiß, M. & Ernst, O. (2001). Entwicklungstendenzen in den leichtathletischen Ausdauerdisziplinen im Olympiazyklus 1996/2000 mit Fallstudien zweier Weltklassesportler zu leistungsbestimmenden Trainingsschwerpunkten. Zeitschrift für Angewandte Trainingswissenschaft, Heft 2/01, 6-23.

Martin, D. (1999). Prozessbegleitende Trainings- und Wettkampfforschung mit wissenschaftsorientierter Betreuung im Spitzensport. In: Feldforschung in der Trainingswissenschaft: Referate des Dritten Workshops zur Trainingswissenschaft vom 3./4.Juni 1998 an der Otto-von-Guericke-Universität Magedeburg. Hrsg.: Andreas Hohmann. Köln: Strauß.

Reiß, M., Ernst, O. & Gohlitz, D. (2000). Olympiazyklusanalyse 1996/2000 der leichtathletischen Lauf- und Gehdisziplinen. Leipzig: IAT.

Reiß, M., Ernst, O. & Gohlitz, D. (1999). Analyse der Weltmeisterschaft 1999 in den leichtathletischen Ausdauerdisziplinen. Leipzig: IAT.

Reiß, M., Ernst, O. & Gohlitz, D. (2000). Untersuchungen zur Wirksamkeit des Kraftausdauertrainings in den leichtathletischen Ausdauerdisziplinen (Hochleistungsbereich). Zeitschrift für Angewandte Trainingswissenschaft, Heft 1/00, 8-29.

Reiß, M., Ernst, O. & Gohlitz, D. (1995). Untersuchungen zur Wirksamkeit des Grundlagenausdauertrainings und der Trainingsgestaltung des Höhentrainings (Hochleistungsbereich). Leipzig: IAT.

Reiß, M. & Gohlitz, D. (1994). Schlüsselprobleme der Leistungsdiagnostik im Hochleistungstraining der Ausdauersportarten. (dargestellt am Beispiel der leichtathletischen Lauf- und Gehdisziplinen). Schriftenreihe zur angewandten Trainingswissenschaft, Leipzig: IAT.

Pfützner, A., Reiß, M., Rost, K. & Tünnemann, H. (2002). Internationale und nationale Entwicklungstendenzen auf der Grundlage der Ergebnisse der Olympischen Sommerspiele in Sydney mit Folgerungen für den Olympiazyklus 2000/2004. Leistungssport, 31 (1), 20-25.

Wagner, K. (2001). Informations- und Kommunikationstechnologien für das Ergometrie-Zentrum des IAT. Perl, J. (Hrsg.): Sport und Informatik VIII, 147-155. Köln: Strauß.

Witt, M. (2000). Ergebnisse der Seilzugergometrie obere Extremitäten. Zeitschrift für Angewandte Trainingswissenschaft, Heft 1/2000, 46-62.

Abkürzungsverzeichnis

AA	= allgemeine Athletik
DHM	= Deutsche Hallenmeisterschaften
DM	= Deutsche Meisterschaften
FES	= Institut für Forschung und Entwicklung von Sportgeräten
GA	= Grundlagenausdauer
HP	= Höhepunkt
HT	= Höhentraining
ITP	= individueller Trainingsplan
KL	= Kraftlehrgang
KA	= Kraftausdauer
KLD	= komplexe Leistungsdiagnostik
LA	= Leichtathletik
MAZ	= Makrozyklus
MEZ	= Mesozyklus
RTK	= Rahmentrainigskonzeption
S/SA	= Schnelligkeit/Schnelligkeitsausdauer
SKA	= Schnellkraftausdauer
TRL	= Trainingslager
UWV	= unmittelbare Wettkampfvorbereitung
WA	= Wettkampfausdauer

Erich Müller/Hermann Schwameder/Christian Raschner/Josef Kröll

Messplätze und Messplatztraining in Wintersportarten

1 Einführung

Die Optimierung der Trainingsqualität zählt im Bereich des Hochleistungssports zweifelsohne zu den zentralen Herausforderungen der Trainingswissenschaft. Die Steigerung der Trainingsqualität dürfte vor allem dann möglich werden, wenn es gelingt, den Trainingsprozess spezifischer (im Sinne von sportart- bzw. disziplinspezifischer) und individueller zu gestalten. Ein daraus abzuleitendes Prinzip der „Trainingsspezifität" müsste in folgenden Bereichen zur Anwendung gelangen:

- Auf der Basis gut ausgebildeter allgemeiner motorischer Fähigkeiten muss das Hauptaugenmerk auf der Entwicklung der technik- und wettkampfspezifischen Fähigkeiten Kraft, Ausdauer, Schnelligkeit etc. gelegt werden.
- Entwicklung von sportartspezifischen leistungsdiagnostischen Verfahren, die möglichst alle leistungsbestimmenden Merkmale der jeweiligen Sportart umfassen.
- Entwicklung von Schnellinformationssystemen, die innerhalb von lernrelevanten Zeitspannen Rückmeldung über die Qualität der erbrachten Trainingsleistung geben.

Ein ebenfalls daraus abzuleitendes Prinzip der „Individualisierung des Trainings" müsste folgende Aspekte berücksichtigen:

- Im Bereich des spezifischen Techniktrainings müssten Rahmenbedingungen geschaffen werden, die im Sinne eines Selbstorganisationsprozesses die Entwicklung der individuellen Optimaltechnik ermöglichen. Da die individuelle Optimaltechnik wahrscheinlich über variables Ausführen techniknaher Trainingsübungen gut entwickelt werden kann (vgl. die Methode des Differenziellen Lernens nach Schöllhorn, 1999), hat die Entwicklung von Trainingsformen mit techniknaher Bewegungsausführung einen hohen Stellenwert.
- Sportartspezifische Testbatterien müssen einerseits über Normwerte die Einordnung des individuellen Leistungsniveaus und andererseits über Zeitreihen die Bestimmung des individuellen Entwicklungsverlaufs ermöglichen.

Die beiden Prinzipien der Spezifizierung und der Individualisierung verlangen folglich die Entwicklung von technikspezifischen Imitationsübungen, die nach Möglichkeit auch in Schnellinformationssysteme integriert werden können. Dies ist vor allem in saisonalen Sportarten wie den Wintersportarten alpiner und nordischer Skilauf wichtig, in denen die komplexe Ausführung der Wettkampftechniken auf Schnee auf nur wenige Monate im Jahr beschränkt bleibt. Im Rahmen des Forschungsschwerpunktes Wintersportarten am Institut für Sportwissenschaften der Universität Salzburg wurden verschiedene sportartspezifische Schnellinformationssysteme entwickelt, von denen einige im folgenden Beitrag vorgestellt werden sollen.

2 Schnellinformationssysteme im alpinen Skirennlauf

2.1 Ski-Power-Trainer

Der Ski-Power-Trainer wurde zur Verbesserung der skirennlaufspezifischen Kraftfähigkeit entwickelt. Das Anforderungsprofil an dieses Trainingssystem, das einerseits technikspezifische Krafttrainingsübungen ermöglichen und andererseits unmittelbar nach der Übungsausführung Rückmeldung über einzelne, während der Übung realisierte Kraft-Zeit-Parameter geben soll, wurde von biomechanischen Technik- und Belastungsanalysen im Feld abgeleitet. Dabei wurden auf sorgfältig vorbereiteten Messstrecken, die den Standards von Weltcupbewerben entsprachen, Slalom- und Riesenslalomparcours ausgesteckt, die von internationalen Spitzenrennläufern mehrmals zu durchfahren waren. Für die dreidimensionale kinematische Analyse wurden zahlreiche Passpunkte, die mittels Theodoliten geodätisch vermessen wurden, verankert. Die Fahrten wurden mit drei synchronisierten Videokameras gefilmt. Zur Sicherung einer ausreichenden Messgenauigkeit war es notwendig, die Kameras während der Fahrt mitzuschwenken und den Fahrer möglichst bildfüllend zu filmen. Die Datenauswertung erfolgte anhand der SIMI-3D-Software und einem von Drenk (1994) entwickelten Panning-Programm. Zur Analyse der Bodenreaktionskräfte und der Druckverteilung an den Fußsohlen wurde das EMED-System der Fa. Novel verwendet. Die Rennläufer mussten dabei mit zwei speziell adaptierten Skischuhmesssohlen mit je 99 kapazitiven Sensoren, die zwischen Innenschuh und Fußsohle eingelegt wurden, fahren.

Die Riesenslalomtechnik wird anhand einer Links-Rechts-Schwungkombination eines internationalen Spitzenrennläufers im Riesenslalom exemplarisch dargestellt. In Abb. 1 sind die Bodenreaktionskräfte des rechten und linken Beines während der beiden Schwünge dargestellt. Die Kraft-Zeitverläufe der beiden Schwünge sind sehr ähnlich. Zu Beginn der Steuerphase wird der Druck auf beiden Skiern sehr rasch aufgebaut und die Druckverteilung zwischen Außen- und Innenski ist bis zur Falllinie annähernd ausgeglichen. Ab der Falllinie (Stangenberührung) wird das Außenbein im Verhältnis von ca. 2 zu 1 stärker belastet als das Innenbein. Dabei wird eine Maximalkraft am Außenbein von ca. 1700 N, was dem 2,5-fachen Körpergewicht entspricht, erreicht. Die Schwungauslösephase wird durch eine zeitlich gut koordinierte Abstoßbewegung vom Außen- und Innenbein eingeleitet. Dies führt zu einer deutlich ausgeprägten Entlastungsphase, in der die Skier umgekantet und in die neue Schwungrichtung angedreht werden. Aus der Sicht des spezifischen Krafttrainings ist der in Abb. 1 angedeutete Dehnungs-Verkürzungs-Zyklus der Oberschenkelstreckmuskulatur von großer Bedeutung. Es handelt sich dabei um einen so genannten langsamen Dehnungs-Verkürzungszyklus, der mit dem Ski-Power-Trainer simuliert werden soll.

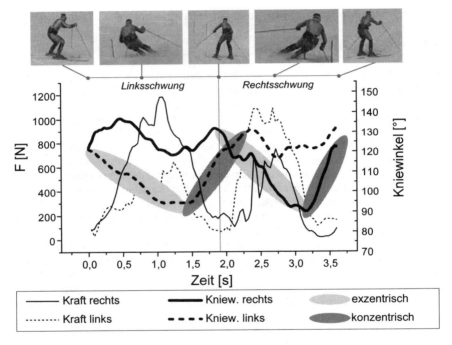

Abb. 1: Bodenreaktionskräfte und Kniewinkelverläufe des linken und rechten Beines während einer Links-Rechts-Schwungkombination eines Spitzenrennläufers im Riesenslalom

Als Basis diente eine geführte Hantelstange der Firma Technogym, wie sie im Krafttraining in geführtem Kniebeugentraining verwendet wird. Die Konstruktion wurde an einen Getriebemotorantrieb gekoppelt, um die Abwärtsbewegung der Hantelstange als unüberwindbar zu gestalten. Dazu wurden an den beiden Seiten der Hantelstange Ketten angebracht, die über eine Umlenkung direkt mit der Antriebswelle verbunden sind. Beim Motor handelt es sich um einen Asynchronmotor mit einer Leistung von 3,5 kW. Der Vorteil des Asynchronmotors liegt darin, dass er mittels Frequenzwandler stufenlos drehzahlregelbar ist. Somit kann die Antriebswelle mit beliebiger Geschwindigkeit angetrieben werden.

Messplätze und Messplatztraining in Wintersportarten

Dies geschieht mittels eines Drehreglers. Am Ende der exzentrischen Bewegungsrichtung schaltet der Motor durch einen Endschalter auf Leerlauf, und ermöglicht die Streckbewegung im konzentrischen Teil je nach aufgelegtem Hantelgewicht. Da der Endschalter höhenverstellbar ist, kann die Bewegungsamplitude individuell eingestellt werden. Gestartet wird die Bewegung aus einer leicht gebeugten Position (Kniewinkel ca. 160° - 170°). Der Start jeder Wiederholung erfolgt mittels eines elektronischen Schalters, der vom Trainer betätigt wird. Neben den genannten Elementen wurden auch noch Sicherungseinrichtungen (elektronisch und mechanisch) angebracht, um den Athleten bei einer Fehlfunktion der elektronischen Einheit zu schützen. Somit ist das nicht unwesentliche Problem der Verletzungsgefahr im exzentrischen Training bestmöglich reduziert. Mit Hilfe einer Kraftmessplatte und eines elektronischen Kniewinkelmessers kann der Kraft-Zeit- und Winkel-Zeit-Verlauf während einer Bewegung gemessen und dargestellt werden (Abb. 2). Die Probanden haben die Aufgabe, während der nachgebenden Bewegung maximal gegen die entgegenkommende Hantel zu drücken. Für die exzentrische Bewegungsrichtung werden Geschwindigkeiten von v1 = 0,15 m/s, v2 = 0,25 m/s und v3 = 0,33 m/s gewählt. Dies entspricht den gemessenen Kniebeugegeschwindigkeiten in den Disziplinen Slalom, Riesenslalom und SuperG.

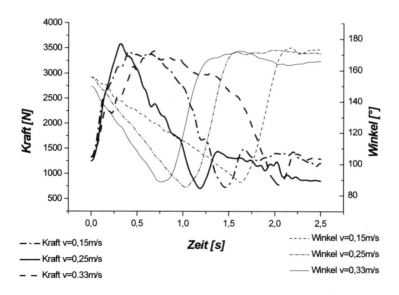

Abb. 2: Kraft-Zeit- und Winkel-Zeitverläufe bei verschiedenen exzentrischen Bewegungsgeschwindigkeiten

Ein weiterer Hinweis für eine hohe Bewegungskonstanz liefert Abb. 3. Hier sind drei Versuche eines Probanden bei gleicher Bewegungsgeschwindigkeit abgebildet. Der hohe Übereinstimmungsgrad der Kraft/Zeitverläufe lässt auf eine hohe Bewegungsqualität schließen.

Zusammengefasst kann für die dargestellten Kraft-Zeit- und Winkel-Zeit-Verläufe am EPT folgendes festgehalten werden:

- Innerhalb der einzelnen Bewegungsgeschwindigkeiten sind die Versuche sehr konstant (gute Bewegungskoordination bzw. Bewegungsreproduktion).
- Der Kraftanstieg wird mit Zunahme der Bewegungsgeschwindigkeit steiler.
- Der Kniewinkel, bei denen die Maximalkraft auftritt, bleibt bei den verschiedenen Geschwindigkeiten relativ konstant.
- Die exzentrische Maximalkraft ist in der Regel höher als die statische Maximalkraft.
- Die exzentrische Maximalkraft ist am EPT unabhängig von der Bewegungsgeschwindigkeit.

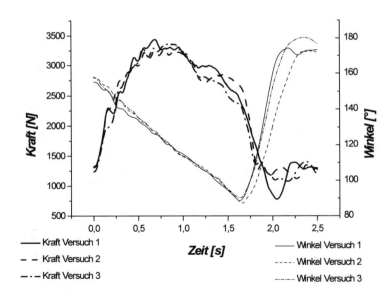

Abb. 3: Drei Versuche bei Geschwindigkeit v1 = 0,15 m/s

2.2 Ski-Gliding-Trainer (SGT)

Im alpinen Skirennlauf kommt der optimalen Druckverteilung zwischen Skibelag und Schnee während der so genannten Gleitphasen eine sehr große Bedeutung zu. Sowohl zur Fahrzeitminimierung als auch zur Erhöhung der Sicherheit (Verschneiden der Skier) stellen die plane Skiführung und das situativ richtige Erkennen von Fehlbelastungen in Gleitabschnitten wichtige Einflussgrößen dar (Spitzenpfeil et al., 1997). In Zusammenarbeit mit der Fa. ATOMIC wurde daher ein mobiles elektronisches Messgerät entwickelt (Abb. 4, Bild 1), das sich als Schnellinformationssystem zur Aneignung der optimalen Gleitposition bzw. zur Optimierung der Skischuhpassform sehr gut eignet. Entsprechende Trainingsstudien haben die hohe Effizienz dieses Systems bestätigt.

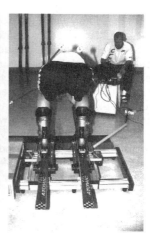

Abb. 4: Kraftaufnehmer und Präzisionsführungen des Ski-Gliding-Trainers (Bild 1) und Trainingsdurchführung am Ski-Gliding-Trainer (Bild 2 und 3)

Die Messung der Druckverteilung wird durch insgesamt acht Kraftaufnehmer (Abb. 4, Bild 2,3) realisiert, wobei pro Ski jeweils vier Messsensoren zum Einsatz kommen. Die mit dem DMS-Prinzip arbeitenden Kraftaufnehmer weisen einen Messbereich von 500 N bei einer Empfindlichkeit von ~2,5 mV/V auf. Das Sensorsignal wird mittels eines drift- und rauscharmen DMS-Verstärkers im Miniaturformat verstärkt. Verstärkung und Nullabgleich können direkt am Verstärkergehäuse eingestellt werden. Über eine Input-Box der Fa. Ernst werden die bereits verstärkten analogen Signale einer AD-Wandlung mittels der DAQCard-700 der Fa. National Instruments zugeführt. Diese Einsteckkarte im PCMCIA Type II Format vollzieht die AD-Wandlung mittels fortschreitender Annäherung (successive approximation) und einer Auflösung von 12 bit. Die maximale Messrate beträgt 100 KS/s. Die Grundkonstruktion wurde aus Item-Profilen gefertigt.

Zwei Querträger sind mittels einer speziellen Gleitlagerkonstruktion mit dem Grundrahmen verbunden. Diese Gleitlager ermöglichen eine eindimensionale Bewegung der Querträger in der horizontalen Ebene und somit die Einstellung der individuellen Spurbreite des Probanden. Auf jedem Querträger sind vier Quader mit einer zylindrischen Bohrung montiert. Am Boden dieser Bohrung befindet sich in einer kleinen Ausnehmung der eigentliche Messsensor. Die axiale und praktisch reibungsfreie Krafteinleitung wir durch einen passgenauen Zylinder, der sich in dieser Bohrung befindet, realisiert. Der Abstand der vorderen zu den hinteren Messeinheiten ist mit 565 mm fixiert, während der Abstand zwischen den inneren und äußeren Sensoren in einem Bereich von 45 bis 100 mm auf die jeweilige Skitaillierung eingestellt werden kann. Die Position des Probanden auf dem SGT wird über die Skischuhmitte standardisiert.

Für die Steuerung des Messablaufes sowie die Visualisierung und Speicherung der Messdaten wurde das Softwarepaket DasyLab 4.0 der Fa. Datalog verwendet. Die Messfrequenz beträgt 1000 Hz. Die digitalisierten Daten der Messsensoren werden dabei je nach Fragestellung miteinander verrechnet und graphisch dargestellt. Die aktuelle Programmversion erlaubt die Darstellung der einzelnen Sensoren (für Nullabgleich und Eichung), die Druckverteilung Innen-/Aussenkante (linker und rechter Ski), die Verteilung vorne/hinten (linker und rechter Ski) sowie die Gesamtverteilung zwischen rechtem und linkem Ski. Die Messergebnisse werden jeweils in Absolut- und Prozentwerten angegeben und mittels Balkendiagrammen visualisiert. Sowohl die Rohwerte als auch der arithmetische Mittelwert (gleitende Mittelung über 1000 Messwerte) werden über eine individuell einstellbare Messdauer (meist 10 bis 20 s) im ASCII-Format abgespeichert und in einer Excelroutine ausgewertet.

Test- bzw. Trainingsablauf am SGT

Je nach Aufgabenstellung kann es vorkommen, dass die AthletInnen bei einer „Gleitanalyse" entsprechend den Disziplinen mehrere Skier bzw. Schuhe verwenden. Nach erfolgter Skimittenzentrierung besteht für die RennläuferInnen zu Beginn der Test- bzw. Trainingsserie die Möglichkeit, sich in ihrer gewohnten, individuellen Abfahrtshocke an das Testgerät zu gewöhnen. Danach werden vorerst drei simulierte Gleitversuche durchgeführt und gegebenenfalls abgespeichert. Zwischen den Versuchen wird eine ausreichende Pause gewährleistet. Während dieser ersten Testserie erhalten die Probanden keinerlei Informationen oder Rückmeldung, um jegliche Beeinflussung zu vermeiden. Wenn nötig, werden anschließend zur Optimierung der Gleitposition entweder vom Servicemann Schuheinstellungen verändert oder vom Trainer Korrekturen der Hocke (Spurbreite, Hüftposition usw.) vorgenommen. Es folgen drei weitere Messungen, um Auswirkungen der Veränderungen aufzuzeigen. Eine von den RennläuferInnen und Trainern als sehr zielführend angesehene Versuchsanordnung ist jene mit einem sofortigen Feedback der Druck- und Gewichtsverteilung durch einen im Blickfeld platzierten Monitor (Abb. 5).

Messplätze und Messplatztraining in Wintersportarten

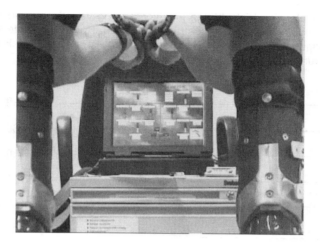

Abb. 5: Unmittelbares Feedback der Druckverteilung am SGT

3 Imitationssprünge im Skispringen

Untersuchungen über leistungsbestimmende biomechanische Merkmale im Skispringen zeigen eine relativ eindeutige Tendenz bezüglich des Zusammenhangs der Sprungweite mit folgenden Parametern (Schwameder, 1994; Arndt et al., 1995; Virmavirta, Komi, 2000):

- hohe vertikale Abfluggeschwindigkeit,
- schnelle Beinstreckung,
- starke Oberkörpervorlage beim Absprung,
- hohe Kräfte gegen Ende des Absprungs,
- hoher Drehimpuls beim Absprung,
- frühe Einnahme einer kompakten Flugposition.

Der Optimierung der Absprungtechnik bzw. der skisprungspezifischen Sprungkraft wird im Skisprungtraining daher große Bedeutung beigemessen.

3.1 Imitationssprünge und ihre Charakterisierung

Aus organisatorischen Gründen ist die im Training durchführbare Anzahl der Schanzensprünge sehr beschränkt. Zur Absprungschulung werden daher im Techniktraining häufig Imitationssprünge durchgeführt. In der Trainingspraxis findet man heute eine Vielzahl von Imitationssprung-Variationen, die sich vorwiegend auf unterschiedliche Untergründe (Wippen, Rollen, geneigte Flächen, labile Unterlagen usw.) beziehen. Hier beschäftigen wir uns mit dem klassischen Imitationssprung von einem ebenen Untergrund.

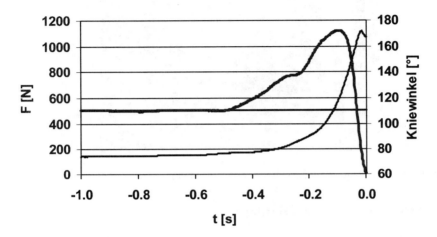

Abb. 6:   Kraft- und Kniewinkelverlauf bei einem Imitationssprung

Abb. 6 zeigt den Kraft- und Kniewinkelverlauf eines Imitationssprunges. Der Springer in diesem Beispiel beginnt den Sprung ohne Ausholbewegung und erreicht ca. 100 ms vor dem Abflug ein Kraftmaximum vom etwa Zweifachen des Körpergewichts. Der Kniewinkel steigt anfänglich nur langsam, ab 200 ms vor dem Abflug aber sehr schnell an.

Die Fläche zwischen der Kraft- und Gewichtskraftkurve entspricht dem vom Springer erzeugten Kraftstoß. Aus diesem lässt sich dann die Abfluggeschwindigkeit v berechnen. Die wichtigsten biomechanischen Parameter, die sich aus dem Kraft-Zeit-Verlauf von Imitationssprüngen ableiten lassen, sind die Abfluggeschwindigkeit v, die Sprungdauer t und die Explosivkraft Fex, also der maximale Kraftanstieg (Abb. 7).

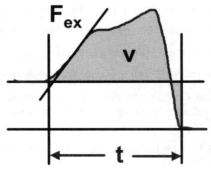

Abb. 7:   Relevante Parameter aus dem Kraft-Zeit-Verlauf eines Imitationssprungs

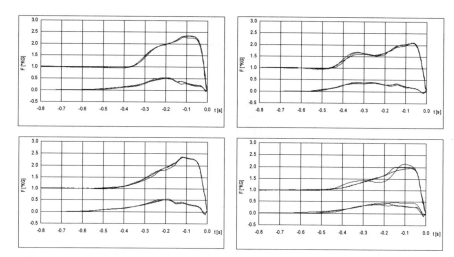

Abb. 8: Vertikale und horizontale Bodenreaktionskräfte bei je drei Imitationssprüngen von vier Skispringern

Zum Aufzeigen und Verdeutlichen inter- und intrapersoneller Unterschiede bei Imitationssprüngen soll Abb. 8 dienen. Darin sind die vertikalen und horizontalen Kraftverläufe von vier Springern mit jeweils drei Versuchen dargestellt. Daraus lässt sich Folgendes ableiten:

- Sowohl die vertikalen als auch die horizontalen Bodenreaktionskräfte weisen große Unterschiede zwischen den vier Springern hinsichtlich des Verlaufes, der Abfluggeschwindigkeit, der Sprungdauer und der Explosivkraft auf.
- Interpersonell sind die Unterschiede sehr gering, die Kraft-Zeit-Verläufe sind also in hohem Maß springerspezifisch.

Zusammenfassend kann bezüglich der Kraft-Zeit-Verläufe von Imitationssprüngen folgendes festgehalten werden:

- Es gibt große Unterschiede zwischen den Springern.
- Die Springer weisen eine sehr hohe Bewegungskonstanz auf, die Sprünge sind also in höchstem Maß springerspezifisch.
- Springerspezifische Unterschiede und Bewegungskonstanz können aus den Kraft-Zeit-Verläufen qualitativ und quantitativ bestimmt werden.
- Imitationssprünge sind für die Leistungsdiagnostik im Skispringen geeignet.

3.2 Vergleich von Imitations- und Schanzensprüngen

Zwischen Imitations- und Schanzensprüngen liegen unterschiedliche äußere Bedingungen vor, die es bei der Beurteilung von Sprüngen zu berücksichtigen gilt (Tab. 1).

Tab. 1: Äußere Bedingungen von Imitations- und Schanzensprüngen

	Schanzensprünge	Imitationssprünge
Luftwiderstand	hoch	kein
Reibung Ski-Spur	gering	hoch
Zusätzliche Vorspannung	hoch	keine
Schuhmaterial	Sprungschuhe	Trainingsschuhe

Die Rahmenbedingungen für Schanzen- und Imitationssprünge sind also sehr verschieden. Daraus ergibt sich auch eine unterschiedliche dynamische Struktur zwischen den beiden Sprungformen. Es fällt weiter auf, dass sich die beiden Sprungformen hinsichtlich der zeitlichen Dauer wesentlich unterscheiden. Während für Imitationssprünge 400 - 500 ms benötigt werden, müssen Schanzensprünge in 250 - 300 ms absolviert werden. Bei beiden Sprungformen ergibt sich allerdings das Problem der exakten Bestimmung des Sprungbeginns.

Es gibt mehrere Gründe für die genannten zeitlichen Unterschiede der beiden Sprungformen:

- unvollständige Beinstreckung am Schanzentisch,
- aerodynamischer Auftrieb,
- unterschiedliche Absprungvorbereitung bei vorhandenem Luftwiderstand,
- Schuhmaterial,
- zusätzliche Vordehnung bei Schanzensprüngen.

Für das Schnellinformationssystem „Imitationssprünge im Skispringen" wurde eine Software entwickelt, welche die wichtigsten kinematischen und kinetischen Parameter der Imitationssprünge erfasst und leicht verständlich darstellt (Abb. 9). Die Kenngrößen werden in numerischer Form dargestellt. Die Kraft-Zeit-Verläufe und die zeitlichen Verläufe der Kraftrichtung sind unmittelbar nach der Testdurchführung am Bildschirm oder als Hardcopy verfügbar. Die Mess-Software ist mit einer Datenbank verknüpft, in die jeder Test abgelegt werden kann. Damit ist es problemlos möglich, Sprünge von verschiedenen Testterminen eines Springers bzw. die Sprünge mehrerer Skispringer vergleichend darzustellen.

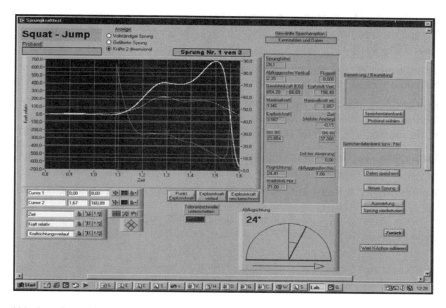

Abb. 9: Datenblatt des Skisprungmessplatzes

Literatur

Arndt, A., Brüggemann, G.P., Virmavirta, M. & Komi, P. (1995). Techniques Used by Olympic Ski Jumpers in the Transition From Takeoff to Early Flight. JAB 11, 224-237.

Komi, P., Nelson, R. & Pulli, M. (1974). Biomechanik des Skisprungs. Leistungssport 4, 431-450.

Komi, P. & Virmavirta, M. (1997). Ski jumping take-off performance: Determining factors and methodological advances. In E. Müller, H. Schwameder, E. Kornexl & C. Raschner (editors). Science and Skiing (p. 3-26). London-Weinheim-New York-Tokyo-Melbourne-Madras: E&FN Spon.

Schwameder, H. & Müller, E. (1995). Biomechanische Beschreibung und Analyse der V-Technik im Skispringen. Spectrum der Sportwissenschaften 71, 5-36.

Schwameder, H., Müller, E., Raschner, C. & Brunner, F. (1997). Aspects of technique-specific strength training in ski jumping. In E. Müller, H. Schwameder, E. Kornexl & C. Raschner (editors). Science and Skiing (p. 309-319). London-Weinheim-New York-Tokyo-Melbourne-Madras: E&FN Spon.

Schwameder, H. & Müller, E. (2001). Biomechanics in ski-jumping: a review. European Journal of Sport Science 1,1 (electronic journal available at http://205.198.253.183/ejss/).

Schöllhorn, W. (1999). Individualität – ein vernachlässigter Parameter? Leistungssport 29 (2), 5-12

Spitzenpfeil, Babiel, S., Rieder, M., Hartmann, U. & Mester, J. (1997). The technique of gliding in alpine ski-racing – Safety and performance. In E. Müller, H. Schwameder, E. Kornexl & C. Raschner (ed.), Science and Skiing (S. 349-355).

Virmavirta, M. (2000). Limiting factors in ski jumping take-off [PhD Thesis]. Jyväskylä: University of Jyväskylä.

Virmavirta, M. & Komi, P.V. (2000). Plantar pressures during ski jumping take-off. JAB 16, 320-26.

Harry Bähr/Ralf Buckwitz

Leistungssportbezogener Einsatz von Messplätzen am OSP Berlin – eine Systematisierung und ausgewählte Problemstellungen

1 Einleitung

Unter Messplätzen verstehen wir „computergestützte Mess- und Informationssysteme" (Daugs, 1999), mit deren Hilfe der Wert physikalischer Größen am Ort der Bewegungsausführung erfasst und verarbeitet wird (Ort = Gerät oder Stätte des Bewegungsvollzugs). Vor dem Hintergrund des erreichten Niveaus im Hochleistungsbereich (gut und speziell entwickelte konditionelle Leistungsvoraussetzungen, automatisierte Bewegungsabläufe) sind Sportler und Trainer in Ergänzung ihrer subjektiven Wahrnehmungen auf objektive Zusatzinformationen angewiesen, um die erforderliche Spezifik und Individualität der Leistungs- und Trainingssteuerung sicherzustellen. Messplätze stellen diese Informationen bereit und sind deshalb unverzichtbar in der Leistungsdiagnostik und Trainingssteuerung am Olympiastützpunkt Berlin (vgl. auch Daugs; 1999; Krug/Heilfort/ Zinner, 1996).

In diesem Beitrag wird der Einsatz von Messplätzen für die Trainingswissenschaft analysiert. Die Ergebnisse der Analyse bilden die Grundlage für die Formulierung von Einflussfaktoren beim Messplatzeinsatz im Leistungssport. Daraus abzuleitende Forschungsanforderungen sollen Ansätze für eine effizientere Nutzung von Messplätzen aufzeigen.

2 Methode

6400 Messplatzeinsätze im Jahr 2001 bildeten die Datenbasis für die Analyse. In die Auswertung wurde der Einsatz von 20 Messplätzen in 19 Sportarten (mit Schwerpunkt oder Bundesstützpunkt in Berlin) einbezogen. Die Zielstellung und eine Systematisierung des Einsatzes von Messplätzen dienten als Kriterien für die Verdichtung der Daten.

Das *allgemeine Ziel* des Einsatzes von Messplätzen besteht in der möglichst schnellen Bereitstellung objektiver Zusatzinformationen. Die konkreten Zielstellungen sind der Abb. 1 zu entnehmen. Die aufgeführten Zielsetzungen machen die Breite des Messplatzeinsatzes im Leistungssport deutlich. Für eine weitergehende *Systematisierung* erscheinen uns deshalb umfassendere trainingsmethodische Ansätze geeignet, welche sich auf die Untergliederung von Leistungsfaktoren (Harre 1986) bzw. leistungsbestimmende Einflussgrößen (Martin/Carl/Lehnertz, 1993) beziehen und die Klassifizierung von Bewegungsausführungen nach ihrer Wettkampfspezifik (Matwejew, 1981) berücksichtigen (vgl. Abb. 2).

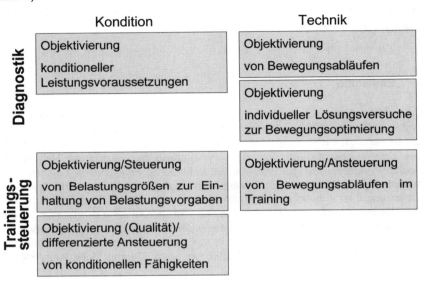

Abb. 1: Ziele des Einsatzes von Messplätzen im Leistungssport

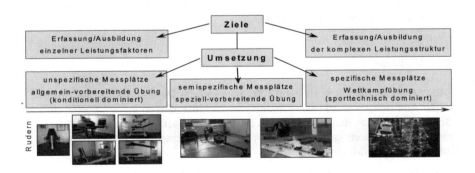

Abb. 2: Systematisierung des Einsatzes von Messplätzen

Die Zuordnung von Messplätzen im Rahmen der gewählten Systematisierung wird in der Abb. 2 am Beispiel Rudern veranschaulicht.

Einsatz von Messplätzen am OSP Berlin

Die gewählten Kriterien führen zusammenfassend zu einer Datenstruktur, die zwischen unspezifischen, semispezifischen und spezifischen Messplatzeinsätzen unterscheidet. Auf der nachfolgenden Ebene wird zwischen dem Einsatz für die Diagnostik oder Trainingssteuerung differenziert. Zu diesen Kategorien werden jeweils die Anzahl der Messplatzeinsätze und der Zeitaufwand in Stunden aufgeführt.

3 Ergebnisse und Diskussion

Im Folgenden werden Charakteristika in der Verteilung der Messplatzeinsätze und Ursachen für deren Zustandekommen vorgestellt. Dafür wird die tabellarische Einzelaufstellung der Daten für 19 Sportarten unter verschiedenen Aspekten zusammengefasst.

Tab. 1: Einsatzhäufigkeit nach Spezifik der Messplätze

Messplatz-einsätze			Summe aller Sportarten
unspezifisch	Diagn.	n	968
		[h]	489
	Training	n	2025
		[h]	1763
semispezifisch	Diagn.	n	466
		[h]	430
	Training	n	218
		[h]	230
spezifisch	Diagn.	n	311
		[h]	883
	Training	n	214
		[h]	329

(2993 / 2252; 684 / 660; 525 / 1212)

Tab. 2: Messplatzeinsatz in ausgewählten Sportarten

Messplatz-einsätze			Rudern	Schwimmen	Volleyball	Boxen
unspezifisch	Diagn.	n	4	33	195	
		[h]	2	20	98	
	Training	n	33	392	87	
		[h]	19	159	36	
semispezifisch	Diagn.	n	272	10		81
		[h]	136	10		81
	Training	n	4	92		17
		[h]	1	46		26
spezifisch	Diagn.	n	126	101		
		[h]	626	101		
	Training	n	6	116	12	
		[h]	30	121	30	

Die Einsatzhäufigkeit bezogen auf die Spezifik der Messplätze (Tab. 1) zeigt eine deutliche Dominanz des unspezifischen Bereiches. Diese Aussage ist im Vergleich mit spezifischen Messplätzen gesichert. Für den semispezifischen Bereich besteht die Einschränkung, dass im Training der Ruderer, Radsportler und Eisschnellläufer zusätzlich selbstständige Ergometereinsätze erfolgen, die in den Angaben nicht berücksichtigt sind. Damit ist die häufigere Nutzung der Messplätze im konditionellen Bereich (unspezifisch) gegenüber dem Einsatz zur Entwicklung der sportlichen Technik (spezifisch) das hervorzuhebende Merkmal in Tab. 1. Wir sehen einen Erklärungsansatz im unterschiedlichen Entwicklungsstand der Theoriemodelle zur Kondition und zur sportlichen Technik. Die theoretischen Grundlagen für den Einsatz unspezifischer Messplätze bieten dem Trainer konkretere Handlungsanleitungen, als dies im spezifischen Bereich mit vielen offenen Fragen zum motorischen Lernen der Fall ist. Der Stand der allgemeinen Modellbildung ist demnach ein Einflussfaktor für die Nutzungshäufigkeit von Messplätzen (vgl. Abb. 3).

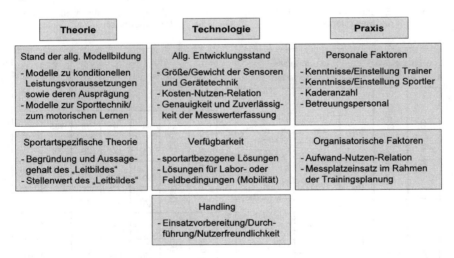

Abb. 3: Einflussfaktoren für den Einsatz von Messplätzen

Für die Tab. 2 wurden vier Sportarten ausgewählt, die wichtige Aussagen zur Verteilungscharakteristik aller 19 Sportarten wiedergeben. Die unterschiedliche Kaderanzahl in den vier Sportarten wurde bei der Interpretation berücksichtigt. Auffällig ist der häufigere Einsatz spezifischer Messplätze im Rudern und Schwimmen gegenüber Volleyball und Boxen. Eine Ursache hierfür ist im unterschiedlichen Stellenwert des sporttechnischen Leitbildes der jeweiligen Sportart zu sehen. In Spiel- und Kampfsportarten ist der notwendigerweise variable Einsatz sporttechnischer Lösungen schwer über Messplätze objektivierbar. Auch der unterschiedliche Entwicklungsstand des Leitbildes beeinflusst die Nutzung der Messplätze. Klare Orientierungen zu Objektivierungsgrößen im Rudern rechtfertigen beispielsweise den relativ hohen Aufwand bei Messbootfahrten (626 Stunden in 2001). Somit ist der Entwicklungsstand der sportartspezifischen Theorie als weiterer Einflussfaktor für die Nutzung von Messplätzen festzuhalten (vgl. Abb. 3).

Im semispezifischen Bereich der Tab. 2 fällt auf, dass Volleyball gegenüber den anderen Sportarten keine Messplatzeinsätze zu verzeichnen hat. Die Erklärung liegt in der Verfügbarkeit technologischer Lösungen. Mit Ruderergometer, Boxmessplatz und Armkraftzuggerät im Schwimmen verfügen diese Sportarten über hochwertige semispezifische Objektivierungssysteme. In Kooperation zwischen dem FES, dem IAT und dem OSP Berlin wurden sie speziell für den Spitzenbereich entwickelt. Die Leistungsstruktur im Volleyball steht einer entsprechenden technologischen Lösung entgegen. Damit ist die Technologie als ein weiterer Einflussfaktor angesprochen. Die rasante Entwicklung in der Ingenieurtechnik und im Softwarebereich fördert spezielle Entwicklungen von Messplätzen für den Leistungssport (vgl. Abb. 3: Technologie – allgemeiner Entwicklungstand).

Tab. 3: Messplatzeinsätze für Diagnostik und Training

Messplatz-einsätze		Diagnostik	Training
unspezifisch	n	968	2025
	[h]	489	1763
	[h]/n	0,5	0,9
semispezifisch	n	466	218
	[h]	430	230
	[h]/n	0,9	1,1
spezifisch	n	311	214
	[h]	883	329
	[h]/n	2,8	1,5

Ein Überblick zum unspezifischen Bereich in Tab. 2 zeigt ein differenziertes Bild der Häufigkeitsverteilung. Im Einzelnen sind folgende Unterschiede hervorzuheben: Im Schwimmen werden unspezifische Messplätze zur Entwicklung konditioneller Leistungsvoraussetzungen deutlich häufiger eingesetzt als im Rudern. Die Erklärung ist in der Distanz zwischen Trainingsstätte und den stationären Messplätzen zu finden. Die Schwimmer trainieren am Standort des Labors mit Messplätzen für konditionelle Fähigkeiten. Die Ruderer haben einen längeren Fahrweg zurückzulegen, so dass die Integration des Messplatzeinsatzes in das tägliche Training schwer zu organisieren ist. Damit ist die Verfügbarkeit der Messplätze erneut thematisiert, diesmal unter dem Gesichtspunkt der Mobilität (vgl. Abb. 3). Weiterhin wird mit diesem Beispiel die notwendige Integration des Messplatzeinsatzes in das Training (Aufwand-Nutzen-Relation, Einordnung in Trainingsplanung) angesprochen. Organisatorische Fragen sind in der Praxis wesentliche Einflussfaktoren für die Nutzung von Messplätzen.

Auffällig ist auch die hohe Zahl diagnostischer Messplatzeinsätze im Volleyball. Hier wirkt sich die regelmäßige Diagnostik für die Nationalmannschaft aus, mit positiven Rückwirkungen auf den Messplatzeinsatz selbst. Eine sehr breite Datenbasis und der Entwicklungsbedarf zur Absicherung zentraler Betreuungsaufgaben fördern die Grundlagen für Routinemessungen in vielen Sportarten. Mit der Kaderanzahl sowie den Kenntnissen und Erfahrungen des Betreuungspersonals sind personale Einflussfaktoren für den Messplatzeinsatz genannt (vgl. Abb. 3).

Überraschend ist der fehlende Einsatz unspezifischer Messplätze in der stark konditionell geprägten Sportart Boxen. Hier scheinen sich traditionell gewachsene Einstellungen und Gewohnheiten bei Trainern und Sportlern auszuwirken (personale Faktoren). Diese Feststellung ist nicht mit einer generellen Ablehnung von Objektivierungssystemen gleichzusetzen, was die regelmäßige Nutzung des semispezifischen Boxmessplatzes zeigt.

In Tab. 3 wird abschließend ein Vergleich von Einsätzen in der Diagnostik und im Training vorgenommen. Zum Einen ist festzustellen, dass die höchsten Anteile (Anzahl der Einsätze und Stunden) durch unspezifische Messplatzeinsätze im Training zustande kommen. Zum Anderen ist zu erkennen, dass im spezifischen Bereich einer verhältnismäßig geringen Zahl an Diagnostikeinsätzen (311) eine hohe Stundenzahl (883) gegenübersteht. Das Verhältnis von Zeitaufwand pro Messplatzeinsatz ist ein Erklärungsansatz für die beschriebene Verteilungscharakteristik. Die stationären Messplätze im unspezifischen Bereiche können durch bereits angesprochene Faktoren mit verhältnismäßig geringem Zeitaufwand eingesetzt werden. Teilweise automatisierte Auswertungen in der Diagnostik führen zu Zeitgewinn für das Betreuungspersonal, welcher für die Begleitung des umfangreichen Messplatztrainings genutzt wird. Der hohe Zeitaufwand in der spezifischen Diagnostik (Auf- oder Einbau mobiler Messtechnik, aufwendigere Auswertungen) begrenzt neben anderen Faktoren die zeitlichen Möglichkeiten für das spezifische Messplatztraining. Auch für Trainer und Sportler ist der geringe Zeitaufwand für den Einsatz unspezifischer Messplätze ein wichtiger Aspekt. All diese Faktoren wirken zugunsten des Einsatzes im unspezifischen Bereich.

4 Schlussfolgerungen

In der Praxis des Leistungssports dienen Messplätze vorrangig der individuellen Optimierung der Leistungsvoraussetzungen von Spitzenathleten. Messplätze sind eine entscheidende Hilfe bei der individuellen Steuerung des konditionellen Trainings und bei der Optimierung der sportlichen Technik des einzelnen Sportlers. Bestehende Grenzen bei den theoretischen Grundlagen für den Einsatz von Messplätzen werden durch die Erfahrungen von Trainern und Sportwissenschaftlern kompensiert. Hier sehen wir eine wichtige Reserve für den systematischen und damit effizienten Messplatzeinsatz. Die Schlussfolgerungen sind deshalb auf Einflussfaktoren im Bereich der Theorie gerichtet (vgl. Abb. 3). Wie bereits in der Diskussion der Ergebnisse deutlich wurde, besteht Forschungsbedarf besonders auf sporttechnischem Gebiet. Aus den Einsatzerfahrungen am OSP Berlin ergeben sich für die angewandte Forschung zwei Aufgabenschwerpunkte mit folgenden Unterpunkten:

1. Vervollkommnung des sporttechnischen Leitbildes:

   - Aufhellung der Ursache-Wirkung-Beziehung für das Zustandekommen der sportlichen Leistung,
   - weitere Ausformulierung des sporttechnischen Leitbildes (Zweckmäßigkeitskriterien, Orientierungsgrößen, Bewegungsleitbilder).

2. Erarbeitung von Handlungsanleitungen für den Einsatz objektiver Zusatzinformationen:

   - Aufhellung der Informationsprozesse beim sportmotorischen Lernen und Techniktraining (komplexe Bewegungen, fortgeschrittene Lernphase),
   - Bestimmung lernwirksamer Informationsgrößen,
   - Formulierung von Informationsmodalitäten für die wirksame Gestaltung des Messplatztrainings (methodische Regeln)
     * Häufigkeit und Verteilung von Zusatzinformationen
     * Zeitstruktur der Zusatzinformationen,
   - Orientierungen zum Einsatz gekoppelter Informationen (Video – Messwert).

Das Aufgreifen dieser Aufgabenstellungen im Rahmen von Forschungsprojekten hätte eine hohe Praxisrelevanz und würde zur weiteren erfolgreichen Arbeit an den Olympiastützpunkten beitragen.

Literatur

Literaturhinweise können bei den Autoren angefordert werden.

Sven Bruhn/Wilfried Alt/Markus Gruber/Ansgar Schwirtz/Albert Gollhofer

Leistungsdiagnostik im Skisprung – Ein Messplatz auf dem Weg vom Labor ins Feld

1 Einleitung

Seit Anfang der 80er-Jahre werden Athleten des Deutschen Skiverbandes (DSV) der Disziplinen Skisprung und Nordische Kombination hinsichtlich ihrer Kraft und Sprungkraftparameter am Institut für Sport und Sportwissenschaft der Universität Freiburg in Zusammenarbeit mit dem Olympiastützpunkt Freiburg-Schwarzwald leistungsdiagnostisch betreut (Schmidtbleicher, 1985; Gollhofer, 1990). Die Daten, die bei den Diagnosen erfasst werden, bilden die Grundlage für die Beurteilung der Athleten und die Trainingsempfehlungen für die verantwortlichen Trainer (Schwirtz et al., 1996; Bruhn et al., 2002).

Ziel der vorgestellten Untersuchungsreihe war es, das Absprungverhalten im Labor mit dem Verhalten beim Absprung vom Schanzentisch im realen Skisprung zu vergleichen. Von besonderem Interesse waren dabei Unterschiede in der neurophysiologischen Bewegungsregulation. Im Vergleich zum Absprung im Labor dürfte das Absprungverhalten an der Schanze durch zwei zusätzliche externe Faktoren beeinflusst werden:

Zum Einen können Unebenheiten in der Anlaufspur sowie das Durchfahren des Radius der Schanze die Körperschwerpunktslage unmittelbar vor dem Absprung vom Schanzentisch beeinflussen. Zum Anderen kann die anströmende Luft Auftrieb erzeugen und dadurch das Timing und die Dynamik des Absprungs im Vergleich mit dem Sprung im Labor verändern (Virmavirta & Komi, 1993).

2 Lösungsansatz

Um beide Einflussgrößen genauer erfassen zu können, wurden die Mitglieder der A-Kader des DSV einer Untersuchungsreihe unterzogen. In der ersten Teiluntersuchung im Labor wurden analog zur Leistungsdiagnostik Squat-Jumps auf einer Kraftmessplatte durchgeführt. Dabei interessierte der Kraft-Zeit-Verlauf der vertikalen Komponente der Bodenreaktionskräfte während des Absprungs. Darüber hinaus interessierte die neurophysiologische Aktivierung der relevanten Beinstreckmuskulatur im Hinblick auf die Bewegungskoordination beim Absprung.

Leistungsdiagnostik im Skisprung

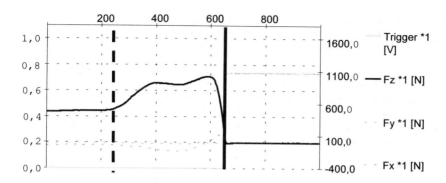

Abb. 1. Bodenreaktionskräfte beim Absprung (Fz = Vertikalkomponente; Fy = laterale Horizontalkomponente; Fx = anteriorposteriore Horizontalkomponente). Die gestrichelte Vertikale kennzeichnet den Beginn der Absprungbewegung, die durchzogene das Ende.

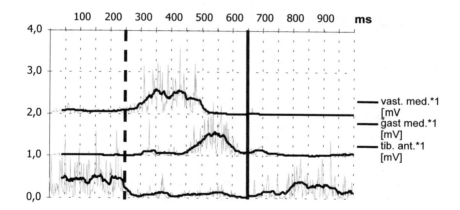

Abb. 2. Gleichgerichtete und geglättete EMG ausgewählter, an der Streckbewegung beteiligter Muskeln, aufgezeichnet bei einem Absprung im Windkanal bei einer Windgeschwindigkeit von 85 km/h. Die gestrichelte Vertikale kennzeichnet den Beginn der Absprungbewegung, die durchzogene das Ende.

In einem zweiten Untersuchungsansatz wurden die Athleten im Windkanal untersucht. Dadurch war es möglich, den Einfluss der anströmenden Luft isoliert und ohne die durch Bodenunebenheiten der Anfahrtsspur und den Radius verursachten Körperschwerpunktsschwankungen zu analysieren. Dazu wurden Sprünge mit unterschiedlichen Windgeschwindigkeiten (0 km/h; 85 km/h; 110 km/h) von einer Kraftmessplatte durchgeführt, um die Bodenreaktionskräfte aufzuzeichnen (Abb. 1).

Die Elektromyogramme (EMG) wurden analog zu den Laboruntersuchungen zeitsynchron mit dem Kraft-Zeit-Verlauf der Bodenreaktionskräfte registriert (Abb. 2). Zusätzlich wurden im Windkanal Highspeed-Videoaufnahmen angefertigt.

An der Sprungschanze konnten im Gegensatz zur Laborsituation und im Windkanal keine Kraftsignale eingezogen werden, da die Sprungschanze noch nicht mit einer Anlage zur Messung der Bodenreaktionskräfte ausgestattet war. Hier wurden ebenfalls Highspeed-Videoaufnahmen angefertigt, um die Dauer und den Verlauf der Absprungbewegung untersuchen zu können. Die Erfassung der EMG wurde mit einer telemetrischen Anlage realisiert (Abb. 3).

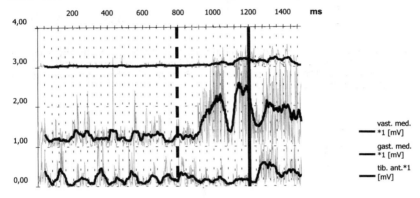

Abb. 3. Gleichgerichtete und geglättete EMG ausgewählter, an der Streckbewegung beteiligter Muskeln, aufgezeichnet bei einem Absprung von der Schanze bei einer Anfahrtsgeschwindigkeit von 85 km/h. Die gestrichelte Vertikale kennzeichnet den Beginn der Absprungbewegung, die durchzogene das Ende.

Um die verschiedenen Daten einer Untersuchung und die Daten aus Labor, Windkanal und von der Sprungschanze optimal miteinander vergleichen zu können, wurde ein zusätzliches Triggersignal eingezogen, das den Zeitpunkt des Absprungs markierte. Für den vorliegenden Beitrag wurden Windkanalsprünge und Schanzensprünge mit jeweils 85 km/h Windgeschwindigkeit bzw. Anfahrtsgeschwindigkeit individuell verglichen. Durch die Synchronisation der EMG mit den übrigen Daten war es möglich, die neuromuskulären Aktivierungsverläufe den unterschiedlichen Bewegungsphasen zuzuordnen.

3 Erste Ergebnisse und Diskussion

Auf die Darstellung der Ergebnisse aus dem Labor kann verzichtet werden, da diese den in der Literatur beschriebenen Erkenntnissen in Bezug auf die Bewegungskoordination beim Absprung entsprachen (Viitasalo et al., 1981; Bobbert &

van Ingen Schenau, 1988). Die Analyse der vertikalen Komponente der Kraft-Zeit-Kurven zeigte den typischen zweiphasigen Verlauf beim Absprung. Auch die Kraft-Zeit-Kurven, die im Windkanal registriert wurden, zeigten einen ähnlichen Verlauf, wobei die Ausprägung des ersten Gipfels teilweise etwas flacher ausfiel, was insgesamt auf einen etwas geringeren vertikalen Kraftstoß hindeutet (Abb. 1). Dagegen konnte eine horizontale Kraftkomponente in der der anströmenden Luft entgegen gesetzten Richtung dokumentiert werden. Insgesamt war die intraindividuelle Variation der Absprungzeiten innerhalb einer Versuchsbedingung ähnlich groß, wie die Variation bei unterschiedlichen Anströmungsgeschwindigkeiten, so dass die Absprungzeit nicht überwiegend vom Einfluss der Anströmungsgeschwindigkeit abhängig zu sein scheint.

Hinsichtlich der Bewegungsansteuerung am Sprunggelenk konnte im Windkanal im Gegensatz zu den Laborsprüngen vor dem eigentlichen Absprung eine deutliche Voraktivierung des M. tibialis anterior dokumentiert werden, was auf eine aktive Dorsalflexion in der Anfahrtshocke hindeutet (Abb. 2). Betrachtet man den Fuß als Punktum Fixum, so führt eine Aktivierung des M. tibialis anterior bei Fixierung der übrigen Gelenke zu einer Vorwärtsverlagerung des Körperschwerpunkts. Diese wird notwendig, um den Körperschwerpunkt entgegen der anströmenden Luft über der Unterstützungsfläche zu halten. Vermutlich spielt diese Vorwärtsverlagerung auch bei der Entstehung der nach vorne gerichteten horizontalen Kraftkomponente während des Absprungs eine Rolle. Zum Zeitpunkt des Absprungs lässt die Aktivität im M. tibialis anterior schlagartig nach, der Muskel ist während der eigentlichen Absprungbewegung nahezu inaktiv. Damit sind günstige Voraussetzungen für den M. gastrocnemius medialis am Sprunggelenk für eine kraftvolle Plantarflexion gegeben. Etwa ab der Hälfte der Absprungbewegung ist eine starke Aktivierung zu erkennen, die mit dem zweiten Gipfel in der Kraft-Zeit-Kurve der Vertikalkomponente der Bodenreaktionskraft korrespondiert (Abb. 1, 2). Die relativ späte Aktivierung des M. gastrocnemius medialis während der Absprungbewegung im Vergleich mit den Beinextensoren am Kniegelenk (vergl. M. vastus medialis Abb. 2) entspricht im Wesentlichen der in der Literatur beschriebenen Streckung der unteren Extremität von proximal nach distal bei einer Absprungbewegung (Pandy & Zajac, 1991).

Aus den Videoanalysen an der Sprungschanze ist zu erkennen, dass die Absprungbewegung an der Schanze etwa den gleichen Zeitraum beansprucht, wie im Labor und im Windkanal. Die Analyse der neuromuskulären Aktivierungsmuster zeigt bereits in der Anfahrt zum Schanzentisch vor dem eigentlichen Absprung, dass die in der Windkanalmessung festgestellte klare antagonistische Arbeitsweise der Mm. tibialis anterior und gastrocnemius medialis an der Schanze nicht mehr realisiert wird. Beide Muskeln zeigen schnell aufeinander folgende Phasen der Anspannung und Entspannung, so dass sie zeitweise alternierend und zeitweise synchron kontrahieren (Abb. 3). Dieser Befund deutet auf sehr hohe Anforderungen im Bezug auf die aktive Standstabilisation und Gleichgewichtsregulation während der Anfahrt hin. Auch der schlagartige Rückgang in der Aktivität des M. tibialis anterior zu Beginn der eigentlichen Absprungbewegung ist nicht erkennbar, vielmehr begleitet die Aktivität des M. tibialis anterior nahezu die gesamte Absprungbewegung. Während der Absprungbewegung zeigt der M. gastrocnemius medialis eine relativ frühe und sehr ausgeprägte Aktivität. Deshalb muss beim Absprung mit den Skiern von der Schanze durch eine Kokontraktion des M. tibialis anterior eine extensive Plantarflexion vermieden werden, da andernfalls die Gefahr bestünde, dass die Skier mit den Spitzen nach unten gegen die anströmende Luft angestellt würden.

4 Schlussfolgerungen

Die ersten Auswertungen deuten darauf hin, dass der zeitliche Verlauf der Absprungbewegung in allen Untersuchungsbedingungen vergleichbar ist. Daher können Laboruntersuchungen mit Squat-Jumps auf der Kraftmessplatte zumindest in Bezug auf die vertikale Kraftkomponente einen Aufschluss über das Absprungverhalten am Schanzentisch geben. Die Messungen im Windkanal haben gezeigt, dass die anströmende Luft eine Aktivierung des M. tibialis anterior erfordert, um den Körperschwerpunkt über der Unterstützungsfläche zu halten und um günstige Bedingungen für die Richtung des Kraftstoßes beim Absprung zu gewährleisten. Gleichzeitig sind hohe Anforderungen an die Koordination der sprunggelenkumgreifenden Muskulatur im Sinne einer aktiven Standstabilisation und Gleichgewichtsregulation gestellt. Im Moment des Absprungs muss das quasistatische Gleichgewicht aus der Anfahrt aufgelöst werden und ein dynamischer Kraftstoß realisiert werden.

Diese Anforderungen an die Bewegungskoordination müssen im Techniktraining konsequenterweise thematisiert werden. Um die Richtung des Kraftstoßes zu trainieren, können Imitationssprünge gegen einen frontalen Widerstand durchgeführt werden. Idealerweise eignen sich dazu Sprünge im Windkanal. Um aus einem labilen Gleichgewicht heraus einen gerichteten Kraftstoß zu realisieren, können Imitationssprünge von instabilen Unterlagen ausgeführt werden. Den Absprüngen sollte dabei eine Phase der Standstabilisation von der zeitlichen Dauer der Anfahrt an der Schanze vorausgehen. Der Absprung sollte auf ein äußeres Signal hin erfolgen.

Die Optimierung des Messplatzes beinhaltet den Einbau von Kraftmesselementen in ausgewählten Sprungschanzen. Dadurch wird es möglich, den Verlauf des Kraftvektors der Bodenreaktionskraft während des Absprungs von der Schanze aufzuzeichnen.

Literatur

Bobbert, M.F. & Van Ingen Schenau, G.J. (1988). Coordination in vertical jumping. J. Biomech. 21, 249-262

Bruhn, S., Schwirtz, A. & Gollhofer, A. (2002). Diagnose von Kraft- und Sprungkraftparametern zur Trainingssteuerung im Skisprung. Leistungssport, 5, 34-37

Gollhofer, A. (1990) Sportwissenschaftliche Testverfahren. Durch Leistungsdiagnostik zu besserem Krafttraining. Sport und Medizin 2, 184-188

Schmidtbleicher, D. (1985). Diagnose des Maximal- und Schnellkraftverhaltens. In Buehrle, M. (Hrsg) Grundlagen des Maximal- und Schnellkrafttrainings. (Schriftreihe des Bundesinstitutes für Sportwissenschaft 56, S.112 – 121). Schorndorf: Hofmann

Schwirtz, A., Kibele, A. & Neubert, A. (1996). Sportartspezifische Umsetzung der Sprungkraftmessung in der biomechanischen Leistungsdiagnostik. Gollhofer, A. (Hrsg.) Integrative Forschungsansätze in der Bio&Mechanik. (Schriften der Deutschen Vereinigung für Sportwissenschaft 71, S.277-285) St. Augustin: Academia

Viitasalo, J.T., Aura, O., Haekkinen, K., Komi P.V. & Nikula, J. (1981). Untersuchungen von Trainingswirkungen auf die Krafterzeugung und Sprunghöhe. Leistungssport 4, 278-281

Virmavirta, M. & Komi, P.V. (1993). Measurement of take-off forces in ski jumping Part I. Scand. J. Med. Sci Sports 3, 229-236

Martina Clauß/Hartmut Herrmann

Biomechanische Einflussfaktoren auf die Effizienz von Skistock-Abdruckbewegungen und Lösungsansätze ihrer Objektivierung im Rahmen eines Messplatztrainings[1]

1 Einleitung

In der Trainingswissenschaft und der Theorie und Praxis des sportlichen Techniktrainings besteht weitestgehend Einigkeit darüber, dass Rückmeldungen vor allem über die realisierte Art und Weise der Bewegungsausführung/des Bewegungsverlaufes (knowledge of performance/KP), aber auch über das Bewegungsziel gerichtete Ergebnis (knowledge of result/KR) äußerst wirkungsvollen Einfluss auf die Wirksamkeit des Techniktraining ausüben können (vgl. hierzu u.a. Farfel (1977), Mechling (1984), Daugs (1986), Schattke (1988), Krug (1996) etc.).

Sowohl synchrone (vorrangig mittels Trainager gegebene) als auch terminale bzw. kumulative (nach Mechling, 1984) quantifizierte objektive Feedbacks (vorrangig unter Nutzung moderner Messplätze erzielt) basieren auf Soll-Ist-Vergleichen. Die Güte der Informationsgebungen steht in enger Wechselbeziehung mit dem wissenschaftlichen Kenntnisstand zu den durch die Praxis akzeptierten sporttechnischen Leitbildern (den Zieltechniken gleich Soll- bzw. Führungsgrößen) und dem Niveau der technischen Systeme für die Ist-Standkennzeichnung.

Die derzeit durch die Autoren im Biathlon vorrangig im Frauen-Laufbereich unter Feldbedingungen durchgeführten „Technik-Regelungen" vollziehen sich auf der Grundlage der durch Herrmann und Clauss (2000) erarbeiteten Skatingtechnik-Merkmale und darüber hinausgehende Technikzweckmäßigkeitskriterien. Dieses prinzipielle Vorgehen im Biathlon/Laufbereich ist mit der Abb. 1 schematisch gegeben.

Hauptaugenmerk wird hierbei auf den Wirkungsgrad der beiden Systemantriebselemente Bein/Ski und Arm/Stock für das Erzielen eines optimalen Systemvortriebes im Einzelzyklus und maximalen in der Zyklenfolge gelegt. Wesentliche biomechanische Einflussfaktoren hinsichtlich ihrer zweckmäßigen zeitlichen Koordination sind bekannt (vgl. hierzu u. a. Herrmann & Clauß, 2000). Der Einfluss der Lage des Skistockes im Raum auf den Wirkungsgrad der muskulär erbrachten resultierenden Skistock-Kraftstöße für den Systemantrieb

---

[1] Diese Thematik ist Bestandteil eines durch das BISp unter VF 0407/05/01/2001-2002 geförderten Projektes.

Effizienz von Skistock-Abdruckbewegungen

kann jedoch derzeit nur auf theoretischer Grundlage den betreuten Sportlerinnen und Betreuern dargelegt werden. Die im Rahmen trainingsbegleitender Untersuchungen gesammelten Erfahrungen zeigten jedoch, dass diese Vorgehensweise zu unzureichenden Problem bezogenen Wirkungen in der Sportpraxis führt.

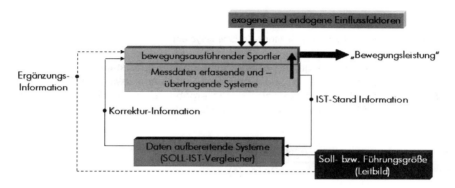

Abb. 1: Prinzipdarstellung zum Funktionsmechanismus eines im Leistungssport genutzten „Messplatzes"

2 Problemkennzeichnung

Das Feedback über die Beträge der dreidimensional gerichteten Skistock-Kraftstöße je Stockstützphase und ihr zeitliches Auftreten in Relation zu den Bein-/Skiabdruckkraftstößen bildet eine wichtige Grundlage für den angestrebten Umlernprozess der Skistockabdruckbewegung im Techniktraining. Sind also unter Feldbedingungen diesbezüglich durchführbare Messplatz-Trainingseinheiten eine Zielstellung, erfordert die Entwicklung des speziellen Objektivierungsverfahrens eine Berücksichtigung aller die Messgrößen beeinflussenden Faktoren.

Bei der Suche eines geeigneten Lösungsansatzes konnten sich die Autoren auf keine in der Literatur ausgewiesene Variante stützen.

Folgerichtig galt es für die Auswahl eines geeigneten grundlegenden technischen Messverfahrens, zunächst alle derzeit möglichen technischen Lösungen zu sichten und einem Variantenvergleich zu unterziehen. Dieser führte zu der nachfolgend dargestellten Variante.

Das durch Herrmann und Clauß (2000) entwickelte, einaxial messende Skistock-Kraftmesssystem wurde mechanisch (mittels einer speziell konstruierten und gebauten Halterung) mit einem triaxialen Beschleunigungsaufnehmer vom Typ EGA S 3-CM-5-/Z1/V5 der Firma ENTRAN gekoppelt (Abb. 2).

Abb. 2: Weiterentwickeltes Skistock-Kraftmesssystem

Mittels dieses Systems gelang es über eine triaxiale quasistatische Beschleunigungsmessung die drei Ebenenwinkel-Zeit-Funktionen zwischen Boden und Skistocklängsachse zu quantifizieren. Sie ergaben sich aus den gemessenen $a_x(t)$-, $a_y(t)$- und $a_z(t)$-Werten über folgende Beziehungen.

$$\cos\alpha_{xz}(t) = \frac{a_z^2(t) + a_x^2(t) - a_y^2(t)}{2a_z a_x(t)} \quad (1)$$

$$\cos\beta_{yz}(t) = \frac{a_y^2(t) + a_z^2(t) - a_x^2(t)}{2a_y a_z(t)} \quad (2)$$

$$\cos\gamma_{xy}(t) = \frac{a_x^2(t) + a_y^2(t) - a_z^2(t)}{2a_x a_y(t)} \quad (3)$$

mit: a_x, a_y, a_z - axial gemessene Beschleunigung (statische Messung)
$\cos\alpha$, $\cos\beta$, $\cos\gamma$ - Skistockwinkel, bezogen auf die jeweilige Ebene

Die Skistock-Kraftkomponenten konnten jetzt über die nachfolgend dargestellten Gleichungen (4) bis (6) berechnet werden.

$$F_x(t) = \cos\alpha_{xz}(t) \cdot F_R(t) \quad (4)$$

$$F_y(t) = \cos\alpha_{yz}(t) \cdot F_R(t) \quad (5)$$

$$F_z(t) = \cos\gamma_{xy}(t) \cdot F_R(t) \quad (6)$$

mit: F_x – horizontal gerichtete Skistock-Kraftkomponente
F_y – transversal gerichtete Skistock-Kraftkomponente
F_z – vertikal gerichtete Skistock-Kraftkomponente
F_R – in Längsrichtung des Skistockes gemessene Kraft

3   Untersuchungsmethodik und Ergebnisdarstellung

Mit dem in der Abb. 2 dargestellten Funktionsmuster erfolgten zunächst zehn Versuchsmessungen. Sie wurden unter Laborbedingungen durchgeführt. Ihr Ziel bestand in der Überprüfung der Messgenauigkeit des Systems. Als Vergleichsmesssystem wurde eine dynamometrische 3D-Messplattform der Firma Kistler genutzt, deren Phasen- und Amplitudenfehler bekannt ist.

In einem ersten Schritt erfolgte danach die Berechnung der ebenenbezogenen Stockwinkel-Zeit-Verläufe aus den mittels der Kistler-Kraftmessplattform gemessenen Komponenten bezogenen Kraftsignalen. Als Grundlage hierfür wurden folgende mathematische Beziehungen genutzt:

$$\cos\alpha(t) = \frac{F_x(t)}{\sqrt{F_x^2(t)+F_y^2(t)+F_z^2(t)}} = \frac{F_x(t)}{F_R(t)} \quad (7)$$

Diese Ergebnisse dienten zur Überprüfung der Skistock-Winkel-Erfassungsgenauigkeit als „Vergleichsgröße". Des Weiteren wurden nochmals die mit beiden Messsystemen erfassten resultierenden Stockkraft-Zeit-Funktionen verglichen (Abb. 3).

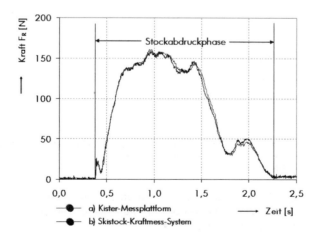

Abb. 3: Exemplarischer Messsignalvergleich der resultierenden Skistockkraft-Zeit-Funktionen einer simulierten Skistockabdruckphase, gemessen mittels der Kraftmessplattform (a) und dem Skistock-Kraftmesssystem (b) nach Herrmann und Clauß (2000)

Bei allen zehn Einzelversuchen konnten für die Amplituden- und Phasenabweichung Werte von ≤1,4 % vom jeweiligen Endwert ermittelt werden. Dieser geringe Messfehler bildete eine Voraussetzung für eine hinreichend genaue Berechnung der Kraftkomponenten über die Gleichung (4) bis (6).

In einem zweiten Schritt wurden aus den gemessenen axialen Beschleunigungs-Zeit-Funktionen je Einzelversuch unter Nutzung der Gleichung (1) bis (3) die jeweiligen Ebenen bezogenen nichtlinearen Winkel-Zeit-Funktionen berechnet. Unter Nutzung des Interpolationspolynoms nach LAGRANGE 6. Ordnung (siehe hierzu Gleichung 8) erfolgte anschließend ihre lineare Optimierung und der Vergleich mit den aus den Kraftmessplattform-Ergebnissen berechneten Funktionsverläufen (siehe hierzu Abb.4).

$$\alpha = m_1 x^6 + m_2 x^5 + m_3 x^4 + m_4 x^3 + m_5 x^2 + m_6 x + n \qquad (8)$$

mit: α - Winkelwert je Ebene
m_{1-n} - Funktionsanstiegswerte
n - Schnittpunkt mit der Ordinate

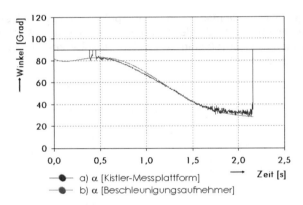

Abb. 4: Exemplarisches Ergebnis zu den Stockwinkel-Zeit-Funktionen für die XZ-Ebene, berechnet aus den Messergebnissen der Kraftmessplattform (a) und dem Skistock-Kraftmesssystem (b)

Bezogen auf die Stockabdruckphasen wurden zwischen den jeweils verfahrensspezifisch erfassten Winkelwerten beider interessierender Ebenen (XZ und YZ) Abweichungen von ±3,1 % bestimmt.

Unter Nutzung der Gleichungen (4) bis (6) konnten jetzt die Bewegungsziele gerichteten horizontalen Skistockkraft-Zeit-Funktionen und zugehörigen Kraftstoßwerte sowie die entsprechenden transversal gerichteten Werte für die jeweiligen Einzelversuche berechnet werden.

Ihre Vergleichsbetrachtungen zu den mittels der dynamometrischen Messplattform erfassten Kraftkomponentenwerten führte gleichfalls zu relativ geringen Diffe-

Effizienz von Skistock-Abdruckbewegungen

renzen (mittlere Amplitudendifferenz ≤1,2 % vom gemessenen Endwert, mittlere Phasendifferenz ≤0,2 %). In der Abb. 5 ist das Ergebnis aus einem Versuch dargestellt.

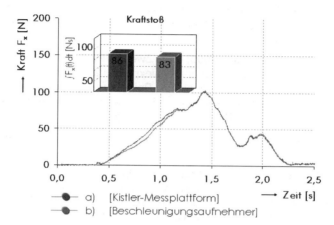

Abb. 5: Exemplarisches Ergebnis zu den systemantriebswirksamen Skistockkraft-Zeit-Funktionen für die XZ-Ebene, berechnet aus den Messergebnissen der Kraftmessplattform (a) und dem Skistock-Kraftmesssystem (b)

4 Ergebnisdiskussion und Schlussfolgerungen

Die unter Laborbedingungen durchgeführten Untersuchungen führten zu hinreichend genauen Ergebnissen. Die verfahrenstechnische Lösung stellt folglich eine Variante dar, mittels derer man die Komponenten bezogenen Skistockkraftwerte erfassen kann.

Bei den durchgeführten Versuchen waren die Messsignalleitungen unzureichend gegenüber hoch frequenten Störeinflüssen geschirmt. Es wird davon ausgegangen, dass der vorgenommene Aufwand für die Messsignalbearbeitung reduzierbar ist, wenn dieses Problem beseitigt wird.

Derzeit wird das unter Laborbedingungen erprobte Messsystem für die Anwendung unter Feldbedingungen vorbereitet. Hierzu sind messtechnisch-elektronisch orientierte Anpassungen an die Messsignalverstärker und Signaleingänge des unter Feldbedingungen bisher genutzten Datalogger-Systems in Arbeit.

Es ist noch erforderlich, das überarbeitete Messsystem unter sportartspezifischen Bedingungen (Ski-Schnee) im Rahmen spezieller Untersuchungen weiterführend zu testen.

Literatur

Farfel, W.S. (1977). Bewegungssteuerung im Sport. Berlin: Sportverlag.

Herrmann, H. & Clauß, M. (2000). Technikmerkmale des Skatens im Biathlon und deren Objektivierung im Trainingsprozess. Leipziger Sportwissenschaftliche Beiträge 41 (1), 90-97.

Herrmann, H. & Clauß, M. (2000). Die Zweckmäßige Koordination von Antriebsimpulsen beim Skaten – Eine Quasiexperimentaluntersuchung zur Bein-Stock-Abdruckgestaltung. In K. Nicol & K. Peikenkamp (Hrsg.), Apparative Biomechanik-Methodik und Anwendungen, Schriften der Deutschen Vereinigung für Sportwissenschaft, 115 (S. 167-171). Hamburg: Czwalina.

Krug, J. (1996). Techniktraining – eine aktuelle Standortbestimmung. Leistungssport, 26 (3), 6-11.

Mechling, H. (1986). Lerntheoretische Grundlagen von Feedback-Prozeduren bei sportmotorischem Techniktraining. In R. Daugs (Red.), Medien im Sport. Die Steuerung des Techniktrainings durch Feedback-Medien (S. 9-33). Berlin: Führungs- u. Verwaltungs-Akademie des DSB.

Schattke, U. (1988). Der Beitrag der Biomechanik zur Erhöhung der Effektivität des Trainings durch den Einsatz von Verfahren mit objektiver Rückinformation. In H. Schuster (Red.), Anwendung biomechanischer Verfahren zur objektiven Rückinformation im Training (10 S.). Leipzig: FKS.

Babiel, C., Fritsch, C. & Neumaier, A. (2000). Messschuh zur Erfassung von Weg-, Geschwindigkeits- und Kraftmerkmalen. In K. Nicol & K. Peikenkamp (Hrsg.), Apparative Biomechanik – Methoden und Anwendungen, Schriften der dvs, 115, (S. 91-94). Hamburg: Czwalina.

**Jürgen Edelmann-Nusser/Andreas Hohmann/Martin Hofmann/
Andreas Krüger/Kai Sikorski/Kerstin Witte**

Evaluation eines schwimmspezifischen Messplatzes

1   Einleitung

Aus biomechanischer Sicht beruhen Vortriebskräfte im Schwimmen auf komplexen strömungsmechanischen Wechselwirkungen zwischen dem Schwimmer und dem Medium Wasser.

Die vollständige messtechnische Erfassung dieser Kräfte stellt ein ungelöstes Problem dar. Deshalb beschränkt man sich in der Leistungsdiagnostik auf Näherungen oder die Messung von Teilkräften. So kann z. B. mittels des angebundenen Schwimmens (fully tethered) die wirksame Vortriebskraft recht einfach gemessen werden. Der Schwimmer bewegt sich jedoch nicht im Wasser, so dass die bremsende Wirkung des Wasserwiderstands nicht berücksichtigt wird.

Ein anderes Verfahren der Leistungsdiagnostik stellt der Einsatz so genannter Schwimmbänke oder Armkraftzuggeräte dar: Hierbei können die Kräfte gemessen werden, die ein Schwimmer mit den Armen bei schwimmähnlichen Bewegungen ausübt, bei denen auf dem Bauch liegend von kranial nach kaudal gezogen wird. Die zusätzliche Bestimmung der Bewegungsgeschwindigkeit ermöglicht die Berechnung der muskulär erzeugten Leistung, was beim angebundenen Schwimmen nicht möglich ist. Damit sind z. B. Aussagen über das Ausdauerverhalten möglich. Allerdings berücksichtigen Schwimmbänke nur die von den Armen des Sportlers erbrachte mechanische Leistung, sowohl der Einfluss der sportlichen Technik als auch der im Wasser von den Beinen erzeugte Anteil am Vortrieb bleibt unberücksichtigt.

Weiterhin ist es fraglich, ob die Kraft-Geschwindigkeits-Zeit-Kurven dieser Bänke die hydrodynamischen Gegebenheiten beim realen Schwimmen nachbilden: Abb. 1 zeigt neben einem typischen Kraft- und Geschwindigkeitsverlauf bei einem Kraul Armzug, wie er auf einer Schwimmbank gemessen wurde, den berechneten Geschwindigkeitsverlauf, der bei der gemessenen Kraftkurve auf Grund der quadratischen Beziehung[1] zwischen Vortriebskraft und Geschwindigkeit auftreten müsste.

---

[1] Sowohl bei einer Erzeugung des Vortriebs durch Wasserwiderstand als auch durch das Bernoulli-Prinzip oder Tragflügelprinzip ist die Vortriebskraft proportional zum Quadrat der Geschwindigkeit (vgl. Gerthsen, et al., 1982; Reischle, 1988*)*.

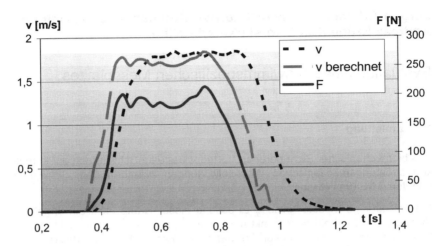

Abb. 1: Typischer Kraft- und Geschwindigkeitsverlauf bei einem Kraul Armzug, gemessen auf einer Schwimmbank der Firma Fahnemann (Modell BIOBANK). Der gemessene Verlauf der Geschwindigkeit v(t) und der Kraft F(t) spiegeln nicht die Realität im Schwimmen wider, da hier von einer quadratischen Beziehung zwischen Kraft und Geschwindigkeit auszugehen ist. Die berechnete Geschwindigkeitskurve (v berechnet) stellt für diese quadratische Beziehung den zur gemessenen Kraftkurve F(t) passenden Geschwindigkeitsverlauf dar.

Die Problematik der Nachbildung des Wasserwiderstandes durch Schwimmbänke äußert sich auch in Untersuchungen mittels Oberflächenelektromyografie: So fanden Olbrecht und Clarys (1983) sowie Hermsdorf (2001, 53-55) auf der Schwimmbank im Vergleich zum realen Schwimmen für die meisten untersuchten Muskeln deutlich veränderte EMG-Muster.

Ziel dieser Arbeit war es deshalb, zu untersuchen, inwieweit trotz der genannten Defizite Zusammenhänge zwischen der Wettkampfleistung im Schwimmen und der bei Tests erbrachten Leistung auf einer kommerziell verfügbaren Schwimmbank (Modell BIOBANK Firma Fahnemann) bestehen.

2 Methode

Retrospektiv wurden Wettkampfleistungen und kurz vor den Wettkämpfen erfasste Testleistungen auf der Schwimmbank (Modell BIOBANK Firma Fahnemann) von vier Kaderathletinnen (eine A-Kader und drei C-Kader) aus einem Zeitraum von zwei Jahren verglichen. Hierbei wurden nur diejenigen Wettkämpfe und Testleistungen auf der Schwimmbank berücksichtigt, die einen ungefähr konstanten zeitlichen Abstand von drei bis vier Tagen (die Testleistung vor der Wettkampfleistung) voneinander hatten.

Evaluation eines schwimmspezifischen Messplatzes

Die Tests auf der Schwimmbank hatten jeweils zwei Minuten gedauert, wobei die Armzüge ähnlich wie beim Delphin mit beiden Armen synchron ausgeführt worden waren. Der Widerstand der Schwimmbank war auf Stufe 5 eingestellt worden (nach Herstellerangaben konstanter isokinetischer Widerstand über die gesamte Zuglänge), da diese Stufe vom Gefühl der Schwimmerinnen her am besten dem Widerstand des Wassers beim realen Schwimmen entsprochen hatte. Bezüglich der Zugfrequenz waren keine Vorgaben gemacht worden. Es waren die Kräfte und Zuggeschwindigkeiten messtechnisch erfasst (A/D-Wandler von National Instruments, Software LabView, 40 Hz Abtastfrequenz) und daraus die mittlere mechanische Leistung über die zwei Minuten berechnet worden.

Zu diesen Testleistungen auf der Schwimmbank standen Wettkampfzeiten über 200 m Freistil, Delphin oder Lagen zur Verfügung, so dass die zeitliche Dauer des Tests grob mit der Wettkampfzeit korrespondierte.

Für jede Sportlerin wurde der Korrelationskoeffizient zwischen ihren Wettkampfergebnissen (Wettkampfzeiten) und ihren Testleistungen (mittlere mechanisch erbrachte Leistungen) berechnet.

Tab. 1: Korrelationskoeffizienten zwischen Wettkampf- und vorangegangenen Testleistungen auf der Schwimmbank der vier Athletinnen

Athletin	Kader	Stilart	Variablenpaare Test/Wettkampf	Korrelationskoeff. r (Pearson)	Signifikanz
A01	C	Freistil	4	-0,807	9,7% (n.s.)
A02	C	Freistil	5	-0,981	0,2% (s.)
A03	C	Delphin	6	-0,625	9,2% (n.s.)
A04	A	Lagen	12	-0,610	1,8% (s.)

3 Ergebnisse

In Tabelle 1 sind die Korrelationskoeffizienten für die vier Schwimmerinnen aufgelistet.

Die Abb. 2 zeigt die zeitlichen Verläufe der Wettkampf- und Testleistung einer Schwimmerin. Man kann in dieser Abbildung erkennen, dass der Verlauf der Wettkampfleistung dem Verlauf der Testleistung einigermaßen folgt, was sich in dem Korrelationskoeffizienten von -0,61 ausdrückt.

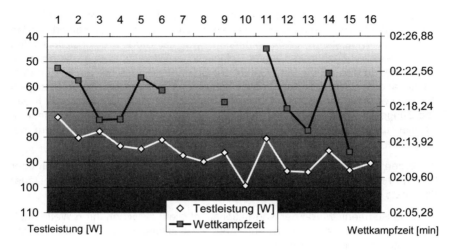

Abb. 2: Wettkampfzeiten und Testleistungen der Athletin 04 über einen Zeitraum von etwa 16 Monaten. Die Wettkämpfe wurden über 200 m Lagen bestritten.

4 Diskussion

Eine Interpretation der Korrelationskoeffizienten für die einzelnen Schwimmerinnen ist problematisch, da die Zahl der Variablenpaare Test/Wettkampf für die Schwimmerinnen A01, A02 und A03 jeweils sehr niedrig ist. So ist zwar der Zusammenhang zwischen Testleistung und Wettkampfzeit für die Schwimmerin A02 hoch signifikant, dies bedeutet aber nur, dass die mathematische Beziehung zwischen Testleistung und Wettkampfzeit signifikant von Null verschieden ist, es drückt nichts über die Höhe der Wahrscheinlichkeit aus, mit der berechnete Wert von -0,981 tatsächlich gilt (vgl. Bortz, 1999, 207). Bereits ein weiteres Variablenpaar mit entsprechenden Werten könnte den Korrelationskoeffizienten drastisch verändern.

Für Schwimmerin A04 ist die Zahl der Variablenpaare mit 12 zwar höher, aber immer noch in einem Bereich, in dem jedes weitere Variablenpaar einen bedeutenden Einfluss auf den Korrelationskoeffizienten haben kann: Lässt man immer jeweils eines der 12 Variablenpaare weg und berechnet 12-mal den Korrelationskoeffizienten aus den verbleibenden 11 Variablenpaaren, so liegen diese 12 Korrelationskoeffizienten im Bereich von -0,50 bis -0,74.

Damit macht es nur Sinn, Tab. 1 von der Gesamtheit der Ergebnisse für alle Schwimmerinnen zu betrachten, also bzgl. der Tatsache, dass für alle untersuchten Schwimmerinnen ein negativer Korrelationskoeffizient bestimmt wurde.

Um zu verifizieren, dass zumindest das negative Vorzeichen der Korrelationskoeffizienten als stabil betrachtet werden kann, wurde auch für die Schwimmerinnen A01, A02 und A03 der Einfluss einzelner Variablenpaare auf den individuellen Korrelationskoeffizienten in Analogie zu Schwimmerin A04 untersucht: Es wurde immer eines der Variablenpaare weggelassen und dann der Korrelationskoeffizient für die verbleibenden Variablenpaare berechnet. Alle diese Korrelationskoeffizienten waren negativ und lagen zwischen -0,56 und -0,99. Somit dürfte davon auszugehen sein, dass auf einem entsprechenden Leistungsniveau intraindividuell ein Zusammenhang zwischen der mittleren mechanisch erbrachten Testleistung und der Wettkampfzeit gegeben ist.

Dies bedeutet, dass der Einsatz von Schwimmbänken als Messplatz in der Leistungsdiagnostik vor allem dann sinnvoll ist, wenn die mittlere mechanisch erbrachte Leistung im intraindividuellen Längsschnitt betrachtet wird.

Zur Diagnose von Einzelzügen, im Sinne einer Interpretation von Kraft- und Geschwindigkeitsverläufen, dürfte zumindest der für die Untersuchung verwendete Schwimmbanktyp jedoch wegen der in der Einleitung genannten Gründe ungeeignet sein. Auf der Basis der Ergebnisse von Hermsdorf (2001) dürfte diese Aussage auch auf aufwendiger konstruierte Schwimmbänke übertragbar sein: Obwohl die Schwimmbank, die Hermsdorf (2001) verwendete, unterschiedliche Einstellungen des Bremswiderstandes innerhalb eines Zuges ermöglichte, ergaben sich, wie oben bereits erwähnt, für die meisten untersuchten Muskeln deutliche Unterschiede im Muster der Elektromyogramme im Vergleich zum realen Schwimmen. Damit kann angenommen werden, dass auch unter Verwendung aufwendiger konstruierter Schwimmbänke schlussendlich nur die Betrachtung der mittleren individuell mechanisch erbrachten Leistung sinnvoll ist.

Literatur

Bortz, J. (1999). Statistik für Sozialwissenschaftler. 5. Auflage. Berlin: Springer-Verlag.

Gerthsen, Ch., Kneser, H. O. & Vogel, H. (1982). Physik. 14. Auflage. Berlin: Springer-Verlag.

Hermsdorf, M. (2001). Vergleichende Untersuchung zu Muskelaktivitäten während des Freistilschwimmens im Strömungskanal und im Freiwasser sowie beim Krafttraining auf der Armkraftzugbank (AKZ). Diplomarbeit. Humboldt-Universität Berlin.

Olbrecht, J. & Clarys, J. P. (1983). EMG of Specific Strength Training Exercises for the Front Crawl. In: Hollander, A. P. & Huijing, P. A. (editors), Biomechanics and Medicine in Swimming (p. 136-141). Champaign, Illinois: Human Kinetics.

Reischle, K. (1988). Biomechanik des Schwimmens. Bockenem: Sport Fahnemann.

Alfred Effenberg/Heinz Mechling

Perspektiven der direkten bewegungsbezogenen Vermittlung komplexer Bewegungsdaten

1 Einleitung

Am Messplatz gewonnene Bewegungsdaten bilden die Grundlage biomechanischer Analytik, deren Auswertung ermöglicht präzise Erkenntnisse über verschiedene Merkmale einer Bewegungstechnik – z. B. über individuelle Technikspezifika oder interindividuelle Unterschiede (Daugs, 2000). Gegenüber der direkten Bewegungsbeobachtung kann mit der messsystemgestützten Bewegungsanalyse in bestimmten Bereichen die Subtilität, Vielfalt und Validität der Merkmalserfassung erhöht werden. Dies gilt z. B. für die Erfassung von Kraftmerkmalen: Kräfte sind oftmals interindividuell direkt nicht wahrnehmbar, jedoch können bestimmte Kraftparameter mit einem geeigneten technischen System (z. B. Kistler-Kraftmessplattform) präzise gemessen werden. Insofern können mit technischen Messsystemen u. a. Bewegungsmerkmale erfasst werden, die direkt sinnlich nicht wahrzunehmen sind. Die Messtechnologie ermöglicht somit eine Erweiterung der informatorischen Bezugsbasis und eine objektivierende Erfassung von Bewegungsmerkmalen. Mit der Vermittlung solcher diskreten Bewegungsdaten werden beim Athleten primär Komponenten des deklarativen Gedächtnissystems angesprochen (Squire, 1987, 1992) d. h. es wird ihm bewusstseinsfähiges Wissen vermittelt, über das das Bewegungsverhalten beeinflusst werden soll.

2 Bewegungsbezogene Information: In welcher Art und wofür?

Indirekte Formen der Vermittlung bewegungsbezogener Information (z. B. Bewegungsbeschreibungen) zielen also primär auf Modifikationen im deklarativen Gedächtnissystem. Für den Athleten sind allerdings neben diesen Formen einer wissensorientierten Vermittlung bewegungsdiagnostischer Ergebnisse auch Formen der direkten Beobachtung der – medial aufbereiteten – Bewegungen von besonderer Bedeutung. Die direkte Bewegungsbeobachtung bildet i. d. R. die Grundlage für die Entwicklung einer Bewegungsvorstellung bzw. für die dahinter stehenden internen Modelle und Repräsentationen. Formen der direkten – bzw. medial vermittelten – Bewegungsbeobachtung zielen hingegen primär auf Modifikationen im unbewussten nondeklarativen Gedächtnissystem.

Bereits in den 1970-er Jahren konnte in einer Reihe von Untersuchungen gezeigt werden, dass bei der Beobachtung menschlicher Bewegungen in bestimmten visuellen Zentren komplexe Bewegungsinformationen praktisch ohne Bewusstseinseinflüsse verarbeitet werden (Johansson, 1973, 1977). Auf Basis der Beobachtung komplexer Gelenkpunktverläufe, die mit der sog. „point-light-technique" dargestellt wurden, konnten nicht nur Lokomotionsbewegungen erkannt werden, zudem ließen sich verschiedene Ausführungen eines Bewegungsmusters unterscheiden oder auch der Gang männlicher zu dem weiblicher Personen (Kozlowski & Cutting, 1977). Wenn dies allein auch noch nicht überrascht, so ist doch bemerkenswert, in welch kurzer Zeit die Leuchtpunkt-Muster identifiziert werden konnten: In Zeiträumen von ca. 200 bis 400 msec gelang den meisten Probanden die Identifikation. Von den Autoren wurde dies als ein Indiz für die Unabhängigkeit der entsprechenden Prozesse von bewussten kognitiven Leistungen gewertet. Auch aktuellere Untersuchungsergebnisse bestätigen derartige, auf menschliche Bewegungsformen („biological motion") spezialisierte Wahrnehmungsmechanismen (Thornton et al., 1998).

Doch ist der Gesichtssinn nicht der einzige Sinneskanal, über den bewegungsbezogene Informationen zu vermitteln sind. Auch über das Gehör werden akustische Bewegungsinformationen wahrgenommen und für die motorische Steuerung genutzt. Das gilt auf der einen Seite für bewegungsbegleitende Geräusche, deren Wahrnehmung sich z. B. beim Tennis als leistungsrelevant herausgestellt hat (Takeuchi, 1993). Das gilt auf der anderen Seite jedoch auch für bestimmte Formen der zusätzlichen akustischen Ansteuerung der Motorik, welche in der Sportwissenschaft mit einer Vielzahl von akustischen Informationskonzepten bereits realisiert worden ist (Überblick in Effenberg, 1996).

Mit akustischen Bewegungsinformationen lässt sich die spezifische Wahrnehmungscharakteristik des Gehörs bei der Vermittlung bewegungsbezogener Information nutzen: So ist das Gehör im Vergleich zum Auge stets offen, d. h. Schallereignisse, die im Hörbereich des menschlichen Gehörs liegen, werden grundsätzlich – weitgehend unabhängig von Prozessen der Aufmerksamkeitslenkung – wahrgenommen. Zudem ist die zeitliche Differenzierungsfähigkeit des Gehörs der des Auges deutlich überlegen und die Verarbeitung auditiver Wahrnehmungen erfolgt schneller. Über die Gestaltung modalitätsspezifischer Information hinausgehend können jedoch auch über eine Kopplung visueller und auditiver Information zusätzlich multisensorische Konvergenzeffekte gezielt angeregt werden. Derartige multisensorische Wahrnehmungskonvergenzen korrelierten bei der Wahrnehmung von Sprache mit genaueren Identifikationsleistungen (Calvert et al., 1998) und einfache diskrete, mehrmodal präsente Ereignisse werden – zumindest von Katzen und Affen – zuverlässiger detektiert (Stein & Meredith, 1993; Stein et al., 2000).

Um am Messplatz gewonnene Bewegungsdaten für die sinnesspezifischen Wahrnehmungsmechanismen entsprechend aufzubereiten, stehen verschiedene Verfahren zur Verfügung. So lassen sich z. B. Videoaufnahmen oder Bewegungsanimationen mit zusätzlichen graphischen Orientierungshilfen kombinieren (Blischke et al., 1993) oder es können Merkmalskurven in das Videobild gemischt werden, um z. B. die Stärke bestimmter Kraftparameter der jeweiligen Bewegungsphase exakt zugeordnet darzustellen. Allerdings sind solche in Form von Verlaufsgraphen vermittelten Informationen wiederum primär im Zusammenhang mit deklarativen Gedächtniskomponenten wirksam. Um jedoch auch nicht direkt beobachtbare Bewegungsmerkmale, wie z. B. Kraftparameter, in ihrem Verlauf ergänzend direkt wahrnehmbar machen zu können, wurde die Bewegungs-Sonification entwickelt (Effenberg, 1996). Messdaten bilden bei der Sonification das Ausgangsmaterial für eine systematische Modulation von elektronischen Klängen. Visuelle Bewegungssequenzen können durch Bewegungs-Sonificationen ergänzt werden. Da jedoch bisher audiovisuelle Wahrnehmungseffekte lediglich in sportfremden Zusammenhängen (z. B. bei der Sprachwahrnehmung) empirisch belegt wurden, muss zunächst einmal empirisch überprüft werden, ob tatsächlich mit komplexen audiovisuellen Darstellungen von großmotorischen Bewegungen vergleichbare Effekte in sportnahen Wahrnehmungs-Nachvollzugssituationen zu erzielen sind. Um eine empirische Überprüfung zu realisieren, wurde eine neue Untersuchungsmethode entwickelt.

3 Methode

In einer Untersuchungsreihe, die hier lediglich in Kürze skizziert werden kann (ausführlich ist diese in Effenberg (i. D.) beschrieben), wurden verschiedene Stichproben zum Beurteilen und zum Nachvollzug unterschiedlich hoher Strecksprünge, die in Form von Video- bzw. Audioprojektionen präsentiert wurden, aufgefordert. Die Strecksprungsequenzen wurden videoseitig in einer Form realisiert, die in Anlehnung an die „point-light-technique" Johanssons entwickelt wurde (Johansson, 1987), allerdings mit vollständiger Persondarstellung. In den Videosequenzen waren die über spezifische Bildbezüge (feste Bildbegrenzungen etc.) zusätzlich möglichen Orientierungen auf ein Minimum reduziert. Der Betrachter musste sich auf die relationalen kinematischen Strukturen der Gesamtbewegung beziehen. Mit dieser Methode wurde eine Reduktion menschlicher Bewegung auf einzelne Leuchtpunktverläufe vermieden, so dass auch zusätzlich Bezüge, etwa auf Querschnittsveränderungen einzelner Körpersegmente als Folge von Muskelkontraktion etc. von den Probanden realisiert werden konnten. Die Methode ist detailliert bei (Effenberg et al., 2001) beschrieben.

Mit dem empirischen Ansatz sollten zwei Aspekte untersucht werden: Bei der ersten Untersuchung stand die Frage im Mittelpunkt, ob die Wahrnehmung komplexer menschlicher Sportbewegungen genauer unter visuellen, auditiven oder unter audiovisuellen Bedingung gelingt. Dazu wurden den Probanden Strecksprünge unterschiedlicher Höhe in den verschiedenen Informationsmodalitäten präsentiert. Jeweils zwei aufeinander folgende Sprünge mussten hinsichtlich der zwischen diesen bestehenden Höhendifferenz eingeschätzt werden. Die unter den verschiedenen Bedingungen erreichten Genauigkeiten wurden miteinander verglichen.

Vermittlung komplexer Bewegungsdaten

Nach dieser Untersuchung der Wahrnehmungsgenauigkeit wurde eine zweite Untersuchung durchgeführt, bei der die Nachvollzugsgenauigkeit unter unterschiedlichen Bedingungen verglichen wurde. In dieser Untersuchung wurden jeweils Einzelsprünge beobachtet und unmittelbar von den Probanden nachgesprungen. Allerdings konnte die Nachvollzugsgenauigkeit lediglich unter visueller und unter audiovisueller Bedingung erfasst werden: Die auditive Bedingung war in dieser Untersuchung aus Umfangsgründen nicht ergänzend zu realisieren: In einer Voruntersuchung wurde beobachtet, dass zusätzliche Sprünge zu Ermüdungseffekten bei den Probanden führten. Bei dieser Untersuchung wurde die Höhe der einzelnen Sprünge der Probanden gemessen. Die Abbildung zeigt die Untersuchungsmethode bzw. die Situation während der Durchführung der Sprunghöhen-Nachvollzugs-Untersuchung.

Abb. 1: Der Proband steht auf einer Kraftmessplatte und beobachtet einen Hockstrecksprung, der vor ihm an die Wand projiziert wird. Unmittelbar nach Landung des Videospringers versucht er, die beobachtete Sprunghöhe exakt nachzuspringen.

4 Ergebnisse

Während sich bei der Beurteilungsgenauigkeit zwischen der visuellen und der auditiven Bedingung lediglich ein geringer, statistisch nicht bedeutsamer Unterschied zeigte, erhöhte sich die Beurteilungsgenauigkeit unter der audiovisuellen Bedingung signifikant (vgl. Effenberg i. D.). Auch bei der Nachvollzugsgenauigkeit reduzierte sich der absolute Fehler unter dem audiovisuellen Treatment im Vergleich zum visuellen statistisch bedeutsam. Da alle Probanden eingangs der Untersuchung auf ausreichendes Sprungvermögen hin untersucht worden waren und Personen mit Einschränkungen des Seh- wie Hörvermögens nicht teilnehmen konnten, können die beobachteten Unterschiede zwischen den jeweiligen Fehlerwerten eindeutig auf die Wahrnehmung der Sprunghöhe auf der Grundlage der jeweiligen Video- bzw. Video-/Audiosequenz zurückgeführt werden.

5 Diskussion

Die Ergebnisse belegen einen Einfluss der verschiedenen Informationsmodalitäten auf die Wahrnehmungsgenauigkeit und auch die Nachvollzugsgenauigkeit unterschiedlich hoher Hockstrecksprünge. Hinweise zu einer Überforderung der Wahrnehmung durch die gleichzeitige Vermittlung visueller und auditiver Information wurden nicht offenkundig. In beiden Untersuchungen zeigten sich im Gegenteil deutliche unterstützende Effekte der zusätzlichen Bewegungsakustik. Auch wenn die akustische Bewegungsinformation von vielen Probanden subjektiv als unangenehm oder störend empfunden wurde, trug sie belegbar zur Präzisierung sowohl der Beurteilung als auch des unmittelbaren Nachvollzug einer großmotorischen Ganzkörperbewegung bei.

Literatur

Blischke, K., Schumacher, B., & Daugs, R. (1993). Untersuchung zum Einfluss graphischer Orientierungshilfen auf die Fehleridentifikationsleistung von Experten und Novizen bei videographisch präsentierten sportmotorischen Bewegungsabläufen. In R. Daugs & K. Blischke (Eds.), Aufmerksamkeit und Automatisierung in der Sportmotorik (pp. 260-271). Sankt Augustin: Academia.

Calvert, G. A., Brammer, M. J., & Iversen, S. D. (1998). Crossmodal Identification. Trends in Cognitive Sciences, 2 (7), 247-253.

Daugs, R. (2000). Evaluation sportmotorischen Meßplatztrainings im Spitzensport. Köln: Strauß.

Effenberg, A. O. (1996). Sonification - Ein akustisches Informationskonzept zur menschlichen Bewegung. Schorndorf: Hofmann.

Effenberg, A. O. (i. D.). Synergien der Sinne für die Bewegungsregulation. Effekte multisensorischer Konvergenzen bei der Wahrnehmung, Beurteilung und Ausführung von Sportbewegungen. Habilitationsschrift Universität Bonn.

Effenberg, A. O., Mechling, H. & Spahr, M. (2001). Videobasierte Nachahmungsexperimente und externe Validität. ITES (electronic journal) (1), 1-14.

Johansson, G. (1973). Visual perception of biological motion and a model for ist analysis. Perception and Psychophysics (14), 201-211.

Johansson, G. (1977). Studies on visual perception of locomotion. Perception (6), 365-376.

Johansson, G. (1987). Visuelle Bewegungswahrnehmung. In: Wahrnehmung und visuelles System. Spektrum der Wissenschaft, 168-177.

Kozlowski, L. T. & Cutting, J. E. (1977). Recognizing the sex of a walker from a dynamic point-light display. Perception and Psychophysics (21), 575-580.

Squire, L. (1987). Memory and Brain. New York.

Squire, L. (1992). Memory and the hippocampus - a synthesis from findings with rats, monkeys and humans. Psychological Review (99), 195-231.

Stein, B. E. & Meredith, M. A. (1993). The Merging of the Senses. Cambridge.

Stein, B. E., Wallace, M. T., Stanford, T. R. & Mchaffie, J. G. (2000). Integration information from different senses in the superior colliculus. In J. J. Bolhuis (Ed.), Brain Perception Memory: Advances in Cognitive Neuroscience (pp. 17-34). Oxford.

Takeuchi, T. (1993). Auditory Information In Playing Tennis. Perceptual and Motor Skills (76), 1324-1328.

Thornton, I. M., Pinto, J. & Shiffrar, M. (1998). The Visual Perception of Human Locomotion. In J. Decety (Ed.), Perception and Action. Recent Advances in Cognitive Neuropsychology (pp. 535-552). Hove/East Sussex: Psychology Press.

Mario Heller/Jürgen Edelmann-Nusser/Markus Gruber/Kerstin Witte/
Albert Gollhofer/Bärbel Schack

Mobiler Messplatz Bogenschießen: Bewegungstrajektorien und Elektromyogramme im Bogenschießen

1 Einleitung

Eine zielstrebige und kontinuierliche trainingswissenschaftliche und trainingspraktische Leistungsdiagnostik zur Begleitung und Unterstützung des Trainings im Spitzensport ist für die Entwicklung und den Erhalt der sportlichen Leistungsfähigkeit von zunehmender Bedeutung. Qualitative und quantitative Analysen der durch das sportliche Training ausgelösten Anpassungsmechanismen bilden die Grundlage zur Bestimmung objektiver leistungsrelevanter Kriterien für die Beurteilung der Leistungsfähigkeit. Sportartspezifische Messplätze bieten die Möglichkeit, im Rahmen der Trainingsdiagnostik solche Parameter zu identifizieren und zu dokumentieren, um auf der Theorieebene trainingswissenschaftliche Modellbildungen zu gestalten und auf der Praxisebene durch technologische Handlungsanweisungen trainingsintervenierend im engeren Sinne zu wirken.

In diesem Beitrag wird ein mobiler Messplatz für die Sportart Bogenschießen vorgestellt. Der Bewegungsablauf eines Schusses mit einem Recurve-Bogen (Abb. 1) lässt sich von Außen betrachtet folgendermaßen beschreiben: Der Schütze[1] spannt den Bogen, fixiert in der Schussauslage, zielt, zieht den Pfeil über den Klicker[2] und schießt.

Der mobile Bogen-Messplatz bietet die Möglichkeit, mit Hilfe eines modifizierten NOP-TEL-Systems (Edelmann-Nusser, Gruber & Gollhofer, 2002) die Bewegungstrajektorie des Bogens synchron mit Oberflächen-Elektromyogrammen zu erfassen. Die Bewegungstrajektorie des Bogens ist die Bewegung des Zielpunktes des Bogens auf der Zielscheibe vor dem Auslösen des Schusses. Die Oberflächen-Elektromyographie stellt ein gängiges Verfahren zur Erfassung koordi-

---

[1] Zur Vereinfachung bezieht sich die Bezeichnung Schütze gleichermaßen auf beide Geschlechter.

[2] Der Klicker ist ein am Mittelteil des Bogens angebrachtes ca. 5 cm langes und 0,5 cm breites Metallplättchen aus Federstahl, das folgende Funktion hat: Wenn der Schütze den Bogen spannt, ist der Pfeil zwischen Bogenmittelteil und Klicker geklemmt, so dass der Klicker den Pfeil seitlich gegen das Mittelteil drückt. Der Schütze spannt den Bogen soweit, dass der Klicker die Pfeilspitze berührt, dann zielt er. Bevor der Schütze den Pfeil abschießt, zieht er den Pfeil noch ein kleines Stück zurück, so dass der Klicker über die Pfeilspitze rutscht und beim Berühren des Bogenmittelteils ein klickerndes Geräusch verursacht (vgl. Edelmann-Nusser & Gollhofer, 1999) (siehe Abb. 1).

nativer Aspekte bei sportlichen Bewegungen dar. Des Weiteren werden über das Signal eines Beschleunigungsaufnehmers die Zeitpunkte Klicker, Lösen der Hand von der Sehne sowie Lösen des Pfeils von der Sehne erfasst.

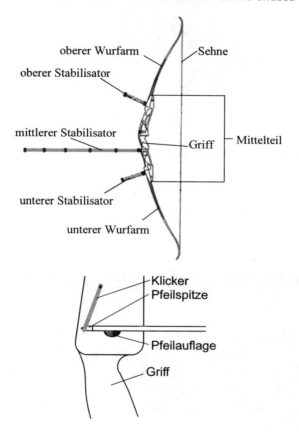

Abb. 1: Oben: Recurve-Bogen mit Stabilisatoren; Unten: Klicker mit Pfeilauflage

2 Mobiler Messplatz Bogenschießen

Das System NOPTEL®, welches ursprünglich im Pistolen- und Gewehrschießen zur Anwendung kommt, wurde so modifiziert, dass es auch im Bogenschiessen anwendbar ist: es besteht aus einer im Infrarotbereich Licht emittierenden und empfangenden Einheit (Abb. 2) und wird an Stelle des unteren Stabilisators montiert (Abb. 3).

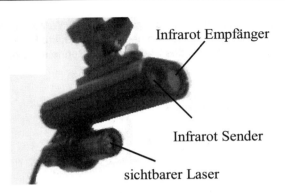

Abb. 2: Modifiziertes NOPTEL® System: An dem Infrarot-Sender/Empfänger-Modul wurde ein sichtbarer Laser angebracht, um den Projektionspunkt des Systems bestimmen zu können. Der Sender strahlt einen Lichtkegel im Infrarotbereich ab, das zurückgeworfene infrarote Licht wird durch den Empfänger aufgenommen (vgl. Abb. 4). Hieraus kann die Bewegung des Systems in zwei Dimensionen berechnet werden. Das System ist 10 cm lang, 10 cm hoch und 4 cm breit. Das Gewicht beträgt 195 g (vgl. Edelmann-Nusser, Gruber & Gollhofer, 2002).

Abb. 3: Am Bogenmittelteil befestigtes modifiziertes Noptel®-System. Die Synchronisation der Messgrößen erfolgt über das Signal eines Beschleunigungsaufnehmers. Erfasst werden die Zeitpunkte Klicker, Lösen der Hand von der Sehne sowie Lösen des Pfeils von der Sehne (vgl. Edelmann-Nusser et al., 2002).

Mobiler Messplatz Bogenschießen

Die Richtung, in die dieser zeigt, stimmt jedoch im Allgemeinen nicht mit der Richtung überein, in die der Pfeil abgeschossen wird. Zur Bestimmung der Richtung, in die das NOPTEL®-System zeigt, wurde deshalb ein sichtbarer Laser an dem System angebracht. Dieser wird nach der Montage des Systems am Bogen eines Schützen für drei bis vier Schüsse eingeschaltet, wodurch der Projektionspunkt des optischen Systems bestimmt wird. Hierauf werden die Reflektoren symmetrisch um den Projektionspunkt gruppiert, so dass der Projektionspunkt näherungsweise dem optischen Schwerpunkt der Reflektoren entspricht (Abb. 4). Der Positionierungsfehler kann dann nach weiteren Schüssen auf Basis des Vergleichs der realen Trefferergebnisse mit den vom System NOPTEL® berechneten Trefferergebnissen softwareseitig kompensiert werden.

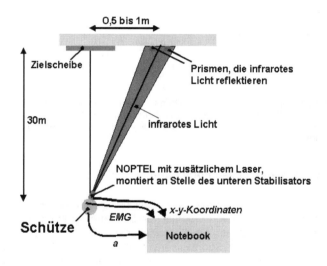

Abb. 4: Schematische Darstellung des NOPTEL®-Systems mit zusätzlichem Laser. Auf der Basis des reflektierten infraroten Lichts kann die Bewegung des Zielpunktes des Bogens in zwei Dimensionen bestimmt werden (vgl. Edelmann-Nusser et al., 2002).

Synchron zur Bewegungstrajektorie des Bogens können mit Hilfe einer mobilen EMG-Anlage der Firma Biovision Oberflächen-Elektromyogramme bewegungsrelevanter und damit leistungsrelevanter Muskeln aufgezeichnet werden. Die bipolare Ableitung mit integriertem Vorverstärker erfolgt bei einer Abtastfrequenz von 1000 Hz und 16 möglichen Eingangskanälen. Zur Umwandlung der Signale dient ein A/D-Wandler der Firma National Instruments® mit DAQ Card 700. Abbildung 5 zeigt die Eingangsgrößen des Messsystems.

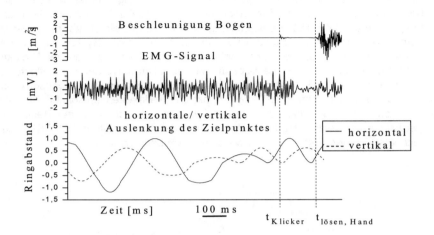

Abb. 5: Eingangsgrößen des Messsystems. Oben: Signal des Beschleunigungsaufnehmers (Kistler) am Bogen; Mitte: Roh-EMG des m. trapezius pars transversa; Unten: horizontale/vertikale Auslenkung der Bewegungstrajektorie des Zielpunktes.

3 Einsatz in der aktuellen Forschung

Im Rahmen des Forschungsprojekts „Sportliche Leistungsfähigkeit und zeitabhängige Frequenzanalysen von Oberflächen-Elektromyogrammen" (VF 0407/05/10/2002) des Bundesinstituts für Sportwissenschaft werden in einer Zusammenarbeit des Instituts für Sportwissenschaft der Universität Magdeburg mit dem OSP Berlin, dem OSP Stuttgart, der Universität Stuttgart und der Universität Freiburg derzeit Schützen der Deutschen Nationalmannschaft untersucht. In einem zweijährigen Längsschnitt werden hierfür von jedem Schützen dreimal jährlich wettkampfnah jeweils 36 Schüsse (6 Serien á 6 Schuss) auf 30 m Distanz aufgezeichnet und aus der Bewegungstrajektorie des Bogens die so genannten Haltefenster innerhalb der letzten Sekunde vor dem Abschuss bestimmt: Das Haltefenster beschreibt die Abweichungen vom Zentrum der Zielscheibe in horizontaler und vertikaler Richtung und wird über die Standardabweichung berechnet. Als Berechnungseinheit dient der Abstand zwischen den Ringen der Zielscheibe. Das Oberflächen-Elektromyogramm des m. trapezius pars transversa wird aufgenommen und mit dem Verfahren der Zeitvarianten Spektralanalyse ausgewertet, einem an der Universität Jena entwickelten neuen dynamischen Verfahren zur Auswertung nichtstationärer biologischer Signale (Schack, 1996). Das Ziel dieser Untersuchung ist es, Elektromyogramme des Schützen sowie die Bewegungstrajektorie des Bogens während des Zielvorganges bis zum Lösen des Pfeils von der Sehne bei Schützen auf hohem Leistungsniveau unter inter- bzw. intraindividuellen Gesichtspunkten zu analysieren.

Literatur

Edelmann-Nusser, J. & Gollhofer, A. (1999). Prozessbegleitende Trainingsforschung im Bogenschießen. In A. Hohmann, E. Wichmann & K. Carl (Hrsg.), Feldforschung in der Trainingswissenschaft (S. 148-166). Köln.

Edelmann-Nusser, J., Gruber, M. & Gollhofer, A. (2002). Measurement of on-target-trajectories in Olympic Archery. In: S. Ujihashi & S.J. Haake (ed.). The engineering of Sport 4, Oxford: Blackwell Science, pp. 487-493.

Schack, B. (1996). Adaptive Verfahren zur Spektralanalyse instationärer mehrdimensionaler biologischer Signale. Habilitationsschrift, Technische Hochschule Ilmenau.

Olaf Hoos/Kuno Hottenrott

Messplatz zur Analyse der Bewegungstechniken im Inline-Speed-Skating

1 Einleitung und Problemstellung

Die qualitative Technikanalyse wird im Leistungssport durch die Verwendung biomechanischer Messmethoden sinnvoll ergänzt bzw. objektiviert. Das Inline-Speed-Skating steht in der biomechanisch gestützten Technikanalyse noch am Anfang (vgl. Babiel et al., 2000). Deshalb ist diese Disziplin bezüglich einer biomechanischen Bewegungsanalyse unter natürlichen Feldbedingungen mit vielfältigen Problemen behaftet. Ähnliche Bewegungsgeschwindigkeiten und eine vergleichbare räumliche Schrittgestaltung der Athleten wie im Eisschnelllauf erschweren eine dreidimensionale Analyse über mehrere konsekutive Bewegungszyklen im Feld (vgl. De Boer et al., 1987). Zusätzlich lässt sich aus der Analyse der Wettkampfstruktur von Hottenrott (1999) ableiten, dass die disziplinspezifischen Massenrennen ähnlich denen des Radsports keine biomechanischen Technikanalysen einzelner Sportler im Wettkampf zulassen. Diese Probleme sprechen für die Entwicklung eines Ergometriemessplatzes zur Bewegungsanalyse im Inline-Speed-Skating, der allerdings bis dato mit konventionellen Laufbändern aufgrund der unzureichenden Maße für das Inline-Skaten nicht realisierbar war.

Ziel dieser Studie ist es, einen neuen Messplatz für die Bewegungsanalyse im Inline-Speed-Skating vorzustellen und exemplarisch anhand eines Fallbeispieles aufzuzeigen, wie mit Hilfe dieses Messplatzes leistungsrelevante kinematische Merkmale zu zwei Bewegungstechniken im Inline-Speed-Skating gewonnen werden können, die eine Erleichterung der Technikansteuerung ermöglichen.

2 Methode

Ein mehrfacher Welt- und Europameister im Inline-Speed-Skating (25 Jahre, 1,82 m, 75 kg) führte einen Technik-Vergleichstest an einem speziellen Ergometriemessplatz am IAT in Leipzig durch. Der Ergometriemessplatz umfasst ein mehrfach gewebtes Gurtband-Laufband mit 3,0 m Breite und 5,0 m Länge, welches über eine elektronische Steuerung eine stufenlose Regulierung der Bandgeschwindigkeit (0 - 12 m/s) und des Bandneigungswinkel (±12°) zulässt. Neben dem Gurtband-Laufband wurden zwei Videokameras und das Bewegungsanalysesystem SIMI Motion zur Erfassung der 3D-Kinematik, zwei NOVEL-Pedar Druckmesssohlen zur bipedalen Analyse der Druck- und Kraftverteilung im Skate sowie ein Spirometriesystem (OXYCON Pro) zur Atemgasanalyse verwendet (Abb. 1).

Messplatz im Inline-Speed-Skating

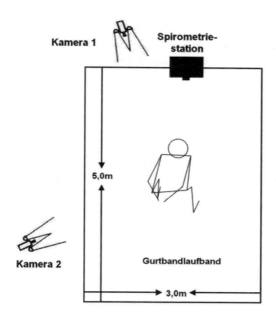

Abb. 1: Messplatz zum Inline-Speed-Skating mit Spirometriestation und zwei Kameras zur Erfassung kinemetrischer Messgrößen

Der Versuchsablauf beinhaltete am ersten Tag eine ausführliche Laufbandgewöhnung und einen Vortest, in dem die Bandgeschwindigkeit und -neigung für die biomechanische Technikanalyse nach dem Stufentestprinzip festgelegt wurden. Die biomechanische Technikanalyse erfolgte am zweiten Tag bei einer Bandgeschwindigkeit von 10,5 m/s und einer Bandneigung von 0,5°, die eine Belastung im aeroben Bereich (Blutlaktat < 2,5 mmol/l) garantierte. Der Proband skatete die vorgegebene Bandgeschwindigkeit mit zwei unterschiedlichen Bewegungstechniken (Klassische Technik (KT), Double-Push Technik (DP)) für jeweils 3 min. Dabei wurden simultan die Kinematik (2 Kameras, 25 Hz) und die Druck- und Kraftverteilung im Skate (bipedal, 50 Hz) sowie die Sauerstoffaufnahme bestimmt.

Als kinematische Messgrößen wurden die Gelenkwinkel und Winkelgeschwindigkeiten in Hüft-, Knie- und Sprunggelenk sowie Weg und Geschwindigkeit des Körperschwerpunkts ermittelt (Hanavan-Modell). Zusätzlich erfolgte die Berechnung der mechanischen Leistung in Hüft-, Knie- und Sprunggelenk anhand des bereits im Eisschnelllauf bewährten invers-dynamischen Modells von De Koning et al. (1991). Dazu lieferten anthropometrische Daten in Kombination mit Literaturdaten von Clauser et al. (1969) die notwendigen Körpersegmentparameter, während anhand des rigiden Segment-Modells von Elftman (1939) die Nettomomente in den Gelenken kalkuliert wurden. Die mechanische Leistung im jeweiligen Gelenk wurde als Produkt aus Nettomoment und Winkelgeschwindigkeit, die mechanische Gesamtleistung als Summe der mechanischen Gelenkleistungen bestimmt.

Als dynamische Kenngrößen dienten ferner die im Skate gemessene, vertikal zur Messsohle wirkende Gesamtkraft, sowie deren lokale Verteilung.

3 Ergebnisse und Diskussion

Die Double-Push-Technik (DP) unterscheidet sich bereits qualitativ von der klassischen Technik (KT) durch eine forcierte Einwärtsbewegung des Stützbeines und eine erhöhte Schräglage des Athleten während des Vorwärtsgleitens. Abb. 2 a/b veranschaulicht Gemeinsamkeiten und Differenzen im Bewegungsablauf anhand eines Vergleichs beider Techniken mittels einer Strichdarstellung bei einem zeitlichen Abstand der Einzelbilder von 120 ms. Dabei wird insbesondere der oben aufgeführte Unterschied bei der Einwärtsbewegung des Stützbeines deutlich (vgl. insb. Abb. 2 a, Bild 3 mit Abb. 2 b, Bild 4).

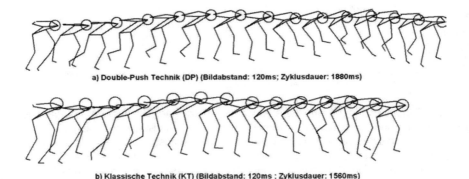

Abb. 2: Vergleich der Bewegungssequenzen von (b) klassischer Technik (KT) und (a) Double-Push Technik (DP) im Inline-Speed-Skating bei gleicher Bandgeschwindigkeit von 10,5 m/s

Der qualitative Unterschied beider Techniken zeigt sich auch quantitativ in den dynamischen und kinematischen Messgrößen. Der Athlet erzeugt beim DP in der Gleitphase mit dem Stützbein wesentlich höhere und zeitlich länger wirkende Gesamtkräfte als bei KT bei gleichzeitig verlängerter Stützzeit, was aus den in Abb. 3 gezeigten Kraft-Zeit-Kurven deutlich hervorgeht.

Die forcierte Einwärtsbewegung im ersten Teil der Stützphase ist begleitet von einer größeren Amplitude (+53 %) und Dynamik der Hüftextension (+96 %). Dies hat zur Folge, dass bei gleicher Geschwindigkeit bei DP im Vergleich zu

KT eine nachweislich größere Schrittlänge (+21 %) bei gleichzeitig reduzierter Schrittfrequenz (-17 %) zu verzeichnen ist (vgl. Abb. 2 a/b und Abb. 3).

Das 3D-Modell liefert zusätzlich nachweisbare Differenzen bezüglich des Körperschwerpunktweges und der -bahngeschwindigkeit zwischen beiden Techniken. Bei DP im Vergleich zu KT ist eine wesentlich größere KSP-Geschwindigkeit (+114 %) und KSP-Verlagerung (+99 %) zu verzeichnen. Dies gilt insbesondere in seitlicher Richtung, also vertikal zur Bandrotationsrichtung. Das invers-dynamische Modell deutet darauf hin, dass bei DP im Vergleich zu KT bei gleicher Bandgeschwindigkeit die durchschnittliche zyklusinterne mechanische Gesamtarbeit um 10 % zunimmt. Dies resultiert vor allem aus der erhöhten mechanischen Leistung während der Einwärtsbewegung des Stützbeines im ersten Teil der Stützphase (+73 %) bei reduzierter mechanischer Gesamtleistung während des konventionellen Abstoßes im zweiten Teil der Stützphase (-22 %) beim Vergleich von DP zu KT. Mechanisch gesehen leistet das Hüftgelenk bei DP den überwiegenden Teil der zusätzlichen Arbeit, während vom Knie- und Sprunggelenk bei beiden Techniken ein nahezu unverändertes Leistungsoutput resultiert. Die Zunahme der durchschnittlichen mechanischen Gesamtleistung bei gleicher Bandgeschwindigkeit ist von einem 2 % höheren Energieverbrauch begleitet.

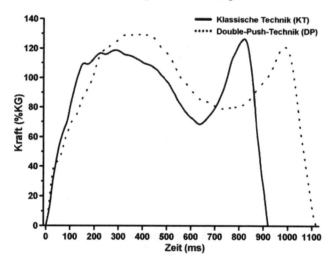

Abb. 3: Kraft-Zeit-Diagramm der klassischen Technik (KT) und Double-Push-Technik (DP) im Inline-Speed-Skating bei gleicher Bandgeschwindigkeit von 10,5 m/s

Die Ergebnisse deuten an, dass die Double-Push-Technik auch bei technisch ausgezeichneter Ausführung sowohl metabolisch als auch mechanisch gesehen einen zusätzlichen Energiebedarf bei gleicher Geschwindigkeit mit sich bringt. Dies plausibilisiert die vor der Untersuchung von Trainer und Athlet formulierte Präferenz des Athleten für die klassische Technik bei kontinuierlicher Langzeit ausdauerbelastung. Mögliche, von Trainer- und Athletenseite vermutete Vorteile des Double-Push bei Beschleunigungen im hohen Geschwindigkeitsbereich und bei Kurzzeitausdauerbelastungen müssen in weiterführenden Untersuchungen geklärt werden.

Zusammenfassend lässt sich sagen, dass der vorgestellte Messplatz zur Analyse der Bewegungstechnik im Inline-Speed-Skating es ermöglicht, unter Beachtung einer adäquaten Bandgewöhnungsphase, einer angepassten Bandneigung und unter Berücksichtigung des Athleten- und Trainer-Feedbacks, eine objektive Überprüfung von Erfahrungen und Einschätzungen von Trainern und Athleten zur Bewegungstechnik im Inline-Speed-Skating vorzunehmen. Darüber hinaus können Ergänzungsinformationen gewonnen werden, die Athlet und Trainer zusätzliche Ansteuerungsgrößen für die Technikansteuerung liefern.

Perspektiven eines solchen Messplatzes für das Inline-Speed-Skating sind aufgrund der konstanten Untersuchungsbedingungen insbesondere in der ganzjährigen disziplinspezifischen Standardleistungsdiagnostik, einer Evaluierung des Einflusses von Materialveränderungen (z. B. Klappskate) auf Bewegungstechnik und -ökonomie sowie den Einfluss der Bandneigung auf Parameter der Bewegungsstruktur und -technik zu sehen.

Literatur

Babiel, C., Fritsch, C. & Neumaier, A. (2000). Messschuh zur Erfassung von Weg-, Geschwindigkeits- und Kraftmerkmalen. In K. Nicol & K. Peikenkamp (Hrsg.), Apparative Biomechanik – Methoden und Anwendungen, Schriften der dvs, 115, (S. 91-94). Hamburg: Czwalina.

Clauser, C. E., McConville, T.J. & Young, J.W. (1969). Weight, volume and center of mass of segments of the human body. Wright-Patterson Air Force Base, Ohio: AMRL-TR-69-70.

De Boer, R. W., Vos, E., Hutter, W., Groot, G. & van Ingen Schenau, G.J. (1987). Physiological and biomechanical comparison of roller skating and speed skating on ice. Eur. J. Appl. Physiol., 56, 562-569.

De Koning, J. J., de Groot, G. & van Ingen Schenau, G.J. (1991). Coordination of leg muscles during Speed Skating. J. Biom. 24, (2), 137-146.

Elftman, H. (1939). Forces and energy changes in the leg during walking. Am. J. Physiol. 25, 339-356.

Hottenrott, K. (1999). Leistungs- und Trainingsstruktur im Speedskating. In F. Hänsel, K. Pfeifer & A. Woll (Hrsg.), Lifetime-Sport Inline-Skating (S. 78-86). Schorndorf: Verlag Hofmann.

Marcelloni, P. (1997). La doppia spinta. Riccione: Italian Federation for Hockey and Speed Skating.

Klaus Knoll/Klaus Wagner

Messplätze und Messplatzentwicklung am IAT

1 Einleitung

Im vorliegenden Bericht soll eine Übersicht zum aktuellen Stand des Messplatzeinsatzes am IAT und zu wesentlichen Schwerpunkten der Weiterentwicklung von Messplätzen gegeben werden. Die nachfolgenden Darstellungen repräsentieren dabei eine vorwiegend technologische Sicht auf diese Thematik, d. h. wir beschäftigen uns nach Daugs (2000) nur mit dem ersten Teilsystem von Messplatztrainingssystemen.

2 Einordnung der Messplätze des IAT in das MIS-Konzept

2.1 Zur Evolution der Begriffe „Mess- und Informationssystem (MIS)" und „Messplatz"

Sowohl „Messplatz" als auch „Mess- und Informationssystem" sind bisher und sicher auch in Zukunft nicht streng definierte Begriffe. Vielmehr unterliegen beide einer stetigen Evolution und sind außerdem auch nicht klar voneinander getrennt. Das ist keine Besonderheit, denn vor allem im englischen Sprachraum, aber auch in der deutschen Sprache, verändert sich die Bedeutung einmal geprägter Begriffe häufig im Verlauf der Zeit. Bereits vor mehreren Jahren wurde von uns diesbezüglich dargestellt, dass der Begriff „Messplatz" inzwischen seiner eigentlichen Bedeutung nicht mehr gerecht, aber trotzdem weiterhin benutzt wird (Wagner, 1995).

Auch der von Heilfort (1986) geprägte Begriff „Mess- und Informationssystem" hat sich inzwischen in seiner Bedeutung weiterentwickelt. Mit dieser Wortschöpfung sollten ursprünglich folgende zwei Weiterentwicklungen der Messplatztechnologie charakterisiert werden:

- Zusammenführung der bisher getrennt genutzten Technologien Rechentechnik (Personalcomputer), Messtechnik und Videotechnik in einem System. Damit war das ursprüngliche MIS eigentlich einer der ersten Vertreter der sich ab den 90er-Jahren rasant entwickelnden Multimediasysteme, auch wenn dieser Begriff damals noch nicht benutzt wurde.
- Entwicklung einer für die verschiedenen Einsatzfälle modifizierbaren Systemlösung für Messplätze.

Die Entwicklung der letzten Jahre ist vor allem durch Folgendes gekennzeichnet:
- Mess- und Informationssysteme werden zunehmend dezentral eingesetzt.
- Die Vielfalt der Datengewinnung wird immer größer. Das „klassische" Messen von ursächlich durch den Sportler erzeugten, physikalischen Größen auf der Basis metrischer Mess-Skalen ist also nur noch eine Möglichkeit unter vielen und wird insbesondere im Leistungssport zunehmend von der Nutzung visueller Informationen verdrängt.
- Die heute verfügbare Informationstechnik (IT) ermöglicht die Datenerfassung und wissenschaftliche Weiterverarbeitung dieser Daten problemlos auf demselben PC.

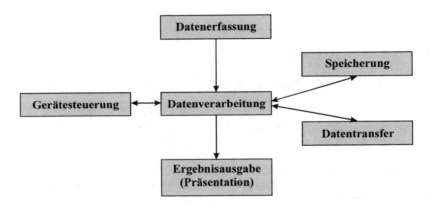

Abb. 1:   Informatische Grundstruktur eines MIS

Damit wird der Aspekt des Informationssystems, d. h. eines komplexen Systems zur Akkumulation, Verarbeitung, Darstellung, Speicherung und Vermittlung von Informationen, zum dominanten Anwendungsaspekt des eingesetzten technisch-technologischen Systems realisiert. Aus dem von Heilfort definierten MIS, das nach heutigem Verständnis ein multimedialer Messplatz mit neuartigen Möglichkeiten des Messplatztrainings war, hat sich damit in vielen Fällen über mehrere Entwicklungsstufen ein sportartspezifisches Informationssystem entwickelt, das sich aus technologischer Sicht nicht wesentlich von einem „messplatzlosen" Informationssystem unterscheidet. Wie aus der in Abb. 1 dargestellten informatischen Grundstruktur eines MIS (Wagner & Krug, 1998) deutlich wird, besteht der wesentliche Unterschied in der Forderung nach Kommunikation mit den für das MIS typischen Geräten (*Gerätesteuerung*). Das können sowohl Trainings- oder Diagnosegeräte als auch die Messtechnik an originalen Wettkampfgeräten oder Videotechnik sein.

Deshalb wird der Begriff „MIS" am IAT inzwischen in einer wesentlich erweiterten Bedeutung benutzt. Unter dem Begriff MIS werden alle leistungssportspezifischen Informationssysteme zusammengefasst, d. h. das „und" im Begriff MIS ist kein logisches „und", sondern verdeutlicht die Zusammenfassung von Messsystemen, Informationssystemen und natürlich auch der Mess- und Informationssysteme im ursprünglichen Sinn.

2.2 Das MIS-Konzept des IAT

Für die sportartspezifisch ausgerichtete Trainingsprozessforschung sind Mess- und Informationssysteme als technisch-technologische Grundlage für die gesamte Wirkungskette der Trainingssteuerung von stetig wachsender Bedeutung. Vor allem für

- ein computergestütztes Training, insbesondere für
  - ★ das Techniktraining, aber auch
  - ★ die Trainingsplanung und -analyse,
- (komplexe) Leistungsdiagnosen und
- Wettkampfanalysen

sind MIS schon viele Jahre unverzichtbar.

Aus trainingswissenschaftlicher Sicht vereinen die MIS die Anforderungen an eine computergestützte Vorbereitung, unmittelbare Durchführung und Auswertung des Trainings sowie die Diagnose der Trainingswirkungen. Sie sind deshalb eine wesentliche Komponente der Informationstechnik des IAT und umfassen etwa 40 % des IT-Gesamtbestandes.

Aus technologischer Sicht werden die MIS gegenwärtig in folgende Klassen eingeteilt:

- **Messplätze**
  basieren auf einem Trainings- oder Diagnosegerät mit integrierter Messtechnik sowie der erforderlichen Messwerterfassungs-, Video-, Rechen- und Kommunikationstechnik. Auf Grund der unterschiedlichen technologischen Anforderungen werden am IAT die Messplätze noch in die folgenden zwei Varianten unterschieden:

  - ★ **Permanente Messplätze**
    bestehen aus einer festen Konfiguration der o. g. technischen Komponenten.
    Beispiele: Laufband, Strömungskanal, Kanu-Ergometer

  - ★ **Temporäre Messplätze**
    basieren auf einem Trainings- oder Diagnosegerät mit integrierter Mess-

technik, dem bei Bedarf die erforderliche weitere Technik temporär zugeordnet wird.
Beispiele: Turngerät-Dynamometer

- **Bildverarbeitungs-Systeme**
  basieren auf der Erfassung und Verarbeitung von visuellen Informationen.
  Beispiele: Wettkampfanalysesysteme Schwimmen und Skisprung, DiVARIS

- **(Komplexe) Informationssysteme**
  basieren auf einer klassischen Datenerfassung oder erhalten ihre Daten aus anderen Systemen, entsprechen hinsichtlich ihrer trainingswissenschaftlichen bzw. trainingspraktischen Zielstellung aber einem MIS.
  Beispiele: Datenbanksystem Schwimmen, MIS „Pädiatrische Sportmedizin"

Komplette, auch autonom nutzbare Messsysteme aus dem Bereich der Medizintechnik (Spiroergometrie, EMG, Ultraschall, ...) wurden bisher nicht in das MIS-Konzept integriert, da sie meist abgeschlossene Systeme sind, die nur wie vom Hersteller vorgegeben genutzt werden können.

3 Übersicht über die Messplätze des IAT

3.1 Aktueller Stand des Messplatzeinsatzes

Die Messplätze des IAT, die für die Lösung der Forschungsaufgaben zur Verfügung stehen, sind in Tabelle 1 zusammengestellt. Nach der in Abschnitt 2.2 aus technologischer Sicht vorgenommenen Klassifizierung handelt es sich in fast allen Fällen um permanente Messplätze.

Die Messplätze wurden in den letzten Jahren fast ausschließlich für Leistungs- bzw. Technikdiagnosen in Training und Wettkampf verwendet. Nur in wenigen Fällen erfolgte ein Einsatz für die Sofortinformation im Training. Dabei sind von den aufgelisteten 24 verschiedenen Messplätzen nach Aussagen ihrer Betreiber immerhin 20 für das Feedback-Training geeignet. Dieses Missverhältnis soll zukünftig im Zusammenhang mit der angestrebten stärkeren Hinwendung zum Trainingsprozess verändert werden.

In einigen Fällen setzt die effektive Anwendung im Training allerdings eine Modernisierung des Messplatzes voraus. Das betrifft vor allem die anschauliche Darstellung von Ergebnissen (Parametern) und den, bezogen auf den Versuch-Pause-Rhythmus, relativ schnellen Vergleich unterschiedlicher Versuche oder von aktuellem Versuch und sporttechnischem Leitbild. Häufig fehlt aber auch noch die trainingsmethodische Konzeption des Messplatztrainings.

3.2 Tabellarische Übersicht über die Messplätze des IAT

Tab. 1 Zusammenstellung der IAT-Messplätze

lfd. Nr.	Bezeichnung	Anz	Sportarten	Beschreibung	MPT	Hauptparameter
1	Laufband	2	Lauf/Gehen, Triathlon, beliebige weitere Sportarten	standardisierte komplexe Ausdauerdiagnosen	ja	Laufleistung, Atemgasparameter, Herzfrequenz, Kraft-Zeit-Verläufe im Stütz
2	kippbares Laufband	1	Skilanglauf	Skirollertest (klassische u. freie Technik), Wettkampfsimulation	ja	Laufleistung, Atemgasparameter, Herzfrequenz
3	Kanu-Ergometer	1	Kanurennsport, Kanuslalom	Konfiguration aus fixiertem Kanu und mit Seilzuggerät verbundenem Kraftmess-Paddel, Leistungsdiagnosen, Wettkampfsimulation	ja	Fahrzeit, Geschwindigkeit, Schlagfrequenz, Paddelzugkraft, Atemgasparameter, Herzfrequenz
4	Trettechnik Rad	1	Triathlon, Radsport Bahn und Straße	Radergometer mit Kraftmesspedale zur Objektivierung der Trettechnik im Tretzyklus	ja	Leistung, Tretfrequenz, Kurbel- und Pedalwinkel, Pedalkraft, Kraftwirkungsgrad
5	Pendelmessplatz	1	Eisschnelllauf (OSP Berlin)	Erfassung der Schnellkraftfähigkeit der unteren Extremitäten mit Kraftmessplattform	nein	Kontaktzeit, Pendelwinkel, Kraftverlauf, Leistung
6	Quasistatischer Messplatz	1	Eisschnelllauf (OSP Berlin)	Erfassung von Maximalkraftfähigkeit, Reaktion und statischer Kraftausdauer mit Kraftmessplatte	nein	Maximalkraft, Kraft-Zeit-Verlauf, Reaktionszeit, statische Kraftausdauer
7	Linearergometer	1	Eisschnelllauf	Erfassung der Kraftausdauerfähigkeit	nein	Kraftausdauer für rechtes und linkes Bein, Kraft- und Arbeitsverlauf

lfd. Nr.	Bezeichnung	Anz	Sportarten	Beschreibung	MPT	Hauptparameter
8	MIS Start/ Wende	1	Schwimmen	Darstellung von Start u. Wende (Absprung von Kraftmessplattform)	ja	Kinematische Parameter aus Video-Teilzeit-Analyse u. 2-D-BMV
9	Schwimmkanal	1	Schwimmen, Triathlon	Darstellung der zyklischen Bewegung (qualitative Bildanalyse)	ja	Schwimmgeschwindigkeit, Zyklusparameter
10	Seilzugergometer	2	Schwimmen, Triathlon, Skilanglauf, Kanu	Kraftdiagnose und Quantifizierung der Bewegungsausführung (Dynamometrie, Speedometrie, 3-D-BMV), leistungsphysiologische Parameter	ja	Ergometerleistung, innerzyklische Leistung, Bewegungsfrequenz, Zugweg und -dauer, Atemgasparameter, Laktat
11	Power Rack	1	Schwimmen	Bestimmung der Antriebsleistung gegen einen äußeren Widerstand	ja	Zeit, Zyklusfrequenz
12	MIS Wurf/ Stoß	1	Kugelstoß, Diskuswurf, Speerwurf	Darstellung der Sporttechnik beim Kugelstoß, Diskuswurf und Speerwurf mit 3-D-Videoaufzeichnung und 3-D-Bodenkraftmessung	ja	Bodenreaktionskräfte und kinematische Parameter aus 3-D-Bildmessverfahren
13	Krafttestgerät Beinstrecker	1	Kugelstoß, Diskuswurf, Speerwurf, Mehrkampf LA, Dreisprung, Skisprung	Ermittlung der Kraftfähigkeit der Beinstrecker von auf einem Schlitten sitzenden Probanden. Ein- und beidbeiniger Abstoß gegen Gewichts- und Massenkraft	ja	Druckkraft (rechts u. links) in ihrem Zeit- und Wegverlauf, Kniewinkel, Schlittengeschwindigkeit, Leistung

Messplätze und Messplatzentwicklung am IAT

lfd. Nr.	Bezeichnung	Anz	Sportarten	Beschreibung	MPT	Hauptparameter
14	Messplatz Testschanze Oberwiesenthal	1	Skisprung	Biomechanische Analyse des Absprungs von einer 12 m langen eindimensionalen dynamometrischen Plattformkette auf dem Schanzentisch	ja	Kraft-Zeit-Verlauf, mittlere Kraft, vertikale Abfluggeschwindigkeit, Beschleunigungsweg, Absprunggenauigkeit
15	MIS Kunstspringen	1	Wasserspringen	Bestimmung der Absprungtechnik vom Brett mit Beschleunigungsmessung und Videoaufzeichnung	ja	Beschleunigungs-Zeit-Verlauf, Sprunghöhe, Drehgeschwindigkeit
16	MIS Turmspringen	1	Wasserspringen	Bestimmung der Sporttechnik beim Absprung oder Abdruck von der 3-D-Kraftmessplatte in die Weichgrube mit Videoaufzeichnung	ja	Kraft-Zeit-Verlauf, Sprunghöhe, Drehgeschwindigkeit
17	MIS Reck	2	Gerätturnen Männer	Darstellung der Sporttechnik von vorbereitenden und Flugelementen mit Videoaufzeichnung und Kraftmessung	ja	Kraftmaxima und deren Zeitabstand und Raumlage, Drehimpuls, Flughöhe
18	MIS Ringe	1	Gerätturnen Männer	Darstellung der Sporttechnik von Riesenumschwüngen und Abgängen mit Videoaufzeichnung u. Kraftmessung	ja	Kraftmaximum, Kraft-Zeit-Kurve, Drehimpuls, Flughöhe
19	MIS Stufenbarren	2	Gerätturnen Frauen	Darstellung der Sporttechnik von vorbereitenden und Flugelementen mit Videoaufzeichnung und Kraftmessung	ja	Kraftmaxima und deren Zeitabstand und Raumlage, Drehimpuls, Flughöhe

lfd. Nr.	Bezeichnung	Anz	Sportarten	Beschreibung	MPT	Hauptparameter
20	MIS Sprungtisch	1	Gerätturnen Männer und Frauen	Darstellung der Sporttechnik von Sprüngen mit Videoaufzeichnung und Kraftmessung	ja	Kraftmaximum, Anlaufgeschwindigkeit, Flughöhe, Drehimpuls
21	MIS Rollsimulator Ringen	1	Ringen (Freistil/klassisch) Männer und Frauen	Darstellung technikgebundener Kraftverläufe im Ringen	ja	Drehmoment, Leistung in Nm
22	Handkurbel-Ergometer Ringen	1	Ringen (Freistil/klassisch) Männer und Frauen	Darstellung der Kraftausdauerleistung im Ringen	ja	Leistung, Zeit, Bewegungswiderstände
23	Komplexer Messplatz Boxen	2	Boxen, Kickboxen (Voll- und Halbkontakt)	Messen von Schlagkraft, Endgeschwindigkeit der Schläge, Reaktions- u. Handlungszeit	ja	Schlagkraft, Endgeschwindigkeit, Reaktions- und Handlungszeit
24	Radergometer	2	beliebig	allgemeine Ausdauerdiagnose	nein	Geschwindigkeit, mechan. Leistung

Legende:

Anz.	Anzahl der Messplätze
BMV	Bildmessverfahren
lfd. Nr.	laufende Nummer
MPT	Messplatztraining
OSP Berlin	Eigentümer dieser Messplätze ist der OSP Berlin

Teilweise auch als Messplatz bezeichnete MIS, die im Sinne unserer Definition (s. Kap. 2. 2) Bildverarbeitungssysteme sind, wurden in die obige Tabelle nicht aufgenommen.

4 Ausgewählte Entwicklungsschwerpunke für Messplätze des IAT

4.1 Randbedingungen der Messplatzentwicklung am IAT

Am IAT erfolgt meist keine vollständig eigene Entwicklung von Messplätzen. Das lassen zum Einen die Struktur und Kapazität des Instituts nicht zu und zum Anderen werden aufgrund des technischen Fortschritts bei den Hochtechnologien vielfach geeignete Einzel- und sogar Komplettlösungen oder Apparaturen für konzipierte Messplätze auf dem Markt angeboten. So greift das IAT auf Produkte anderer Einrichtungen zurück oder initiiert dort zum gemeinsamen Nutzen die gewünschten Entwicklungen. In die auf Kooperationsbasis entstehenden

Produkte fließen seitens des IAT messtechnisches und vor allem trainingsmethodisches Know-how aus dem Leistungssportbereich ein.

Derartige Kooperationsbeziehungen bestehen vor allem mit dem im gleichen Trägerverein angesiedelten Institut für Forschung und Entwicklung von Sportgeräten (FES) in Berlin (z. B. Seilzugergometer, Radergometer), aber auch mit Leipziger Firmen wie CCC Campus-Computer-Center GmbH (z. B. Videoinformationssystem DiVARIS) und WIGE DATA GmbH (z. B. Laufbänder in Zusammenarbeit mit der POMA GmbH Porschendorf). Erfolgreich und finanziell günstig war auch die Kooperation mit regionalen Firmen zur Entwicklung von miniaturisierten, auf die vorhandenen Messwertwandler zugeschnittenen Messverstärkern und -filtern oder zur Applikation von Dehnungsmessstreifen und zur Lieferung von Druckkraftsensoren.

Sehr effektiv war auch die Zusammenarbeit mit dem renommierten Turngeräteproduzenten SPIETH Gymnastic GmbH aus Esslingen, der die Entwicklung und der Einsatz der Turngerätdynamometer Reck, Stufenbarren, Sprungpferd und Ringe bei Welt- und Europameisterschaften (erstmalig in der Geschichte des internationalen Turnsports) entspross.

4.2 Übersicht über die aktuellen Entwicklungsschwerpunkte

Entsprechend der Dringlichkeit und Effektivitätserwartung werden gegenwärtig folgende vier Weiterentwicklungen bzw. Rekonstruktionen von Messplätzen realisiert:

4.2.1 Messung der Horizontalkraft unter dem Laufband

Der Gurt des Messplatzes Laufband gleitet über zwei 3D-Kraftmessplattformen, so dass 3D-Stützkraftmessungen möglich sind. Mit der Erfassung der Vertikalkraft und ihrer Interpretation wurde begonnen. Zukünftige Untersuchungen zum Krafteinsatz und zur Ökonomie beim Laufen erfordern die Einbeziehung der in Laufrichtung wirkenden Horizontalkraft.

Die mit den Kraftmessplattformen gemessene horizontale Reaktionskraft enthält die Gleitreibungskraft. Das muss bei der Ermittlung der horizontalen Aktionskraft des Läufers berücksichtigt werden. In Voruntersuchungen ist daher die wirkende Reibkraft zu bestimmen. Zu diesem Zweck wurde ein Versuchsstand gebaut.

4.2.2 Kanu-Ergometer

Beim Kanu-Ergometer sitzt der Sportler in einem fixierten Kanu und betätigt ein mit Dehnungsmessstreifen bestücktes Kraftmesspaddel, das über zwei Seile mit einem Seilzug-Ergometer verbunden ist. Mit dem Seilzugergometer werden die Massenträgheit von Boot und Sportler und der Strömungswiderstand des Bootes simuliert. Das geschieht durch äquivalente Zusatzscheiben (reduzierte Massen), die auf der Ergometerwelle angeflanscht werden, und durch eine Wirbelstrombremse, die über einen Tachogenerator in Verbindung mit im Computer gespeicherten Strömungswiderstandskennlinien angesteuert wird. Relevante Parameter sind Fahrzeit, Geschwindigkeit, Schlagfrequenz und Paddelzugkraft.

An diesem Messplatz muss vor allem die Rückholeinrichtung für die Seile erneuert werden. Sie garantiert kein einwandfreies Funktionieren bei hohen Schlagfrequenzen, die bis zu 180 Schlägen pro Minute anzusetzen sind. In diesem Zusammenhang ist das Konzept der Widerstandserzeugung zu überdenken. Die Computertechnik ist grundsätzlich zu modernisieren, sowohl die Hardware als auch die Software betreffend.

4.2.3 MIS Start/Wende Schwimmen

Der Messplatz MIS Start/Wende dient sporttechnischen Untersuchungen zum Startsprung und zur Wende im Schwimmen. Als Untersuchungsmethoden bzw. -apparaturen sind eine Video-Teilzeit-Messung, ein 2D-Videobildmessverfahren, ein 3D-Startblockdynamometer und eine Kontaktmatte (Kontaktzeit Wende) impliziert.

Dieser Messplatz ist komplett zu rekonstruieren, da er sowohl technisch als auch moralisch verschlissen ist. Mit der neuen Software wird eine neue Qualität der Videobildaufzeichnung und Videobildbearbeitung entstehen, indem im Computer digitale, mit den Messsignalen gekoppelte Videosequenzen produziert und bearbeitet werden.

4.2.4 Messplatz Testschanze Oberwiesenthal

Der Messplatz Testschanze Oberwiesenthal, der sich gegenwärtig nicht in Funktionsbereitschaft befindet, beinhaltet allein das Schanzentisch-Dynamometer. Dieses besteht aus einer eindimensionalen dynamometrischen Plattformkette von 12 m Länge, die sich je zur Hälfte auf den Schanzenradius und den geraden Schanzenteil verteilt. Mit einer speziellen Software wurde eine Reihe von Parametern für die Beurteilung der Absprungtechnik berechnet.

Die beschlossene Wiederinbetriebnahme des Messplatzes bedeutet eine umfassende Rekonstruktion, die weitgehend ein Neuaufbau ist. Beginnend mit der Überarbeitung der alten Verstärkertechnik muss schwerpunktmäßig die Informationstechnik erneuert werden. Von großer Bedeutung bei der neuen Hard- und Software wird wie beim MIS Start/Wende die mit der Messwerterfassung synchronisierte digitale Videoaufzeichnung und Videobildbearbeitung sein. Dieses Vorhaben ist Bestandteil des neuen MIS-2 und steht am Institut als zentrale Aufgabe zur Lösung an.

4.3 Messung der Horizontalkraft unter den IAT-Laufbändern

Der Kraft-Technik-Faktor soll in zukünftige Untersuchungen zum Laufen und Gehen stärker einbezogen werden (Ernst, 2001). Von Kraftmessungen auf dem Laufband sind weitere Erkenntnisse zur Zyklenstruktur erwartbar, beispielsweise zum Schrittlängenabfall bei Ermüdung. Bisher wurden, vor allem wegen fehlender Messmethoden, vornehmlich die vertikalen Kräfte berücksichtigt. Da die in Laufrichtung liegende horizontale Komponente bekanntermaßen ansehnliche Beträge erreicht, ist ihr Einfluss mit zu veranschlagen.

Beim IAT-Laufband wird die von den dynamometrischen Plattformen registrierte Horizontalkraft von der Reibkraft überlagert. Die gesuchte horizontale Komponente F_x der Aktionskraft des Sportlers berechnet sich aus der gemessenen horizontalen Bodenreaktionskraft F_{xM} und der Reibkraft F_R folgendermaßen:

$$F_x = F_{xM} - F_R \tag{1}$$

$$F_R = \mu F_z \tag{2}$$

Von der gemessenen Horizontalkraft ist die Reibkraft zu subtrahieren. Die Reibkraft kann über die gemessene Vertikalkraft berechnet werden, wenn der Reibwert μ bekannt ist. Entgegen dem Gesetz von Coulomb (Reibwert = Reibkraft/Normalkraft) ist der Reibwert von der Gleitgeschwindigkeit und der Flächenpressung als Quotient aus Normalkraft F_N (identisch mit F_z) und gedrückter Fläche (im Wesentlichen durch den Fußballen) abhängig.

Laufbandgeschwindigkeit [m/s]
3.0, 4.5, 6.0, 7.5, 9.0

Normalkraft [N]
206, 402, 598

Raddurchmesser 400 mm

Radbreite 100 mm

Luftdruck 0.1 MPa

Messdauer 2.0 s

Taktfrequenz 1000 Hz

Abb. 2   Versuchsstand und Parameter für die Reibungsversuche auf dem Laufband

Zur Ermittlung des Reibwertes in Abhängigkeit von den genannten Parametern wurde ein Versuchsstand mit einem luftbereiften, auf dem Band laufenden Druckrad geringer Wölbung gebaut (Abb. 2). Die Vorrichtung wird mit Hantelscheiben belastet, um die Flächenpressungen zu erzeugen. Für die Bandgeschwindigkeit wurden fünf und für die Normalkraft drei Stufen gewählt.

Für die Berechnung des Reibwertes µ wurde der Mittelwert $\overline{F}_x$ der gemessenen Horizontalkraft F_x als Repräsentant der Reibkraft F_R zugrunde gelegt:

$$\mu = \overline{F}_x / F_N \tag{3}$$

Der Reibwert nimmt im zugrunde gelegten Parameterbereich Werte von 0.5 bis 1.5 an. Als wesentliche Eigenschaft der vorliegenden Gleitpaarung ergab sich eine deutliche Erhöhung des Reibwertes mit zunehmender Laufbandgeschwindigkeit (Abb. 3). Eine Abhängigkeit des Reibwertes von der Flächenpressung (Normalkraft) ist dagegen nur in einzelnen Bereichen erkennbar.

Die Untersuchungen erbrachten weiter, dass

- nach vorausgegangener Laufbandnutzung (10-km-Lauf) der Reibwert um etwa 0.1 zunimmt,
- im kaum benutzten Randbereich des Laufbandes der Reibwert um 0.2 bis 0.3 geringer ausfällt.

Im Fortgang der Reibungsversuche sind vor allem die Reproduzierbarkeit der Reibwerte sowie ihre Veränderungen nach längerem Laufbandbetrieb, also bei erwärmten Gleitflächen, abzuklären.

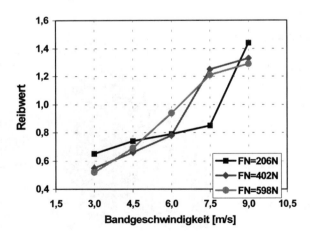

Abb. 3: Reibwertkurven bei verschiedener Bandgeschwindigkeit und Normalkraft

Literatur

Daugs, R. (2000). Evaluation sportmotorischen Messplatztrainings im Spitzensport. Köln: Strauß.

Ernst, O. (2001). Optimierung der Trainingsgestaltung und Trainingssteuerung in den leichtathletischen Lauf- und Gehdisziplinen. Forschungsprojekt 4-2-01. IAT Leipzig.

Heilfort, U. (1986). Beitrag zum effektiven Einsatz von 8-Bit-DDR-Bürocomputertechnik zur Unterstützung der Forschung und Trainingspraxis im DDR-Leistungssport. Leipzig, Habilitation.

Wagner, K. (1995). Anforderungen sportartspezifischer Informationssysteme des IAT an die Sportinformatik. In J. Perl (Hrsg.), Sport und Informatik IV (S. 1-16). Köln: Strauß.

Wagner, K. & Krug, J. (1998). Messplätze und computergestütztes Training – Stand und Entwicklungsanspruch. In J. Mester & J. Perl.(Hrsg.), Informatik im Sport (S. 192-204). Köln: Strauß.

Klaus Mattes/Wolfgang Böhmert

Feineinstellung der sportlichen Technik durch Messplatztraining

1 Einleitung

Bereits seit mehr als 15 Jahren wird Messplatztraining im Rennrudern auf Ergometern, im Ruderbecken und im Rennboot mit jeweils unterschiedlicher Zielstellung eingesetzt. Beim Ergometerrudern werden die Messparameter (Zugkraft und Zugweg) primär zur Belastungssteuerung im Konditionstraining oder während simulierter Wettkampf- oder Stufentests auf einem Computermonitor angezeigt. Im Ruderbecken dagegen werden im Sinne eines Technikergänzungstrainings konkrete Aufgaben zur Bewegungsregulation z. B. zur Reproduktion von Ruderwinkeln, zur Differenzierung des Ruderkrafteinsatzes oder beim „Nachzeichnen" leitbildgerechter Ruderkraft-Zeit-Kennlinien gestellt und deren individuelle Lösung messtechnisch überprüft (Mattes et al., 2001). Die Feineinstellung der Rudertechnik erfolgt jedoch durch biomechanisch gestütztes Feedbacktraining im Rennboot, auf das im Weiteren eingegangen wird.

2 Methode

Das Messplatztraining im Rennboot vollzieht sich auf der Grundlage des neu entwickelten mobilen Mess- und Trainingssystems 2000, das in alle gängigen Bootsgattungen (1x und 8+) eingebaut werden kann. Das Messsystem wurde bereits bei internationalen Ruderregatten u. a. im Deutschland-Achter eingesetzt. Das Messarrangement erfasst die Ruderleistung und -technik unter den typischen Bedingungen, z. B. den verschiedenen Belastungsbereichen des speziellen Trainings, des Ruderrennens oder der jeweiligen Bootsbesatzung und Sitzposition. Gemessen werden als individuelle Größen der Ruderwinkel, die Zugkraft am Ruder, die Stemmbrettkraft, der Rollsitzweg sowie als Mannschaftsgrößen die Bootsbeschleunigung und -geschwindigkeit (ausführlich siehe Böhmert/Mattes, 2002). Für das Techniktraining lassen sich ausgewählte Kennlinien und -werte zeitsynchron mit der Bewegungsausführung über ein Grafikdisplay rückmelden, welches gut sichtbar auf dem Stemmbrett montiert ist (Abb. 1). Die objektiv ergänzenden Rückinformationen sind sowohl nach rudertechnischen Gesichtspunkten (Geometrie der Ruderbewegung, Kraftabgabe am Innenhebel und/oder am Stemmbrett in Durchzug oder Freilauf sowie dem Bootsdurchlauf) als auch nach lerntheoretischen Überlegungen (z. B. Variablen der Feedbackvermehrung, vgl. Daugs et al., 1990) in verschiedenen Anzeigevarianten aufbe-

Feineinstellung sportlicher Technik durch Messplatztraining

reitet. Dem Feedbacktraining geht ein standardisierter Test der Rudertechnik unter verschiedenen Schlagfrequenzen voraus, aus dessen Ergebnissen die Technikschwerpunkte und das Vorgehen im Feedbacktraining festgelegt werden. Das Feedbacktraining wird mit Hochleistungsruderern aller Bootsklassen u. a. in der UWV bis ca. 4 Wochen vor dem Saisonhöhepunkt in Blöcken von 2 bis 4 Trainingseinheiten zur Feineinstellung der Rudertechnik durchgeführt. Die Ansteuerungseffekte werden über Post-Technikdiagnostik mit dem mobilen Messsystem dokumentiert.

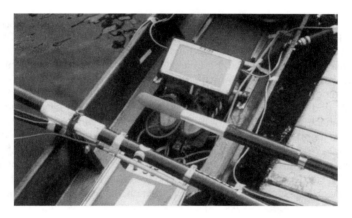

Abb. 1: Grafikdisplay zur synchronen Anzeige rudertechnischer Kennwerte und -linien während des Ruderns im Rennboot gut sichtbar am Stemmbrett montiert

3 Ergebnisse

Beim Messplatztraining im Rennboot mit Hochleistungsruderern werden häufig bereits nach wenigen Trainingseinheiten signifikante Veränderungen bei räumlichen und dynamischen Merkmalen der Rudertechnik, wie Auslagewinkel, Schlagweiten sowie Dollenkraft- und Stemmbrettkraft-Verläufen beobachtet. Diese Technikänderungen werden in der Regel im Prä-Post-Test-Vergleich ohne Feedbackunterstützung verifiziert (Abb. 2). Das Umgestalten des qualitativen Verlaufs rudertechnischer Kennlinien in so kurzer Zeit erstaunt, denn nach tradierten Vorstellungen sind biomechanische Kennlinien bei hochautomatisierten Bewegungen nur schwer zu verändern. Speziell im Rudern werden die Dollenkraft-Kennlinien häufig als so genannte „Handschrift" des Ruderers bezeichnet (Nolte, 1979).

Wie sind diese auf den ersten Blick überraschenden Befunde zu erklären? Eine wichtige Voraussetzung besteht in der inhaltlichen Ausrichtung des Feedbacktrainings auf die individuelle Stabilität der Rudertechnik. Das wird an zwei Beispielen verdeutlicht.

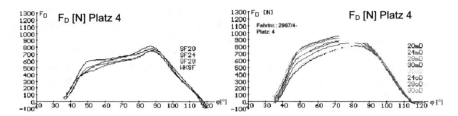

Abb. 2: Dollenkraft-Winkel-Verlauf eines Sportlers vor (links), während sowie nach (rechts) Feedbacktraining; SF=Schlagfrequenz, mD mit und oD ohne Display

Beim Schlagmann einer Messfahrt über 2000 m wies die mittlere Dollenkraftkurve (Mittelwert über 134 Ruderschläge der Streckenphase des 2000-m-Testrennens) einen geringen Kraftanstieg im Vorderzug auf, der sich zudem zwischen 50° und 60° Ruderwinkel deutlich abflacht, bevor ein leicht steilerer Anstieg allmählich zum Kraftmaximum bei ca. 80° Ruderwinkel führt (Abb. 3). Im Bereich zwischen 50 und 60° Ruderwinkel lag das Streuungsmaximum der Dollenkraftkurve (Streuungswerte von ca. 90 N), d. h. dieser Schlagbereich war instabil oder wenig gefestigt. Im Weiteren ist nach konkreten Einzelschlägen zu fragen, die sich hinter den Mittelwert- und Streuungskurven verbergen. Sind hierfür in der Hauptsache „misslungene" Ruderschläge verantwortlich, oder zeigte der Athlet auch Bewegungszyklen mit leitbildgerechtem Kraftverlauf? In der Abb. 2 sind je ein Ruderschlag als „negative und positive Ausprägung" exemplarisch dargestellt. „Positive Ausprägung" steht dabei – alternativ zur „negativen Ausprägung" – für einen Kurvenverlauf, der im Vergleich zur Mittelwertkurve eine Annäherung an das rudertechnische Leitbild kennzeichnet. „Negative Ausprägungen" sind wiederholt auftretende Schlagcharakteristika, die wiederum von Ausreißern – total misslungene Schläge, z. B. einen „Krebs fangen" – zu unterscheiden sind. Die Grafik zeigt, dass:

- der Schlagbereich 50 bis 60° Ruderwinkel instabil ist, was sich möglicherweise unter den Bedingungen des Großbootes – vorgegebene Bewegungsgeschwindigkeit, gegenseitige Mannschaftsbeeinflussung – und der 2000-Meter-Belastung noch verstärkt.

- der Ruderer grundsätzlich in der Lage ist, den Schlagbereich rudertechnisch zweckmäßig zu realisieren und mit der „positiven Ausprägung" die Grundorientierung für das Techniktraining vorgegeben ist.

- mit der „negativen Ausprägung" die Gefahr besteht, einen rudertechnischen Fehler – deutliche „Einsattelung" der Kraftkurve – zu festigen.

Durch das Einbeziehen der rudertechnischen Stabilität werden demzufolge die Kausalanalyse rudertechnischer Fehler komplettiert und wertvolle Hinweise für das Techniktraining generiert.

Feineinstellung sportlicher Technik durch Messplatztraining

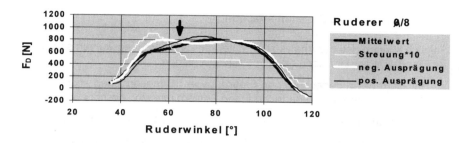

Abb. 3: Mittelwert- und Streuungskennlinien (von 134 Ruderschlägen der Streckenphase eines 2000-m-Testrennens) sowie positive und negative Ausprägung von Einzelschlägen zur Charakterisierung der Stabilität individueller rudertechnischer Besonderheiten

Ein anderes Bild zeichnete der zweite Ruderer der gleichen Messfahrt. Seine Dollenkraftkurve ist durch ein frühes Maximum bei ca. 50° Ruderwinkel mit anschließend ausgeprägtem Kraftabfall charakterisiert (Abb. 4). Der Ruderer beginnt den Durchzug mit einem betonten Oberkörperanriss. Beim Kraftmaximum kann der Hüftwinkel nicht weiter kontinuierlich geöffnet werden, und aufgrund der unzureichenden Kopplung von Bein- und Oberkörpereinsatz fällt die Kraft deutlich ab. Der variable Schlagbeginn führt stabil zum deutlichen Kraftabfall, der sich rudertechnisch hochgradig gefestigt zeigt. Die Durchsicht der Einzelschläge erbrachte keine „positiven Ausprägungen" an die im Techniktraining angeknüpft werden könnte. Die hohe Streuung resultiert aus unterschiedlichen Intensitäten eines grundsätzlich ähnlichen Bewegungsverhaltens und wird nicht durch veränderte Koordination der Teilkörperbewegungen (Bein- und Oberkörpereinsatz) – widergespiegelt in einer anderen Kurvencharakteristik – verursacht. Die Handschrift des Ruderers wiederholt sich in ihrer Verlaufscharakteristik, aber auf stark wechselndem Kraftniveau.

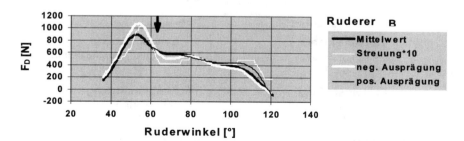

Abb. 4: Mittelwert- und Streuungskennlinien (von 134 Ruderschlägen der Streckenphase eines 2000-m-Testrennens) sowie positive und negative Ausprägung von Einzelschlägen eines Ruderers, die eine hohe Stabilität der individuellen rudertechnischen Handschrift charakterisieren.

4 Diskussion und Zusammenfassung

Folglich können aus der Analyse der Mittelwert- und Streuungskurven sowie unter Einbeziehung der Ausprägung von Einzelschlägen

- der Grad der rudertechnischen Stabilität von Schlagbereichen, individuellen Besonderheiten oder rudertechnischen Fehlern metrisch beschrieben,
- Rückschlüsse auf mögliche Ursachen für Instabilitäten gefunden und
- dadurch konkrete Orientierungen für die Fehlerbeseitigung bzw. die Feineinstellung der Rudertechnik abgeleitet

werden.

Je nach rudertechnischer Stabilität sind für das Techniktraining unterschiedliche Strategien – kurzer und langer Einsatz – zu favorisieren (Abb. 5). Im kurzen Einsatz geht es nicht um ein Umlernen der Rudertechnik oder ein Ausmerzen rudertechnischer Fehler, sondern um ein Feineinstellen innerhalb der Mannschaft. Einen wertvollen Ansatz für das Training der Schlagstruktur beinhalten die Ruderschläge mit „positiver Ausprägung", die zeigen, dass der Athlet grundsätzlich in der Lage ist, eine leitbildangenäherte Bewegungsausführung zu realisieren. Der Effekt liegt im gezielten Verstärken der bereits vorhandenen zweckmäßigen, aber noch nicht gefestigten Bewegungsausführung, wobei das Grafikdisplay die notwendigen Informationen rückkoppelt. Erfahrungen aus dem Feedbacktraining im Mannschaftsboot (UWV 1997 und 1998) belegen z. B., dass im Achter gleichzeitig vier Ruderer – unterstützt durch die grafische Anzeige über vier Displays im Boot – erfolgreich an der Feineinstellung der Rudertechnik arbeiten können, ohne sich gegenseitig zu stören. Zur gleichen Zeit sind die übrigen Mannschaftsmitglieder für das „Stellen" des Bootes verantwortlich.

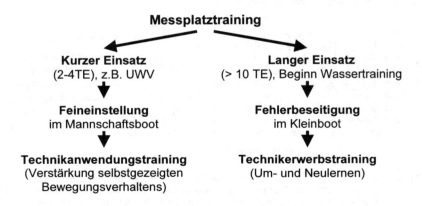

Abb. 5: Konzept der zwei Strategien im Messplatztraining des Rennruderns

Im anderen Fall, wenn keine „positiven Ausprägungen" diagnostiziert werden und die Handschrift des Ruderers sich auf unterschiedlichem Kraftniveau wiederholt, steht das Umlernen der Technik im Vordergrund. Dafür sind längere Zeiträume zu planen. Ein kurzfristiges Verändern der Handschrift des Ruderers, Aufbrechen des Bewegungsautomatismus, Vermitteln und Festigen der veränderten Bewegungsausführung, z. B. während der UWV, verspricht wenig Erfolg. Die Veränderungen stellen sich langfristig ein, sind nur nach gesonderten Techniktrainingseinheiten in Verbindung mit gezieltem Kraft- und Beweglichkeitstraining der bisher in der Bewegungskoordination nur unzureichend zur Wirkung kommenden Teilglieder der biodynamischen Kette zu erwarten.

Literatur

Böhmert, W. & Mattes, K. (2001). Biomechanische Objektivierung der Ruderbewegung im Rennboot. 5. Konstanzer Rudersymposium. Rudern – erfahren, erkunden, erforschen. 30.11. bis 2.12.2001.

Böhmert, W. & Mattes, K. (1995). Biomechanisch gestütztes Feedbacktraining im Rennboot mit dem „Processor Coach System-3" (PCS-3). In J. Krug & H.-J. Minow (Hrsg.): Sportliche Leistung und Techniktraining. 1. Gemeinsames Symposium der dvs-Sektionen Biomechanik, Sportmotorik und Trainingswissenschaft vom 28.-30.9. 1994 in Leipzig. Academia Verlag, Sankt Augustin, 283-286.

Daugs, R., Blischke, K., Marschall, F. & Müller, H. (1990). Videotechnologien für den Spitzensport. 1. Teil: Allgemeine Entwicklung und theoretische Grundlagen. In: Leistungssport 20 (1990) 6, 12-17.

Mattes, K., Krüger, U. & Schmidt, V. (2001). Training der Bewegungsregulation durch biomechanisches Feedback im Ruderbecken. In J. Munzert, S. Künzell, M. Reiser & N. Schott: Bewegung, Bewusstsein, Lernen. Beiträge der dvs-Sektionstagung Sportmotorik vom 25.-27. 1. 2001 in Gießen.

Nolte, V. (1979): Die Handschrift des Ruderers. Institut für Biomechanik, Deutsche Sporthochschule Köln, Messtechnische Briefe 15, 3.

Falk Naundorf/Sascha Lattke/Katja Wenzel/Jürgen Krug

Messplatztraining im Nachwuchsleistungssport Wasserspringen

1 Problemstellung

Erfahrungen im Messplatztraining bestehen vor allem im Hochleistungs- und Anschlussbereich und bei kurzfristigen Trainingsinterventionen (zur Übersicht Daugs, 2000). Zielstellung war dabei überwiegend die Optimierung sportmotorischer Bewegungsabläufe (z. B. Knoll, Krug & Wagner, 1993). Die eigenen Untersuchungen am Messplatz „Saltodrehgerät" im Wasserspringen wurden bisher auch mit dem Ziel der Optimierung bekannter Bewegungsfertigkeiten durchgeführt. Basierend auf den genannten Erfahrungen sollte in einer neuen Studie versucht werden, mittels Messplatztraining bei Nachwuchswasserspringern das Erlernen eines Sprunges zu unterstützen. Dabei wurde angestrebt, eine längerfristige Intervention mit dem Messplatz zu realisieren.

2 Methode

2.1 Der Messplatz „Saltodrehgerät"

Das Saltodrehgerät (vgl. Abb. 1), welches inzwischen an allen Bundesstützpunkten Wasserspringen in Deutschland vorhanden ist, wurde in Leipzig zu einem Messplatz ausgebaut. Mittels Tachogenerator und eines Read-Kontaktes lassen sich die Winkelgeschwindigkeit und die momentane Lage (Körperlagewinkel) des Sportlers während der Saltodrehung rechnergestützt erfassen. Durch eine Videokamera und das Systems DiVAS® wird die Bewegungsausführung aufgezeichnet. Die beiden Computersysteme wurden durch ein Triggersignal synchronisiert. Somit ist es möglich Lagewinkel und Videobilder einander zuzuordnen. Um Fragen der optischen Orientierung während der Bewegungsausführung zu untersuchen, lässt sich eine Diodenlampe, die unter dem Saltodrehgerät steht, randomisiert anschalten (vgl. Naundorf, Krug & Lattke, 2002). Mit dem DiVAS-System und dem synchron vorliegenden Körperlagewinkel war es möglich, dem Sportler zeitnah ein Videobild mit einer eingeblendeten Leitbildpose zu zeigen. Dies wird dem Sportler auf einem zusätzlichen Monitor direkt vor dem Saltodrehgerät zur Verfügung gestellt. Der Sportler kann also während der Feedbackphase im Saltodrehgerät sitzen bleiben und anschließend den nächsten Versuch realisieren. Mit der vorliegenden Konfiguration ist es möglich, lernrelevante Zeitintervalle einzuhalten.

2.2 Probanden und Intervention

Abb. 1:   Sportler im Saltodrehgerät   Abb. 2:   Beispiel für den Feedbackprozess

Mit sieben Wasserspringern (Alter: 9,38 (± 0,25) Jahre) wird die Aufstreckbewegung bei einem 1½ Salto rückwärts gehockt (203c) im Saltodrehgerät erlernt. Die Sportler besaßen keine Vorerfahrungen mit dieser Aufgabe. Im Rahmen des sonstigen Trainings wurde noch nicht an der Erlernung dieses Sprunges gearbeitet. Es wird schwerpunktmäßig die Schlüsselposition der Aufstreckbewegung „Ende Kniestreckung" betrachtet. Neben der Position des Körpers im Raum und dem Hüftwinkel sollten weitere technische Merkmale (Arm- und Kopfhaltung) beim Training im Saltodrehgerät erarbeitet werden. Insgesamt sieben Trainingseinheiten (T2-T5, T7-T9) und drei Testtermine (T1, T6, T10, ohne Rückmeldung/Feedback) mit jeweils acht Ausführungen (56 Trainings- und 18 Testversuche) der Bewegung werden von den Sportlern realisiert. Während die Termine T1 bis T9 in der Regel aller 7 Tage durchgeführt wurden, lag der Testtermin T10 nach einer 3-monatigen Pause. Nach jedem Versuch wurden die Sportler gefragt, ob die Lampe unter dem Drehgerät an- oder ausgeschaltet war und bei Versuchen mit Feedback wurden die Sportler über die richtige Antwort informiert. Als Rückmeldung erhalten die Sportler außerdem nach der Bewegungsausführung ein Standbild vom Zeitpunkt „Ende Kniestreckung" mit eingeblendeter Modelpose (vgl. Abb. 2). Mit diesem Bild ist für die Sportler ein Soll-Ist-Vergleich möglich. Die Rückmeldung wird systematisch reduziert (Fading; 1 x 100 %, 2 x 75 %, nachfolgend immer 50 %). Die Bewegungsausführung wird im Gespräch mit den Sportlern nach einem feststehenden System bewertet (vgl. Tabelle 1).

In einer späteren Auswertung wird die Körperhaltung zum Zeitpunkt „Ende Kniestreckung" gemessen. Dabei werden der Hüftwinkel (HW, Winkel zwischen Schulter, Hüftgelenk und Knöchel) und der Raumbeinwinkel (RBW, Winkel zwischen der Vertikalen und der Linie Knöchel-Hüftgelenk) mit einem in das System DIVAS® integrierten Messmodul bestimmt. Der RBW ist mit dem Merkmal

Streckzeitpunkt identisch. Die ermittelten Winkel werden mit denen der Soll-Vorgabe verglichen und Fehlermaße errechnet. Als Leistungsmaße werden Häufigkeiten der richtigen Ausführung und der die absoluten Fehlerwerte (AE) des HW und des RBW herangezogen.

Tab. 1: Feedback im Sportlergespräch mit Kategoriensystem

Merkmal	Anzahl der Kategorien	Merkmalsausprägung
Erkennen der Lampe	2	richtig, falsch
Streckzeitpunkt	3	zu früh, richtig, zu spät
Hüftwinkel	3	zu klein, richtig, zu groß
Kopfhaltung	2	richtig, falsch
Armhaltung	2	richtig, falsch

Für statistische Analysen wurde die Software SPSS 11.0 mit dem Chi-Quadrat-Test zur Prüfung von Gleichverteilungen und dem Friedman-Test angewendet.

3 Ergebnisse

3.1 Optische Orientierung

Bei der optischen Orientierung, dem richtigen Erkennen der Lampe, zeigten die Sportler zum Zeitpunkt T1 keinen Unterschied zur Ratewahrscheinlichkeit von 50 % (χ^2 = 0,000; p = 1.000). Auch nach vier Trainingseinheiten konnte zum Termin 6 noch kein Unterschied zur Ratewahrscheinlichkeit gezeigt werden (χ^2 = 0,286; p = .593). Erst nach weiteren drei Trainingsterminen, aber auch einer längeren Pause konnten die Sportler die Lampe besser erkennen. Die Erkennensleistung unterscheidet sich zu T10 von der Ratewahrscheinlichkeit (χ^2 = 8,643; p = .003). Es gelingt den Sportlern, die Lampe zu 69,6 % richtig zu erkennen.

3.2 Bewegungsausführung

In einem ersten Auswerteschritt wird die Häufigkeit der richtigen Ausführungen der Merkmale Streckzeitpunkt, Hüftwinkel, Arm- und Kopfhaltung analysiert.

Aus Tabelle 2 ist ersichtlich, dass es bei gerichteter Hypothese (Anzahl der richtigen Ausführungen erhöht sich) bei den Merkmalen Hüftwinkel und Armhaltung zu einer signifikanten Leistungsverbesserung kommt.

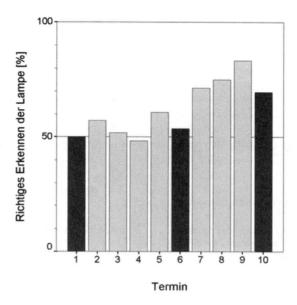

Abb. 3: Erkennensleistung der Sportler zu den Trainings- (hell) und Testterminen (dunkel)

Tab. 2: Häufigkeit der richtigen Ausführung zu den Testterminen (maximal möglich 56 richtige Ausführungen) und Ergebnis der statistischen Auswertung

Merkmal \ Termin	T 1	T 6	T 10	Friedman-Test (für alle gilt N = 7, df = 2)
Streckzeitpunkt (RBW)	1	4	8	$\chi^2 = 1{,}412$; p = .494
Hüftwinkel	5	12	17	$\chi^2 = 6{,}095$; p = .047
Kopfhaltung	22	47	29	$\chi^2 = 2{,}696$; p = .260
Armhaltung	0	20	3	$\chi^2 = 5{,}375$; p = .068

In einem zweiten genaueren Auswerteschritt werden nun die AE der gemessenen HW und RBW genauer betrachtet. Die statistische Analyse bestätigt nochmals die oben genannten Ergebnisse. Der AE des Hüftwinkels sinkt von T1 über T6 bis T10 signifikant (N = 6, df = 2; $\chi^2 = 6{,}333$; p = .042). Beim AE des RBW zeigt sich dagegen keine signifikante Änderung (N = 6, df = 2; $\chi^2 = 0{,}333$; p = .846).

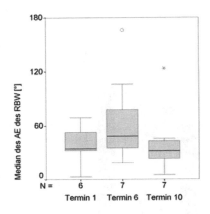

Abb. 4: Median des AE des RBW zu den Testterminen ohne Rückmeldung

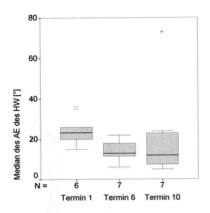

Abb. 5: Median des AE des HW zu den Testterminen ohne Rückmeldung

4 Diskussion und Ausblick

Es zeigt sich bei der Betrachtung der Ergebnisse zur optischen Orientierung, dass es den Sportlern innerhalb der ersten sechs Trainingseinheiten (48 Ausführungen) nicht gelingt, die Lampe richtig zu erkennen: Eine ähnliche Studie (vgl. Naundorf, Krug & Lattke, 2002) mit älteren Sportlern zeigt, dass diese bereits zum ersten Termin die Lampe zu 80,0 % richtig erkennen. Diese Sportler haben den im Drehgerät realisierten Sprung aber bereits unter Originalbedingungen ausgeführt. Zum sechsten Termin steigerten die älteren Sportler ihre Erkennensleistung auf 95,0 %, während bei den hier vorgestellten jüngeren Sportlern in den ersten sechs Terminen keine Zuwachsraten erkennbar sind. Mit der zu T10 realisierten Erkennensleistung 69,6 % bleibt für die Nachwuchssportler noch ein großer Entwicklungsbereich.

Bei der Erlernung der Technik des Aufstreckens bei einem 1½ Salto rückwärts gehockt zeigt sich, dass es den Sportlern nur bei den Bewegungsmerkmalen Armhaltung und Hüftwinkel gelingt, signifikante Verbesserungen zu erreichen. Einschränkend ist hier aber anzumerken, dass das Merkmal Armhaltung zu Beginn der Studie von keinem Sportler richtig ausgeführt wurde und damit konnte es schnell zu signifikanten Leistungssteigerungen kommen. Dennoch zeigt sich bei Betrachtung der Häufigkeiten der richtigen Ausführung der Armhaltung noch ein erhebliches Defizit. Bei den beiden analysierten Winkeln ist festzustellen, dass es den Sportlern besser gelingt, den korrekten HW anzusteuern und deutlich größere Probleme beim Finden des richtigen Streckzeitpunktes (RBW) bestehen. Eine mögliche Ursache hierfür könnten die Mängel bei der optischen

Orientierung sein. Den Sportlern fehlt möglicherweise der externe Bezugspunkt, an dem sie ihren Streckzeitpunkt anpassen könnten.

Um das am Anfang genannte Ziel eines längerfristigen Messplatztrainings zu realisieren wird das Training am Saltodrehgerät weiterhin fortgesetzt, bis die Sportler den Sprung auch vom Brett ins Wasser ausführen können. Erst dann wird sich zeigen, ob das Training am Messplatz Saltodrehgerät einen positiven Einfluss auf die Ausführungsqualität unter Originalbedingungen hat. Die Frage, ob und in welchem Umfang ein Transfer stattfindet, muss vorerst noch unbeantwortet bleiben.

Literatur

Daugs, R. (2000). Evaluation sportmotorischen Messplatztrainings im Spitzensport. Köln: Sport und Buch Strauß.

Knoll, K., Krug, J. & Wagner, R. (1993). Biomechanische Sofortanalyse am Reck und Stufenbarren. In Leistungsport 4. 41-45.

Naundorf, F., Krug, J., & Lattke, S. (2002). Visual perception training for youth divers with a "somersault simulator". In K. E. Gianikellis (Ed.), Scientific Proceedings of the XXth International Symposium on Biomechanics in Sports (pp. 539-542). Cáceres: Universidad de Extremadura. Servicio de Publicaciones.

Klaus Nitzsche/Michael Koch

Entwicklung eines Messplatzes zur Objektivierung der Biathlonschießleistung[1]

1 Problemkennzeichnung/Aufgabenstellung

1.1 Problemkennzeichnung

Untersuchungen vergangener Jahre (Nitzsche, 1981, 1994, 1998) belegen, dass die höchste Treffsicherheit dann gegeben ist, wenn die Laufmündung im Moment der Schussabgabe ein geringstes Schwankungsmaß aufweist. Nach der Strahlensatzberechnung (Albert-Steger, 1997) darf die Laufmündungsbewegung bei einer mittigen Ziellage nicht größer als 0,48 mm (Anschlag liegend) bzw. 1,23 mm (Anschlag stehend) betragen, um zu einem Treffererfolg gelangen zu können. Das Erreichen dieser Handlungsqualitäten wird erschwert durch den Zeitdruck, unter dem das Schießen abzulaufen hat und durch die vorangegangene hohe physische Vorbelastung.

Der Grad der Laufmündungsdämpfung stellt demnach eine gewisse Schlüsselfunktion für ein erfolgreiches Schießen dar. Alle o. g. Technikelemente sind so auszuführen und zu koordinieren, dass diese grundlegende Forderung auch bei einer weiteren Zunahme der Schießschnelligkeit erfüllt werden kann. Unterstützt wird dieses „Ruhigstellen" des Gewehrs im Anschlag liegend durch den Unterstützungsgurt und den Einsatz der Gewehrschaftkappe in der Schultergrube. Diese die Anschlagsqualität beeinflussenden Faktoren sind bei der anschlagstechnischen Objektivierung hinsichtlich von Kraftgröße und -dynamik in den Untersuchungen mit zu beachten.

Der Vollzug der Schießtechnikelemente wird durch sehr fein differenzierte Bewegungen bestimmt, die ein Trainer visuell nicht wahrnehmen und ein Sportler in der Komplexität nicht erfassen und nachvollziehen kann. Um dennoch trainingsmethodische Einflussnahme zu ermöglichen, sind Messverfahren einzusetzen, mit deren Hilfe Ursachen für positive bzw. ungünstige Leistungsdispositionen im Moment der Schussabgabe aufgehellt werden können. Untersuchungen belegen (Nitzsche, 1981; Wick, 1990), dass ein Biathlonsportler die Zeit von ca. 0,18 s bis 0,25 s benötigt, um auf das optisch wahrnehmbare Signal „Zielbild stimmt" mit der Schussauslösung reagieren zu können. Demzufolge ist bei der messtechnischen Objektivierung der Zeitraum von 0,3 s bis Schussabgabe der

---

[1] Förderinstitution des Projektes ist das Bundesinstitut für Sportwissenschaft Bonn; Kooperationspartner sind der Deutscher Skiverband und das IAT Leipzig.

entscheidende, d. h. in diesem Zeitbereich sollte die Koordination der Teilhandlungen die höchste Laufdämpfung gewährleisten.

Bisherige Objektivierungsverfahren waren auf Laborlösungen, d. h. Schießen auf 10 m mittels eines Laserstrahls, begrenzt. Diese dafür eingesetzte Schießanlage der Fa. „Noptel" aus Finnland gestattet Aussagen über Laufmündungsschwankungen und Trefferlagen unter o. g. Laborbedingungen.

Es sind also Aussagen über Finalleistungen (Gewehrschwankungen) möglich, jedoch können Ursachen für instabile Verhaltensweisen damit nicht erkannt werden. Diese Anlage ist sowohl für die Objektivierung als auch für das Training nach wie vor bedeutsam, allerdings mit o. g. Einschränkungen.

1.2 Aufgabenstellung

Unsere Aufgabenstellung war darauf gerichtet, mit der Entwicklung eines PC-gestützten Messplatzes erstmals leistungsrelevante Schießtechnikparameter unter Originalschießbedingungen (scharfer Schuss, Fünferspiegel, 50 m Schießentfernung, Einsatz am Schießstand) sowohl ohne als auch mit vorangegangener Laufbelastung objektivieren zu können.

Der Messansatz ist dabei nicht nur auf die Objektivierung der Finalleistung, sondern auch auf die Erfassung von Faktoren gerichtet, die die Ursachen für die jeweilige Leistungsdisposition bilden können.

Der Aufbau des Messplatzes erfordert den Einsatz geeigneter Beschleunigungs-, Wege- und Kraftsensoren sowohl unter dem Aspekt der hinreichenden Genauigkeitsaussagen sowie einer spezifizierten Software zur Datenverarbeitung und Datenpräsentation.

Eine Forderung der Praxis ist dabei insofern zu beachten, dass der Sportler mit seinem eigenen Gewehr ungestört von der Messanordnung seinen antrainierten Schießvorgang realisieren kann. Die Aufbereitung der Messdaten hat für die Hand des Trainers in einer übersichtlichen Form zu erfolgen, so dass Stärken und Reserven des Schießvorgangs sofort erkennbar sind. Parallel zur Datenerfassung ist ein zweiter PC für den Onlinebetrieb zur Sofortinformation auszustatten.

2 Untersuchungsmethodik

Das untersuchungsmethodische Vorgehen ist durch folgende Entwicklungsstufen gekennzeichnet, die z. T. nacheinander und z. T. parallel vollzogen wurden:

1. Stufe

1. Aufbau eines Messsystems, das Wege-, Beschleunigungs- und Kraftgrößen sowie deren Dynamik mit hinreichender Genauigkeit bei der Objektivierung von Leistungsfaktoren messen kann.

2. Entwicklung einer spezifischen Software zur Darstellung von Einzelparametern sowie deren Verknüpfung zwischen Leistungsparametern.
3. Entwicklung einer handhabbaren Auswertungsmethodik.

2. Stufe

1. Durchführung von 12 Laboruntersuchungen zur Entwicklung, Erprobung und Weiterentwicklung der Messplatzbestandteile und der Software (1995 - 1998).
2. Durchführung von 18 Felduntersuchungen (Analyse von 5760 Schuss) im Zeitraum 1996 - 1999 mit dem Ziel der Leistungsobjektivierung und der weiteren Aufhellung der Schießleistungsstruktur.

3. Stufe

Statistische Aufbereitung des Datenmaterials mit dem Ziel der Erarbeitung von Normwertorientierungen für den Spitzen- und Nachwuchsleistungsbereich sowie des Aufhellens des Beziehungsgefüges zwischen Leistungsparametern.

Als Probanden standen die Damen und Herren der Nationalmannschaft sowie 18 Nachwuchssportler der Biathlon-Leistungszentren Oberhof, Altenberg und Oberwiesenthal zur Verfügung. Die Untersuchungen wurden jeweils im Rahmen der Grundlagenschießausbildung (Mai/Juni) sowie der komplexen Schießausbildung (September/Oktober) im Zeitraum 1996-1999 durchgeführt.

4. Stufe

Leistungsdiagnostische Routineuntersuchungen in den Biathlonleistungszentren (seit 2000)

3 Darstellung ausgewählter Ergebnisse

3.1 Zur Entwicklung, zum Aufbau und zur Funktion des Schießmessplatzes

Bestandteile der Gerätekonfiguration-Hardware/Software

Zum Messplatz gehören nachfolgend aufgeführte Geräte (Abb. 1) mit folgenden Objektivierungsfunktionen:

- Notebook zur Aufnahme und Verarbeitung der Messsignale,
- Notebook für Onlinemessungen/Sofortinformation,

Messplatz zur Objektivierung der Biathlonschießleistung

- Optisches Laserdistanzmesssystem (vertikal und horizontal) zur Objektivierung der Wegeveränderung an der Laufmündung (vertikal und horizontal),
- Beschleunigungssensorensystem (vertikal und horizontal) zur Objektivierung der Laufmündungsschwankungen,
- Druckkraftsensor zur Objektivierung des Kraft-Zeit-Verlaufes am Abzugsbügel,
- Zugkraftsensor zur Objektivierung des Kraft-Zeit-Verlaufes am Unterstützungsgurt,
- Druckkraftsensor zur Objektivierung des Kraft-Zeit-Verlaufs an der Schaftkappe,
- rechentechnische Verknüpfung der Messsignale von Beschleunigungssensoren zur Objektivierung der Gewehrverkantung,
- rechentechnische Verknüpfung der Messsignale von Wegesensoren zur Darstellung der Laufmündungsbewegung unmittelbar vor und nach der Schussabgabe,
- Trigger zur Auslösung des Messvorganges,
- Taster zur Unterbrechung der Triggerung während des Gewehrladens,
- Signalverstärker für jeden Sensor,
- Signalaufnahmeverteiler für 8 Eingänge,
- 4 Kanal-Oszilloskop mit Plotter für Voreinstellungen und Laborversuche und
- 2 Drucker.

An die für unsere Zwecke benötigte Messtechnik wurden folgende Anforderungen gestellt, die wir zu berücksichtigen hatten:

- sehr hohe Messempfindlichkeit bei entsprechender Auslenkungshöhe, da sowohl das Maximum bei der Messung als auch geringste Beschleunigungs-, Wege- und Kraftveränderungen in den zu erwartenden Größenverhältnissen anzuzeigen sind
- minimales Eigengewicht der Sensoren, um die bestehenden Last-Kraft-Verhältnisse am Gewehr nicht negativ zu beeinträchtigen,
- ausreichend robust gegen hohe Bewegungsimpulse bei der Schussauslösung,
- schnelle, das Zielen nicht beeinträchtigende Anbringungsmöglichkeit der Sensoren an die individuell angepassten Gewehrtypen und
- Betreibermöglichkeit im Onlineverfahren.

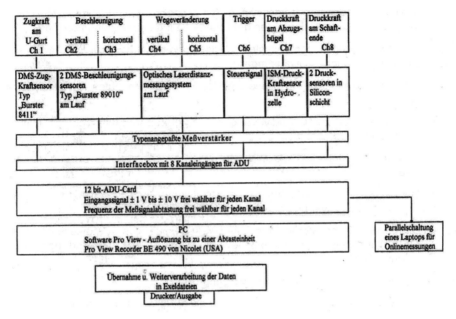

Abb. 1: Prinzipaufbau des Messplatzes „Biathlonschießen"

Kurzbeschreibung der eingesetzten Sensoren

Beschleunigungssensoren

Die zu einer Wheatston'schen Brücke zusammengeschalteten Dehnungsmessstreifen wandeln Längenänderungen in Widerstandsänderungen um. Die Brückenausgangsspannung ist proportional der Beschleunigung, welche senkrecht auf die Montagefläche des Sensors wirkt.

Die beiden Beschleunigungssensoren sind im Winkel von 90° an eine entwickelte Leichtmetallhalterung angebracht (vgl. Abb. 4). Diese Halterung ist mittels eines einrastbaren Federmechanismus problemlos hinter dem Korntunnel am Gewehrlauf zu befestigen.

Mit diesem beschriebenen Messaufbau ist es möglich, horizontale und vertikale Beschleunigungen und damit Gewehrschwankungen sowie ein fehlerhaftes Verkanten des Gewehrs durch rechentechnische Verknüpfung der X- und Y-Komponente zu messen. Das Eigengewicht von 28 g pro Sensor führt für den Sportler zu keinen Beeinträchtigungen im Kraft-Last-Verhalten beim Feinzielen. Die Nichtlinearität und die Hysterese werden mit < 1 % v. E. angegeben.

Messplatz zur Objektivierung der Biathlonschießleistung

Wegesensoren

Zur Erfassung der Wegeveränderung an der Laufmündung im Moment der Schussabgabe haben wir uns für ein berührungsloses optisches Weg-Mess-System der „opto NCDT Serie 1605" entschieden (Abb. 2).

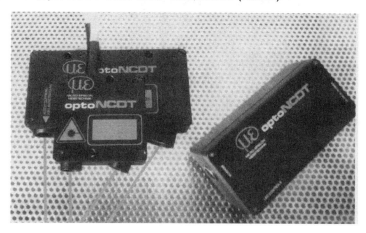

Abb. 2: Berührungsloses optisches Wegmesssystem „opto NCDT 1605"

Das Messprinzip ist das Triangulationsverfahren. Als Lichtquellen werden zwei Laser (vertikale und horizontale Komponente) im sichtbaren Rotbereich eingesetzt. Die Vorteile dieses Messverfahrens liegen darin begründet, dass mittels des sichtbaren Rotpunktes problemlose Eichungen möglich werden, sehr kurze Reaktionszeiten vorhanden sind (0,1 - 20 ms Anstiegszeit) und eine Verfälschung des Messwertes durch Streulicht von seitlich in den Strahlengang ragenden glänzenden Objekten ausgeschlossen ist.

Die Winkelabhängigkeit ist bei matter Oberfläche vernachlässigbar klein. Die Linearitätsfehlergröße liegt bei < ±0,3 %, die Winkelfehlergröße bei ca. 0,5 % (bei 30° Neigung) sowie die Temperaturdrift bei < 0,03 %/°K.

Der Messaufbau zur optischen Erfassung der Laufmündungsschwankungen wurde so gewählt, dass die Laserdioden und die Empfängerelektronik im Winkel zu je 90° (vertikal/horizontal) auf einem verstellbaren Eisengestänge befestigt sind. Je nach Körpergröße bzw. Gewehrlaufhöhe kann dieses Messsystem mittels eines Fotostativs auf den erforderlichen Messabstand eingestellt werden.

Schaftkappe - Kraftsensor

Aus dem messtechnischen Ansatz von Ganganalysen entwickelte die Fa. Paramed ein spezifisches Messpad zur Erfassung der Druckkraft an der Schaftkappe. Auf einer Fläche von 6 cm x 2 cm wurde im oberen und unteren Abschnitt je ein Drucksensor in einer Silikonschicht eingearbeitet. Die Druckverteilung beider Sensoren kann differenziert, aber auch in einer Summe dargestellt werden. Die dynamische Belastung ist von 0 N bis 200 N möglich. Die Fehlergröße wird mit < ±2 % angegeben. Die Messpadbefestigung erfolgt mittels Klebestreifen am Schaftende (Abb. 3). Das Messsignal wird durch einen vor der Dogging-Station vorgeschalteten Messverstärker dem PC zugeführt.

Abb. 3: Messpad der Schaftkappe

Abzug - Kraftsensor

Zur Erfassung des Kraft-Zeit-Verlaufs findet eine von der Fa. Gisma GmbH entwickelte Hydrozelle mit einer Auswertschaltung Verwendung, die selbstklebend am Abzugsbügel angebracht wird.

Die Empfindlichkeitseinstellung ist veränderbar. Der Messbereich liegt zwischen 0 N bis 10 N. Die Fehlergröße wird mit < ±1 % v. E. im interessierenden Kraftbereich zwischen 5 - 6 N angegeben.

Unterstützungsgurt - Kraftsensor

Zur Erfassung des Kraft-Zeit-Verlaufs ist in den Unterstützungsgurt ein Zugkraftsensor mit einem Messbereich von 0 N bis 300 N integriert (vgl. Abb. 4). Auf dem Sensorelement sind Dehnungsmessstreifen appliziert und zu einer Vollbrücke geschaltet, die bei Kraftwirkung eine zur Messgröße proportionale Brückenspannung abgibt. Die Messgenauigkeit bewegt sich lt. Werksangabe im Bereich < ±2 %. Das Eigengewicht des Kraftsensors beträgt 25 g.

Messplatz zur Objektivierung der Biathlonschießleistung

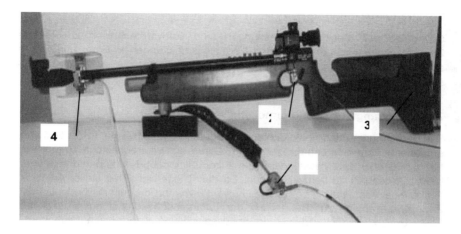

Abb. 4: Kraftsensor am Unterstützungsgurt (1), Kraftsensor am Abzugsbügel (2), Kraftsensor an der Schaftkappe (3), Beschleunigungssensoren an der Laufmündung (4)

3.2 Zur Softwareanpassung

Zur Umwandlung der über das Messsystem erhaltenen Analogsignale in digitale Signale wird eine ADU-Karte von „Prov-View", Typ BE 490XE, verwendet.

Ein vollständiges Setup auf Basis von Pro-View (mit Hard- und Softwarekomponenten) bietet die folgenden Funktionen:

- integrierte Steuerung der Datenerfassung,
- Datenanzeige auf mehreren Signalspuren und Ansichten,
- schnelle Zwei-Cursor-Messung,
- umfassende Datenanalyse mit flexibler Formeldatenbank,
- flexible Import- und Exportfunktionen,
- vollständige Steuerungs- und Archivierungsfunktionen,
- verdichtete Protokolle zur Sofortauswertung,
- automatische Übergabe der Daten in eine Exceldatenbank zur statistischen Berechnung,
- parallele Schnittstellen für einen Onlinebetrieb.

Zur Messkanalkonfiguration

Grundlage der Messkanalanpassungen sind softwaretechnisch zu lösende Spannungseinstellungen, die durch Vergleichsmessungen in Form und Größe auf die Originalbewegungsabläufe nach Beschleunigungs-, Wege- und Kraftveränderungen abgestimmt wurden.

Zur Anpassung der Team-Formeltabelle

Der Berechnungs- und Funktionstabelle liegt eine umfangreiche, in der Software enthaltene Formeldatenbank zugrunde. Diese softwaretechnische Anpassung hat die Größe der Messsignale, die Filterfunktion und den entsprechenden Messzeitabschnitt zu berücksichtigen. Da das Triggersignal mit steiler Anstiegsflanke eine Verzögerung von 0,04 s aufweist, wurden die für uns bedeutsamen zwei Zeitabschnitte zur Beurteilung der Laufmündungsdämpfungsfähigkeit auf 1,04 s bzw. 0,34 s rückwärts von der Schussauslösung ausgehend aufgerechnet.

Zur Anpassung der Ergebnistabelle und des Protokollausdrucks

Die Ergebnistabelle wurde auf der Grundlage der TEAM-Formeltabelle erstellt (Tab. 1). Diese erfasst alle für uns relevanten Parameter und dient gleichzeitig als Grundlage zur Datenübergabe in die Exceldatei. Der Datenausdruck wurde so angelegt, dass eine Schnellauswertung für Trainer und Sportler (grafische Parameterübersichten sind im Hintergrund enthalten) gesichert und ein Datenspeicher für mittelfristige, tiefgründigere Ergebnisaufbereitung vorhanden ist.

3.3 Möglichkeiten der Messergebnisdarstellung

Das Auswertungsprotokoll wird durch Übergabe der Messdaten in eine Exceldatei erstellt (Tab. 2), in dem neben den Messdaten für jeden Schuss und im Mittelwert der Serie weitere Informationen zur Archivierung (lfd. Nr./Datei-Nr.), zur Armwinkelstellung (W), zur Position liegend oder stehend (li./st.), zur Art des Abräumverhaltens (Beschießen der Scheibe von rechts nach links oder links nach rechts) und zur Trefferlage (z. B. 7 lt = links tief) enthalten sind. In der Seitenleiste dieses Auswertungsprotokolls sind die Serienmittel und Anschlagsmittelwerte dargestellt, die zu jedem Parameter in Form von Grafiken mit dem Mannschaftsdurchschnitt, später mit den Normwertorientierungen, verglichen und diskutiert werden. Jeder gemessene Parameter kann sofort nach der Fünferserie oder auch nach jedem Schuss in einer grafischen Übersicht abgefordert werden. Zoomfunktionen ermöglichen Schnittpunkte der Handlungsausführung differenzierter darzustellen.

Über einen zweiten, in den Messplatz integrierten PC ist es möglich, dem Sportler im Onlineverfahren bei erforderlichen Veränderungen in der Anschlagsposition über die dabei auftretenden Kraftverläufe und -größen, z. B. am Unterstützungsgurt oder in der Schaftkappe Informationen zu geben.

Messplatz zur Objektivierung der Biathlonschießleistung

Tab. 1: Zeit- und Parameterkennzeichnung des Messprotokolls pro Schuss

Formel	Beschreibung
Feinzielphase:	
Mean F_z (-1 - 0 s)	Mittelwert der Zugkraft in der Zeit von -1 s bis zum Schuss
StdDev F_z (-1 - 0 s)	Standardabweichung der Zugkraft in der Zeit von -1 s bis zum Schuss
Mean F_z (-0,3 - 0 s)	Mittelwert der Zugkraft in der Zeit von -0,3 s bis zum Schuss
StdDev F_z (-0,3 - 0 s)	Standardabweichung der Zugkraft in der Zeit von -0,3 s bis zum Schuss
Mean F_z (0 - 0,1 s)	Mittelwert der Zugkraft in der Zeit vom Schuss bis 0,10 s nach dem Schuss
StdDev F_z (0 - 0,15 s)	Standardabweichung der Zugkraft in der Zeit vom Schuss bis 0,10 s nach dem Schuss
Mean a_v (-0,3 - 0 s)	Mittelwert der vertikalen Beschleunigungskomponente in der Zeit von -0,3 s bis zum Schuss
StdDev a_v (-0,3 - 0 s)	Standardabweichung der vertikalen Beschleunigungskomponente in der Zeit von -0,3 s bis zum Schuss
StdDev a_h (-0,3 - 0 s)	Standardabweichung der horizontalen Beschleunigungskomponente in der Zeit von -0,3 s bis zum Schuss
StdDev s_v (-0,3 - 0 s)	Standardabweichung der vertikalen Wegkomponente in der Zeit von -0,3 s bis zum Schuss
StdDev s_h (-0,3 - 0 s)	Standardabweichung der horizontalen Wegkomponente in der Zeit von -0,3 s bis zum Schuss
Mean F_a (-0,8 - 0,3 s)	Mittelwert Abzugskraftplateau in Beug zur Kraftgröße beim Brechen des Schusses
Mean Fszl (-1 - 0 s)	Mittelwert der Druckkraft in der Zeit von -1 s bis zum Schuss
StdDevFsz (-1 - 0 s)	Standardabweichung der Druckkraft in der Zeit von -1 s bis zum Schuss
MeanFsz (-0,3 - 0 s)	Mittelwert der Druckkraft in der Zeit von -0,3 s bis zum Schuss
StdDevFsz(-0,3-0 s)	Standardabweichung der Druckkraft in der Zeit von -0,3 s bis zum Schuss
Nachhaltephase:	
Gleiche Formeldatenbank über den Zeitraum Schuss bis 0,1 s nach Schuss	

Legende:
Fz - Zugkraft am Unterstützungsgurt   s   - Weg
Fsz - Druckkraft Schulter-Schaftkappe   Fa - Kraft am Abzugsbügel
a   - Beschleunigung

Das umfassende Zahlenprotokoll (vgl. Tab. 2) wird ergänzt durch ein Netzdiagramm (vgl. Abb. 5), in dem die Zahlenwerte der einzelnen Serien für die Anschläge liegend und stehend mit und ohne physische Vorbelastung in sehr übersichtlicher Form dargestellt sind. Der Trainer, der vornehmlich mit dieser Auswertung arbeitet, erkennt auf den ersten Blick die Stärken und Schwächen seines Sportlers in entscheidenden Leistungsparametern des Schießens. Der fettgezeichnete (blaue) Kreis stellt die Normwerte für die einzelnen Parameter mit 100 % dar. Schlechtere Leistungsdispositionen sind prozentual so berechnet, dass diese außerhalb dieses Kreises und bessere innerhalb des Kreises liegen. Welche konkreten Zahlenwerte sich hinter dieser Darstellungsform verbirgt kann im Protokoll nachgelesen werden. Als Berechnungsgrundlage für die Normwertorientierungen dienten die gemessenen Parameter bei Trefferergebnissen im Ringbereich zehn und neun.

Tab. 2: Auszug aus dem Auswertungsprotokoll

T_ddmmjj. Extension	Name Pers. Daten	Vorname	KK LG	Wi. [°]	Li. St.	Belast. R/B	Größen	1.Schuß	2.Schuß	3.Schuß	4.Schuß	5.Schuß	Ø - Serie	Ø - Gesamt	
047	Nachname	Vorname	KK	92	Li	R	Ringe	8h	7h	9h	10	9h	131,29	Verkantung	5
							MF_z [N]	128,1477	130,4890	132,2938	132,7371	132,7595	0,61	1.Serie	
							SDF_z [N]	0,7902	0,3400	0,3989	0,7537	0,7588	17,72	-10,55	
							MF_DS [N]	12,7615	17,4789	18,5416	19,3928	20,4159	0,65	-20,42	
	Altersklasse:	17. Jan					SDF_DS [N]	0,7555	0,3824	0,4375	0,8467	0,8420	-15,90	9,87	
							Ma_v [mG]	-16,4331	-10,5508	-12,8315	-19,2673	-20,4211	24,34		
	Abräumverhalten:	5-4-3-2-1					SDa_v [mG]	33,6725	10,8592	12,2896	32,1269	32,2344	9,77	Verkantung	
	Messort:	Oberhof					SDa_h [mG]	12,9828	3,4122	4,2523	13,9911	14,2261	0,26	2.Serie	
							s_v [mm]	0,3638	0,4300	0,2284	0,2426	0,3087	0,46	-15,09	
							s_h [mm]	0,2520	0,3686	0,2394	0,2032	0,2158	98,67	-20,85	
							s_XY [mm]	0,4866	0,6286	0,3757	0,3674	0,4332		5,76	
							F_abz [%]	97,7576	99,0492	98,4767	98,7939	99,2559			
048				92	Li	R	Ringe	10	8h	9l	10	8h	132,85	132,07	5
							MF_z [N]	128,8723	131,3336	133,5692	134,6480	135,8307	0,61	0,61	
							SDF_z [N]	0,7806	0,7887	0,7422	0,4192	0,3414	18,86	18,86	
							MF_DS [N]	15,3456	20,5583	20,3857	20,9758	22,6909	19,99		
							SDF_DS [N]	0,9027	0,9722	0,8608	0,4175	0,4863	0,73	0,69	
							Ma_v [mG]	-19,3911	-18,6743	-20,8507	-15,0904	-16,1415	-18,03	-16,97	
							SDa_v [mG]	34,6759	33,9805	32,9002	12,3794	11,7841	25,14	24,69	
							SDa_h [mG]	14,4202	14,1726	13,9490	4,1318	3,9831	10,13	9,95	
							s_v [mm]	0,2851	0,2678	0,2930	0,1559	0,2221	0,24	0,28	
							s_h [mm]	0,2646	0,3528	0,1449	0,1134	0,1985	0,21	0,24	
							s_XY [mm]	0,4517	0,5118	0,3684	0,2308	0,3563	0,38	0,42	
							F_abz [%]	97,2252	98,9346	100,6227	98,5502	99,1661	98,90	98,79	

Als dritte Form der Auswertung werden dem Trainer/Sportler die gemessenen Parameter grafisch dargestellt. (Abb. 6) Über Zoom- und Selektionsverfahren kann neben der Komplexdarstellung jeder Parameter in einer separaten Übersicht herausgelöst werden.

Mit diesen Auswertungsdokumenten wird sehr tiefgründig ein wesentlicher Teil der individuellen Schießleistungsstruktur aufgehellt. Es werden Stärken und Schwächen des Sportlers erkannt und Leistungsentwicklungen einzelner Parameter sind nachvollziehbar. Durch die Anfertigung individueller Technikprofile sind Momentan- und Längsschnittbetrachtungen jedes untersuchten Sportlers möglich.

Messplatz zur Objektivierung der Biathlonschießleistung

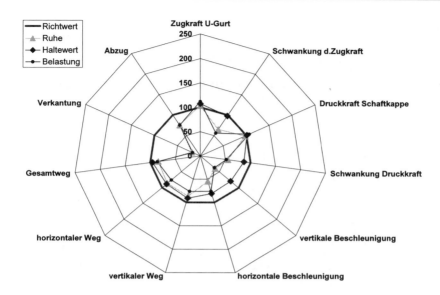

Abb. 5: Netzdiagramm für die Trainerauswertung/Testergebnisse einer Auswahlsportlerin vom 10.06.99 in Altenberg (Anschlag Liegend-Ruhe/Belastung/Haltetest)

4 Ableitung von Technikorientierungen

Aus den statistisch berechneten Messergebnissen sind Normwertorientierungen für die Anschläge liegend und stehend mit und ohne physische Vorbelastung für die unterschiedlichen Leistungskategorien erstellt worden. Diese Normwertorientierungen sind Grundlage für das trainingsmethodische Vorgehen in der Biathlonschießausbildung.

Die eingangs als eine Grundvoraussetzung für ein erfolgreiches Schießen gekennzeichnete Laufmündungsdämpfung ist demnach durch folgende schießtechnische Orientierungsvorgaben zu gewährleisten:

- höchstmögliche individuellen Zugkraft am Unterstützungsgurt (> 150 N),
- höchstmögliche individuelle Druckkraft an der Schaftkappe (> 50 N),
- 3:1-Verhältnis zwischen der Kraftwirkung am Unterstützungsgurt und der Schaftkappe,
- geringste Druckkraftschwankungen am Unterstützungsgurt (< 0,4 N) und an der Schaftkappe (< 0,4 N),

- Abzugsplateaubildung auf über 80 % des Abzugswiderstandes in der Feinzielphase,
- geringste Gewehrverkantung (< 10 mG),
- geringste Wege- und Beschleunigungsveränderung zum Zeitpunkt der Schussauslösung (0,32 mm/16 mg).

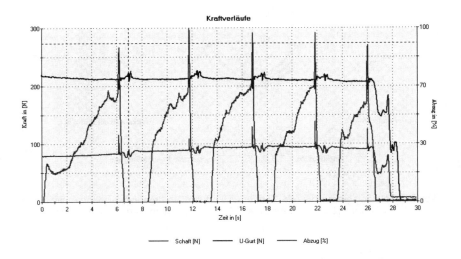

Abb. 6: Diagramm für die Trainerauswertung/Darstellung der Untersuchungsparameter Zugkraft am Unterstützungsgurt, Druckkraft an der Schaftkappe, Abzugsdynamik

5 Zusammenfassung

Mit der Entwicklung eines neuen Schießmessplatzes ist es erstmals möglich, unter biathlonspezifischen Schießbedingungen (50 m, Reihenanordnung der Scheiben, eigenes Gewehr, scharfer Schuss) leistungsbestimmende Schießtechnikparameter zu objektivieren. Ein elegantes Auswertungssystem gewährleistet unmittelbar nach Beendigung des Schießens Aussagen über Ursachen für positive oder negative Leistungsdispositionen. Daraus können individuelle Technikprofile erstellt und wichtige Informationen zur Effektivierung des Schießtrainings abgeleitet werden.

Literatur

Die Literaturnachweise sind bei den Autoren einsehbar.

Stefan Panzer

Transferlernen und Retention des Transfers: methodologische und lerntechnologische Aspekte zum Messplatztraining

1 Problemstellung

Als ein Ziel von Messplatztraining wird die Bereitstellung von relevanten Bewegungsparametern zur Steuerung des Trainingsprozesses deklariert (vgl. Krug, 1987). Mit dem Einsatz eines messplatzgestützten Lern- und Techniktrainings wird die generelle Hoffnung verbunden, dass dies einen positiven Einfluss auf die motorische Leistung der Gesamtbewegung bewirkt. Die positive Leistungsentwicklung sollte sich auch dauerhaft auswirken (vgl. Krug, Heilfort & Zinner, 1996; hierzu auch Daugs, 2000). Damit sind aber auch Aspekte sportmotorischer Lernprozesse und hier speziell des motorischen Transferlernens und der Retention des Transfers angesprochen.

Betrachtet man die Literatur zum motorischen Transfer, so werden aus den vorliegenden Arbeiten zwei Hauptergebnisse transportiert:

1. Der motorische Transfer ist meist gering, aber durchweg positiv.

2. Der motorische Transfer ist umso größer, je ähnlicher die beiden Aufgaben sind (Schmidt & Young, 1987).

Retentionsleistungen von motorischem Transfer wurden bislang nur selten untersucht. Die wenigen verfügbaren Daten stammen aus einer Studie von Underwood und Duncan (1953). In Laborexperimenten wird die Retentionsleistung von Transfer relativ erfasst, indem die motorischen Ausführungsleistungen einer Transferaufgabe „B" in einem Retentionstest zwischen einer Experimentalgruppe und einer Kontrollgruppe verglichen weden. Hierbei realisiert die Experimentalgruppe in einem ersten Versuchsabschnitt eine Aufgabe „A" und in einem zweiten eine Aufgabe „B". Im dritten Versuchsabschnitt wird dann die Retention von Aufgabe „B" verlangt. Der Lernverlauf der Kontrollgruppe unterscheidet sich von der Experimentalgruppe dadurch, dass sie die erste Versuchssitzung auslassen. Die Versuchsanordnung ist ein prototypisches Design zur Untersuchung von proaktiven Interferenzeffekten (PI) (vgl. Duncan & Underwood, 1953; Adams, 1967; Schmidt, 1988). Zeigt die Experimentalgruppe bei der Retention von Aufgabe „B" schlechtere motorische Ausführungsleistungen, wird dies als PI charakterisiert. Sind die Ausführungsleistungen gegenüber der Kontrollgruppe besser, wird von einer Facilitation gesprochen (vgl. Duncan & Underwood, 1953; Adams, 1967; Schmidt, 1988; Bock, Schneider & Bloomberg, 2001). Erwartet wird PI nur dann, wenn beide Aufgaben sich gegenseitig stören, was bedeutet, dass es Anhaltspunkte für negative Transfereffekte beim Übergang von Aufgabe „A" zu „B" gibt (vgl. Duncan & Underwood, 1953; Adams, 1967; Bock & Schneider, 1999). Die bislang vorliegenden Daten stammen aber aus einer Studie mit kleinräumigen und kleinmotorischen Bewegungen. Anzumerken ist, dass sich die Ergebnisse aber nicht in einer verallgemeinernden Form auf großmotorische Bewegungsfertigkeiten, wie sie im Sport und beim Messplatztraining vorliegen übertragen lassen (vgl. Wulf & Shea, 2002). Ziel der hier vorgestellten Experimentalanordnung ist es, Transfer und die Retention des Transfers an einer großmotorischen Bewegungsfertigkeit zu untersuchen (vgl. Magill, 1998).

2 Methode

An dem Experiment nahmen 18 Probanden (Pbn) teil. Alle waren Sportstudenten der Universität Leipzig (Alter: M = 26.44; SD = 5.22). Aufgabe der Pbn war es, aus einer Oberkörpervorlage einen einbeinigen, submaximalen (60 % des individuellen Maximums) vertikalen Sprung auszuführen. Ein Brett mit einem variablen Drehpunkt wurde unter dem rechten Fuß fixiert. Der Drehpunkt ließ sich von hinter der Fußspitze (-25 mm; in Folge als „A" bezeichnet) in anteriore Richtung zur Fußspitze (0 mm; in Folge als „B" bezeichnet) verschieben. In einem Intertask-Transfer-Design mit einer Wiederholungsmessung wurden die Pbn qua Zufall zwei Bedingungen, einer Experimentalbedingung (AABB) und einer Kontrollbedingung (--BB), zugewiesen. Unter der Bedingung AABB realisierten die Pbn an zwei Terminen (Vortraining) je 100 Ausführungsversuche unter der Variante „A", bevor sie dann auf die Variante „B" umgestellt wurden (erneute Lernphase; neuer Termin). Die anzusteuernde Zielhöhe blieb bei der Umstellung unverändert. Die --BB übte direkt mit der Variante „B". Mit der Brettposition „B" realisierten beide Bedingungen 100 Ausführungsversuche. Zwischen jedem Termin lagen 48 h. In den Versuchssitzungen erfolgte eine informationelle Stützung durch Knowledge of Results (KR; 50 % gleichverteilt). Zur Kontrolle von Ausgangs- und Endleistung wurde in den ersten und letzten 10 Ausführungsversuchen jeweils kein KR gegeben. In einem NO-KR Behaltenstest nach 48 h sollten alle Versuchsbedingungen 10 Ausführungsversuche mit der „B"-Variante springen. Abhängige Variablen sind (a) der prozentuale Transfer (der erste Ausführungsversuch), berechnet nach einer Formel von Magill (1998) und (b) der „Total Variability Error" (E) als Gesamtfehlermaß für die Genauigkeit und Variabilität der Bewegungsausführung. Wird nichts anderes erwähnt, werden jeweils geblockte Daten (10 Versuche geblockt) analysiert. Die Erfassung der Daten erfolgte mit einem computergestützten, dynamometrischen Messsystem (Kistler Messplattform).

3 Ergebnisse

Von den insgesamt vier Versuchssitzungen werden hier nur die Sitzungen drei und vier ausgewertet, da hier erst die Effekte zum motorischen Transfer und zur Retention des Transfers beobachtbar sind. In der Abb. 1 sind die Mittelwerte und Streuungen der beiden Versuchsbedingungen in den Sitzungen 3 und 4 dargestellt. Zur Kontrolle des Ausgangsniveaus wurden die ersten zehn Versuche zum jeweils ersten Versuchstermin der beiden Bedingungen miteinander verglichen. Es zeigt sich kein statistisch bedeutsamer Unterschied ($t_{zweiseitig}$ [2,8.97(Freiheitsgrade korrigiert hinsichtlich der Varianzinhomogenität)] = .512; p = .621). Beide realisieren auf dem gleichen motorischen Ausführungsniveau.

Der prozentuale Transfer ist 19 %. Es zeigt sich ein Haupteffekt Block ($F[1,1,26] = 8.16$; $p < .01$; $\eta^2 = .33$), aber kein Effekt Versuchsbedingung ($F[1,2] = .89$; $p = .36$; $\eta^2 = .05$) und kein Interaktionseffekt ($F[1,1,26] = 5.96$; $p = .38$; $\eta^2 = .05$).

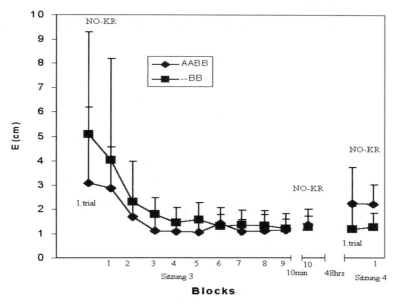

Abb. 1: Mittelwerte und Standardabweichungen der beiden Treatmentbedingungen AABB und --BB in den Sitzungen 3 und 4.

Zur Kontrolle von Aufwärmeffekten wurde der erste Ausführungsversuch in der Retentionsphase aus dem Block herausgenommen.

In der Retentionsphase lässt sich ein Haupteffekt Versuchsbedingung zeigen ($F[1,2] = 6.1$; $p = .02$; $\eta^2 = .28$). Alle anderen Effekte werden statistisch nicht signifikant.

4 Diskussion

Der motorische Transfer ist zwar positiv, aber als gering einzustufen. Dies ist in Konkordanz mit allen bisher berichteten Studien zum motorischen Transfer (vgl. Schmidt & Young, 1987; Schmidt & Lee, 1999; im Überblick). Beide Versuchsbedingungen verbessern ihre motorische Ausführungsleistung in der Sitzung 3. Es zeigt sich weder eine Facilitation noch eine Interferenz der AABB- gegenüber der --BB-Bedingung. Die Lerner der AABB-Bedingung können von den 200 vorab realisierten Ausführungsversuchen unter der veränderten Variante „A" im Lernverlauf nicht profitieren. Im Retentionstest zeigt die AABB-Bedingung trotz der insgesamt größeren Anzahl an Ausführungsversuchen, aber gleicher Anzahl an Versuchen unter der gleichen Bedingung mit der Brettvariante „B" schlechtere motorische Ausführungsleistungen als die --BB-Bedingung. Die vorab realisierte Aufgabe „A" blockiert den Abruf von Aufgabe „B". Der Effekt lässt sich auch als PI charakterisieren (vgl. Adams, 1967; Bock & Schneider, 1999). Erwähnt werden sollte, dass die Befunde in dem hier durchgeführten Experiment nicht bedeuten, dass die Pbn die Aufgabe, den einbeinigen Absprung nach der Veränderung der Brettposition nicht mehr zu realisieren vermochten. Lediglich die Ausführungsgenauigkeit und -stabilität ist negativ beeinflusst.

Die vorliegenden Resultate scheinen (a) aus einer forschungsmethodischen und (b) aus einer lerntechnologischen Perspektive für das Messplatztraining von Bedeutung. Forschungsmethodisch lässt sich anführen, dass die hier aufgezeigten Befunde das Plädoyer von Daugs (2000) für längerfristige Behaltensintervalle und mehrfache Retention der Transferleistung nachhaltig unterstützen, um die Lernwirksamkeit eines messplatzgestützten Techniktraining auch erfassen zu können. „Nur über ein solches Untersuchungsdesign können Aussagen zur Lernwirksamkeit gemacht werden" (vgl. Daugs, 2000, S. 52). Pointieren lässt sich die Aussage hier noch, dass über solche langfristigen und mehrmaligen Retentionstests mögliche latente und unerwünschte Nebeneffekte beim Transferlernen aufzudecken sind. Lerntechnologisch impliziert der Befund, dass die einfach unterstellte Erwartung einer Übertragung von einer Aufgabe „A" auf eine Aufgabe „B" nicht immer zu dem gewünschten Erfolg führt. Es scheint, dass hierzu weitere Interventionen, wie bspw. zusätzliche Instruktionen, Korrekturhinweise oder eine Aufmerksamkeitslenkung notwendig sind.

Literatur

Adams, J.A. (1967). Human Memory. New York: McGrawhill-Publisher.

Adams, J.A. (1987). Historical review and appraisal of research on the learning, retention, and transfer of Human Motor Skills. Psychological Bulletin, 101, 1, 41-74.

Ascoli, K. & Schmidt, R.A. (1969). Proactive interference in short-term motor retention. Journal of Motor Behavior, 1(1), 29-36.

Bock, O. & Schneider, S. (1999). Proactive Interference in Motor Learning. Paper presented at the Society for Neuroscience.

Bock, O., Schneider, S. & Bloomberg, J. (2001). Conditions for interference versus faciliation during sequential sensorimotor adaptation. Experimental Brain Research, 138, 359-365.

Daugs, R. (2000). Evaluation sportmotorischen Meßplatztrainings im Spitzensport. Köln: Sport und Buch Strauß.

Duncan, C. & Underwood, B. (1953). Retention of transfer in motor learning after twenty-four hours and after fourteen months. Journal of experimental psychology, 46(6), 445-452.

Krug, J. (1987). Das parametergestützte Voraussetzungs- und Lerntraining – ein Beitrag zur qualitativen Intensivierung des Trainings in den akrobatischen Sportarten. In Theorie und Praxis Leistungssport, 25, 116-128.

Krug, J., Heilfort, U. & Zinner, J. (1996). Digitales Video- und Signalanalysesystem -DIGVIS. In Leistungssport, (1), 13-16.

Magill, R. A. (1998). Motor Learning: Concepts and Application. (Vol. 5). Boston: McGraw - Hill.

Schmidt, R.A. (1988). Motor Control and Learning. (32 ed.). Champaign: Human Kinetics.

Schmidt, R. A. & Lee, T. D. (1999). Motor Control and Learning. (3 ed.). Champaign: Human Kinetics.

Schmidt, R. A. & Young, D. (1987). Transfer of Movement Control in Motor Skill Learning. In: S. Cormier & J. Hagman (Eds.): Transfer of Learning: Contemporary Research and Applications. Academic Press. San Diego, 47-59.

Wulf, G. & Shea, C. (2002). Principles derived from the study of simple skills do not generalize to complex skill learning. Psychonomic Bulletin & Review, 9, 2, 185-211.

Thomas Schack/Thomas Heinen

Messplatz „Mentale Repräsentationen" im Sport

1   Einleitung

Das Prinzip des computergestützten und parameterorientierten Trainings wird als wichtige Voraussetzung zur Modernisierung und Weiterentwicklung des Techniktrainings angesehen (Krug, 1993). Neben konditionell-energetischen Faktoren scheinen im Bereich der Sporttechnik noch große Ressourcen zur Leistungssteigerung zu liegen (Daugs, 2000). Dabei stehen solche Ressourcen zur Optimierung von Techniken in einer unmittelbaren Verbindung mit der Repräsentation von Techniken im Bewegungsgedächtnis. So ist aus der Trainingspraxis und aus zahlreichen Untersuchungen das Phänomen bekannt, dass Trainer und Sportler ab einem bestimmten Lernstadium des Novizen aneinander *vorbeireden*. Bei dem Sportler entsteht beispielsweise ein *Wassergefühl*, ein *Ballgefühl* oder ein *Schwunggefühl* und die ursprünglich verwendeten Worte und Instruktionen treffen die kognitive Struktur des Lernenden nicht mehr optimal. Solche Divergenzen in der Trainer-Sportler-Interaktion bilden einen spezifischen Anlass, sich mit der Struktur und Dynamik kognitiver Referenzsysteme im motorischen Lernprozess intensiver zu beschäftigen. Ergebnisse verschiedener Arbeiten aus der Psychologie und der Sportwissenschaft legen nahe, dass sich Sportler zur Lösung anfallender Bewegungsprobleme kognitiv spezifischer Mittel bedienen. Als ein beachtenswertes Mittel der Organisation von Bewegungsprogrammen wurden (Bewegungs-)Konzepte (Begriffe) angesehen. Bewegungskonzepte sind kognitive Clusterungen von Bewegungsimpulsen und zugehörigen sensorischen Effekten hinsichtlich ihrer funktionalen Äquivalenz bei der Lösung von Bewegungsaufgaben (Hoffmann, 1986; Schack, 2002). Sie bilden die Einheiten mentaler Technikrepräsentationen. Ergänzend zu biomechanisch-trainingswissenschaftlich orientierten Messplätzen wäre es also interessant ‚einen Messplatz mentaler Repräsentationen zu erarbeiten und für die Erstellung spezifischer Trainingsinterventionen zu nutzen.

2   Methode/Aufbau des Messplatzes

Zur Effektivitätskontrolle der mentalen und technomotorischen Wettkampfvorbereitung wurde ein EDV-gestützter Messplatz entwickelt (erweitertes-Bewegungs-Repräsentations-Analyse-INventar, kurz: eBRAIN). Der Messplatz ist modular aufgebaut, was eine hohe Flexibilität und Adaptationsfähigkeit, abhängig von Sportart und Zielgruppe, gestattet. In diesem Messplatz werden hauptsächlich Daten zu kinematischen Parametern und mentalen Repräsentationen erhoben.

Messplatz „Mentale Repräsentationen" im Sport

Die Analyse der Bewegungskinematik kann in 2D oder 3D erfolgen und orientiert sich an Methoden, die eine zeitoptimierte Rückmeldung gestatten (Knoll, 1999). Sie wird im wesentlichen durch die Erfassung technomotorischer Wissensbestände im Langzeitgedächtnis und die Erfassung von Informationsverarbeitungsprozessen im Kurzzeitgedächtnis angereichert (Schack, 2002). Die Analyse von technomotorischen Wissensbeständen geschieht mit Hilfe der *struktur-dimensionalen Analyse – Motorik (SDA-M)*. Sie bietet die Möglichkeit, mentale (begriffliche Strukturen) hinsichtlich ihres Aufbaus und lernbedingten Veränderung differentiell zu erfassen. Dabei werden qualitative Unterschiede in den mentalen Strukturen einzelner Versuchspersonen bezogen auf das jeweilige Lernstadium diagnostizierbar. Proximitätsdaten werden über ein sukzessives Mengenaufteilungsverfahren (sog. Splittechnik), das eine Mehrfachentscheidung in der Zuordnung von N-Elementen (Begriffen) verlangt, erhoben. Die so gewonnene Abstandsskalierung bildet die Basis für die weitere Datenanalyse. Die individuelle Partitionierung einer Begriffsmenge erfolgt mittels einer hierarchi Clusteranalyse.

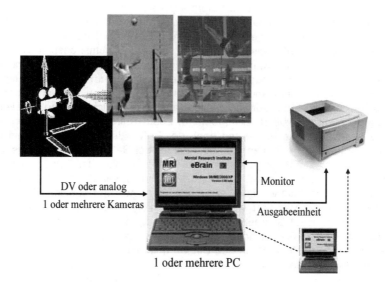

Abb.1: Prinzipskizze des Messplatzes. Kernbaustein ist ein (tragbarer) PC. Eine Analyse der Kinematik bedingt die Nutzung von einer oder mehreren Kameras. Eine direkte Trainingsrückmeldung wird effektiver durch das Nutzen einer Ausgabeeinheit.

Abb. 1 zeigt die Prinzipskizze des Messplatzes. Je nach Resourcenorientierung kann die Anzahl genutzter PCs beliebig erhöht werden. Bei 2D-Analysen der Bewegungskinematik muss mindestens eine Kamera zum Einsatz kommen. 3D-Analysen benötigen mindestens zwei. Der Einsatz von hochauflösendem

183

Digitalvideo verbessert die Qualität der Ergebnisauswertung. Die unmittelbare Rückmeldung der Ergebnisse kann auf dem PC-Bildschirm stattfinden. Zur optimierten Trainingsrückmeldung haben sich Laserdrucker mit einer Qualität von mindestens 1200dpi bewährt. Auch können Datenbeamer als Ausgabeeinheit verwendet werden.

Der modulare Aufbau des Messplatzes erlaubt eine Ergänzung durch weitere Methoden:

- Diagnose Mentaler Kontrolle (Schack, 1999),
- Messung der Bewegungsvorstellungszeit (Frester, 1997),
- Verknüpfung von Bewegungskinematik und mentalen Repräsentationen (Schack & Heinen, 2002).

3 Ausgewählte Aussagen

Anhand eines ausgewählten Miniaturbeispiels zu Rotationsauslösungen im freien Flug soll die Aussagefähigkeit und potentielle Interventionsfähigkeit durch den Messplatz deutlich gemacht werden. Das Beispiel bleibt auf die Analyse technomotorischer Wissensbestände im Langzeitgedächtnis beschränkt (Schack, 2002). Die Weiterentwicklung des singulären Salto vorwärts hin zu kombinierten Breitenachsen- und Längenachsenrotationen nimmt im (Turn-)Leistungssport die Rolle einer Trainingsnotwendigkeit ein. Möglichkeiten zur Schraubeneinleitung wurden an verschiedenen Stellen (auch hinsichtlich ihrer potentiellen Verletzungsgefahr) diskutiert (Brüggemann, 2000; Knirsch, 1997: Yeadon, 2000). Daraus erwächst die Forderung nach der Entwicklung einer optimalen Bewegungsvorstellung (mentalen Repräsentation) bei Saltoflügen mit Längsachsenrotationen. N = 15 Bewegungskonzepte (Knotenpunkte der Bewegung) wurden für die Darstellung ausgewählt (Schraubensalto vorwärts). Die 15 Knotenpunkte der Bewegungshandlung konnten durch Interviews und spezielle Experimente folgendermaßen präzisiert werden: 1. Oberkörpervorlage, 2. Hüfte strecken, 3. Arme/Hüfte leitet Schraube ein, 4. Absprung, 5. Beine anspannen, 6. starre Körperhaltung, 7. Gefühl haben zu steigen, 8. Landung, 9. Arme vom Körper wegstrecken, 10. Flug, 11. in den Beinen gespannt nachgeben, 12. in die Streckung reinschrauben, 13. Hüfte beugen, 14. Arme nah an KLA (= Körperlängsachse), 15. Rotieren. Diese Knotenpunkte (Bewegungskonzepte) vereinigen offensichtlich biomechanische Notwendigkeiten und trainingsmethodische Hinweise.

Zur Ergebnisdarstellung wurden Strukturaussagen von einem Novizen (Vp 2) und einem Experten (Vp 1) gewählt. Zum Vergleich sind beide Ergebnisse in Form von Dendrogrammen der hierarchischen Clusteranalyse dargestellt (Abb. 2 und Abb. 3).

Abb. 3 stellt die Clusterlösung eines Experten dar (max. 3 Schrauben im Salto vorwärts). Die gebildeten Oberbegriffe (Absprung, Landung, freier Flug) sind räumlich voneinander getrennt. Sie dienen scheinbar der Lösung spezifischer Teilprobleme (Energetisierung, Herstellen einer Asymmetrie zur Schraubeneinleitung, Energieabsorption). Die kognitive Struktur des Experten ist für die Phase der Feinkoordination (variable Verfügbarkeit) typisch. Die geringen Distanzen einzelner Bewegungskonzepte zueinander sprechen außerdem für eine hohe Stabilität der mentalen Struktur.

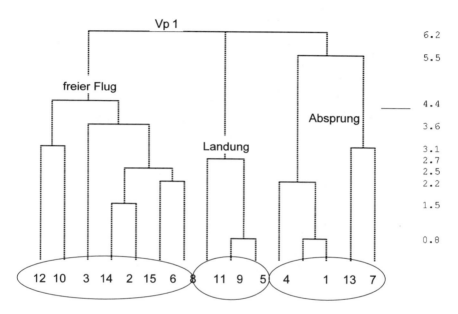

Abb. 2: Dendrogramm über die Begriffsmenge bei Vp. 1 (Experte), „Objektabstände" rechts im euklidischen Distanzmaß.

Die sich beim Anfänger (Vp 2, max. ½ Schraube) abzeichnende Strukturierung zeigt einige Differenzen zum Experten. Begriffe, die zum Absprung und zur Landung gehören, vermischen sich in einem Cluster. Weiterhin ist der Begriff 9 (Arme vom Körper wegstrecken) der Schraubeneinleitung übergeordnet. Diese suboptimale Strukturierung der Begriffsmenge hat direkte (beobachtbare) Konsequenzen für die Bewegungsausführung. Vp 2 zeigt Schwierigkeiten in der Armsteuerung beim Einleiten und Beenden der Schraube (insbesondere beim Training einer 360°-Drehung). Weiterhin lässt sich eine suboptimale Ansteuerung der Körpergeometrie (insbesondere Arm-Rumpf- und Bein-Rumpf-Winkel) bei Absprung und Landung beobachten. Auf der Basis dieser Diagnostik ist es dem Trainer nun möglich, einzelfallbezogene Trainingsmaßnahmen abzuleiten. Einerseits können solche Bewegungselemente trainiert werden, die sich im Rahmen der Diagnostik als unzureichend strukturiert erweisen. Hier bildet die

Diagnostik eine Art Mikroskop, das auf Probleme in der Bewegungsorganisation hinweist. Weiterhin kann das Techniktraining gezielt durch ein individualisiertes mentales Training (mental training based on mental representation, Schack & Heinen, 2000) ergänzt werden.

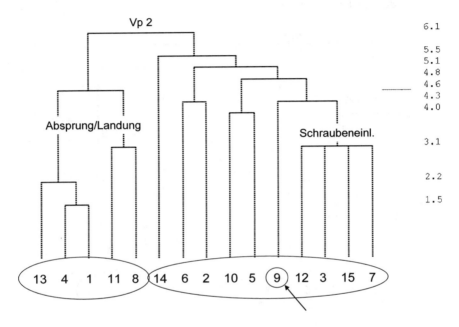

Abb. 3: Dendrogramm über die Begriffsmenge bei Vp. 2, „Objektabstände" rechts im euklidischen Distanzmaß.

4 Diskussion

Der Messplatz eBRAiN wurde so konzipiert, dass die Erfassung der Bewegungskinematik mit Diagnosemethoden angereichert wurde, die sich auf die Untersuchung der Technikrepräsentation im Bewegungsgedächtnis konzentrieren. Diese Diagnostik gestattet es dem Trainer, einzelfallbezogene Aussagen über die mentale Strukturierung (Bewegungsvorstellung) der jeweiligen technomotorischen Fertigkeit zu erhalten. Diese können dann als Basis für ein einzelfallorientiertes Techniktraining und ein individualisiertes Mentaltraining dienen. An anderer Stelle wurde bereits auf mögliche Zusammenhänge zwischen kinematischen und strukturellen Parametern mentaler Repräsentationen hingewiesen (Schack, 2002). Diese Resultate geben einen spezifischen Anlass, solchen Fragen nachzugehen, die die Abbildung kinematischer Parameter in der mentalen

Strukturierung betreffen. Entsprechende Informationen dürften für eine weitere Verbesserung des Techniktrainings eine zentrale Bedeutung bekommen.

Literatur

Brüggemann, G. P. & Krahl, H. (2000). Belastungen und Risiken im weiblichen Kunstturnen - Bd.1: Aus der Sicht von Biomechanik und Sportmedizin. Köln: Sport und Buch Strauß.

Daugs, R. (2000). Evaluation sportmotorischen Messplatztrainings im Spitzensport. Köln: Sport und Buch Strauß.

Frester, R. & Wörz, T. (1997). Mentale Wettkampfvorbereitung. Göttingen: Vandenhoeck & Ruprecht.

Hoffmann, J. (1986). Die Welt der Begriffe. Berlin: Verlag der Wissenschaften.

Knirsch, K. (1997). Lehrbuch des Gerät- und Kunstturnens - Bd. 2. Kirchtellinsfurt: Knirsch-Verlag.

Knoll, K. (1999). Entwicklung von biomechanischen Messplätzen und Optimierung der Sporttechnik im Kunstturnen. Köln: Sport und Buch Strauß.

Krug, J. (1993). Technik und Techniktraining im Gerätturnen. In G. P. Brüggemann & J. K.Rühl (Hrsg.) Biomechanik im Turnen, S. 95-114. Köln, Sport und Buch Strauß.

Schack, T. (1999). Zur Entwicklung mentaler Funktionskomponenten. In E. Witruk & H. J. Lander (Hrsg.) Informationsverarbeitungsanalysen - kognitionspsychologische und messmethodische Beiträge, S. 161-177. Leipzig, Universitätsverlag.

Schack, T. (2002). Zur kognitiven Architektur von Bewegungshandlungen - modelltheoretischer Zugang und experimentelle Untersuchungen. unveröff. Habilitationsschrift. Köln: Deutsche Sporthochschule Köln.

Schack, T. & Heinen, T. (2002). Rotationsbewegungen im Gerätturnen - Mentale Strukturen und kinematische Parameter. In B. Strauß (Hrsg.) Expertise im Sport, S.33-34. Münster, Köln: bps-Verlag.

Schack, T. & Heinen, T. (2000). Mental Training based on Mental Representation. In B. A. Carlsson, U. Johnson & F. Wetterstrand (Eds.), Sport Psychology Conference in the New Millennium-a dynamic research-practise perspective (pp. 333-337). Sweden: Halmstadt University.

Yeadon, M. R. (2000). Aerial Movement. In V. M. Zatsiorsky (Ed.) Biomechanics in Sport, pp. 273-283. Oxford: Blackwell Sciences.

Lutz Schega/Katrin Kunze

PSTT- ein portabler Messplatz für Diagnostik und Training im Schwimmsport

1 Einleitung

Das „Portable Schwimmspezifische Test- und Trainingsgerät (PSTT)" (Schega et al., 2002) ermöglicht in Abhängigkeit der verschiedenen Bedienungsoptionen vielfältige Einsatzmöglichkeiten für die sportart- und bewegungsspezifische Leistungsdiagnostik, zur Trainingsunterstützung im Schwimmsport, für die anwendungsorientierte Forschung und im Bereich der Rehabilitation. Ausgewählte Anwendungsmöglichkeiten wurden untersucht und werden berichtet.

2 Methoden

Grundlage der vorliegenden Untersuchung ist das „Portable Schwimmspezifische Test- und Trainingsgerät – PSTT". Auf der Basis eines frequenzgesteuerten Asynchronmotors wird das Antriebsmoment mit einem Riemengetriebe auf eine Seiltrommel übertragen. Das Seil (spezielles Kevlarzugseil)[1] wird mit einem Umlenkrollensystem über einen Biegebalken parallel zur Wasseroberfläche geführt. Durch dessen Höhenverstellbarkeit wird gewährleistet, dass das PSTT an jede Schwimmbeckenkonstruktion angepasst werden kann. Das Seil kann am Schwimmer bzw. Untersuchungsobjekt befestigt werden.

Die Motorsteuerung erlaubt die Einstellung unterschiedlicher Parameter, wie z. B. die Seilkraft F_S in N oder die Trommel- und Seilgeschwindigkeit v_S in m/s. Je nach Betriebsart kann sowohl die Einstellung F_S = konstant, v_S = variabel als auch die Einstellung F_S = variabel, v_S = konstant realisiert werden. Die messtechnische Erfassung erfolgt über den Kraftsensor[2] und einen induktiven Geschwindigkeitssensor. Die analogen Messwerte werden digitalisiert und mit geeigneter Software zur Anzeige und Auswertung gebracht. In Abbildung 1 sind die prinzipielle Funktionsweise und der Aufbau des Test- und Trainingsgerätes dargestellt.

---

[1] Zeichnet sich u. a. durch sehr geringe Dehnbarkeit und hohe chemische Beständigkeit aus.

[2] Dehungsmessstreifen, Dehnung des Seils durch die einwirkende Kraft wird auf das Messelement übertragen und führt dort zu Spannungsänderungen, die proportional der Kraft sind (Wirsum, 1994).

PSTT - Messplatz für Diagnostik und Training im Schwimmsport

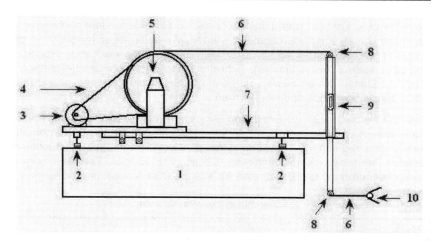

Abb. 1: Prinzipskizze des PSTT (1 = Untergrund, 2 = Gummifüsse, 3 = frequenzgesteuerter Asynchronmotor, 4 = Riemengetriebe, 5 = Seiltrommel, 6 = Zugseil aus Kevlar, 7 = Gestänge, 8 = Umlenkrollen, 9 = Kraftsensor, 10 = Befestigung für den Schwimmer bzw. Messobjekt)

3 Ausgewählte Anwendungen

3.1 Ermittlung passiver Strömungswiderstände

Im Bereich der anwendungsorientierten Forschung findet das PSTT u. a. Einsatz bei der Bestimmung von passiven Strömungswiderständen im Wasser. Der zu untersuchende Körper wird mit einer konstanten Seilgeschwindigkeit vS durch das Medium gezogen. Simultan erfolgt die Erfassung der Seilkraft FS. Es gelten folgende physikalische Zusammenhänge:

$$F_S - F_W^3 - F_K^4 = 0 \qquad (1)$$

$$F_W = F_S + m \bullet a \qquad (2)$$

Die Durchführung aller Versuche erfolgt bei einer konstanten Seilgeschwindigkeit v_S, so dass die Probanden bzw. Objekte nach einer kurzen Anlaufphase nicht mehr beschleunigt werden. Nach Gleichung 3 kann deshalb die gemessene Seilkraft F_S der passiven Wasserwiderstandskraft F_W gleichgesetzt werden.

$$F_W = F_S \qquad (3)$$

---

[3] passive Wasserwiderstandskraft (entspricht dem Strömungswiderstand des Körpers)

[4] Kraft des Körpers (Produkt aus seiner Masse m und der Beschleunigung a)

Zum Beispiel können strömungsmechanische Grundlagenuntersuchungen an geometrischen Körpern durchgeführt werden. Weiterhin ist es möglich, die passive Wasserwiderstandskraft von speziellen Sportgeräten wie Kanus, Ruderbooten, aber auch Schwimmflossen, Schwimmhilfen oder Schwimmbekleidung zu ermitteln. Damit können diese Sportgeräte und Hilfsmittel angepasst und deren Strömungswiderstände optimiert werden.

Das PSTT erlaubt auch die Ermittlung der passiven Wasserwiderstandskraft von Schwimmern und Tauchern. Im Bereich des Schwimmsports mit Körperbehinderten können durch die Bestimmung des passiven Strömungswiderstandes der Athleten ihre funktionellen Fähigkeiten abgeschätzt werden. Tabelle 1 zeigt die Versuchsanordnung und Ergebnisse für ausgewählte Anwendungsbeispiele.

Tab. 1: Bestimmung von passiven Strömungswiderständen

Messobjekt	Skizze		
Schwimmer		$F_{W\,(Schwimmer)}$	= 38,82 N
Kugel		$F_{W\,(Kugel)}$	= 7,98 N
Schnorchel		$F_{W\,(Schnorchel)}$	= 7,48 N
Schwimmsprosse		$F_{W\,(Schwimmsprosse)}$ =	17,86 N

3.2 Bestimmung von cW-Werten

Bei simultaner Erfassung der projizierten Körperquerschnittsfläche FSA in m² während des Schleppversuches ist die Bestimmung eines Widerstandsbeiwertes c_W[5] für das jeweilige Untersuchungsobjekt im Wasser möglich. Der Messaufbau wird durch eine Unterwasserkamera erweitert. Mit den Parametern Wasserwiderstandskraft F_W in N, Seilgeschwindigkeit v_S in m/s, Dichte des Wassers

---

[5] dimensionsloser Formparameter eines Körpers bei der Bewegung durch ein Medium (Dorn et al., 1983)

PSTT - Messplatz für Diagnostik und Training im Schwimmsport

(ρ = 1000 kg/m³) und projizierte Körperquerschnittsfläche FSA in m² ergibt sich der c_W-Wert nach folgender Gleichung:

$$c_W = \frac{2 \cdot F_W}{v_s^2 \cdot FSA \cdot \rho} \qquad (4)$$

Tab. 2 kennzeichnet im Vergleich beispielhafte Ergebnisse für einen Schwimmer (m = 75,50 kg; h = 1,80 m) und eine Kugel (m = 4,85 kg; d = 0,22 m).

Tab. 2: Experimentell ermittelte Widerstandsbeiwerte im Wasser

Messobjekt	Skizze	
Schwimmer	(PST, Kamera)	c_W- Wert (Schwimmer) = 0,64
Kugel	(PST, Kamera)	c_W- Wert (Kugel) = 0,46

3.3 Einsatz im schwimmsportlichen Training

Der vorgestellte Messplatz stellt vor allem auch ein hochentwickeltes Trainingsgerät und ein System zur sportart- und bewegungsspezifischen Leistungsdiagnostik dar.

Der Einsatz im Training des Leistungssports kann mit zwei unterschiedlichen Methoden umgesetzt werden. Der Schwimmer wird in beiden Fällen am Zugseil befestigt. Deshalb wird diese Art von Training auch als „halbangebundenes" Schwimmen (semi-tethered-swimming) bezeichnet. Nach Spikermann (1992) ermöglicht diese Methode eine Durchführung schwimmspezifischer Kraftmessungen. Durch die unterschiedlichen Betriebsarten des Gerätes kann sowohl ein Training mit zusätzlicher Belastung (sprint- resisted-training), als auch ein Training mit Entlastung (sprint-assisted-training) realisiert werden.

Auf der Grundlage der ermittelten Messgrößen Aktivkraft des Schwimmers F_W aktiv in N, der zurückgelegten Strecke s in m und der dafür benötigten Zeit t in s kann die Leistung des Athleten beim Schwimmen bestimmt werden.

$$P_{mech} = \frac{F_{W\,aktiv} \cdot s}{t} \qquad (5)$$

Tabelle 3 charakterisiert den praktischen Einsatz beider Trainingsmethoden.

Tab.3: Einsatz der Be- und Entlastungsmethode im Schwimmtraining

Methode	sprint-resisted-training	sprint-assisted-training
Kennzeichnung	Schwimmer bewegt sich aktiv vom PSTT weg, Seilgeschwindigkeit kleiner als Schwimmgeschwindigkeit, Athlet erfährt eine Belastung	Schwimmer bewegt sich aktiv auf das PSTT zu, Seilgeschwindigkeit größer als Schwimmgeschwindigkeit, Athlet erfährt eine Entlastung
Kraftverlauf	*sprint-resisted-training Freestyle* (Diagramm: Kraft in N vs. Zeit in ms)	*sprint-resisted-training Freestyle* (Diagramm: Kraft in N vs. Zeit in ms)
Kraftmittelwert	72,04 N	32,56 N
Leistung	48,83 W	29,30 W

4 Zusammenfassung

Für die vorgestellten Anwendungsbereiche ist das „Portable Schwimmspezifische Test- und Trainingsgerät" einsetzbar. Die Kombination des PSTT als Test- und Trainingsgerät (Möglichkeit zur simultanen messtechnischen Dokumentation) sowie sein portabler Einsatz, sowohl unter Labor- als auch Feldtestbedingungen, begründen den entscheidenden Vorteil gegenüber vergleichbaren technischen Lösungsansätzen.

Literatur

Dorn, F. & Bader, F. (1983). Physik – Oberstufe. Band MS. Hannover: Schroedel Schulbuchverlag GmbH.

Schega L., Hottowitz, R. & Sommer W. (2000). Portables Schwimmspezifisches Test- und Trainingsgerät. Deutsches Patent- und Markenamt, Nr. DE10052618 A.

Spikermann, M. (1992). Analyse und Diagnose schwimmspezifischer Kraft-, Beweglichkeits- und Technikmerkmale. Schriftenreihe des Bundesinstitutes für Sportwissenschaft ,1, 110-134.

Wirsum, S. (1994). Das Sensor-Kochbuch. 1. Auflage. Bonn: IWT-Verlag GmbH.

Peter Spitzenpfeil/Ulrich Hartmann/Christoph Ebert

Techniktraining im alpinen Skirennlauf – Der Einsatz von Druckmesssohlen zur Objektivierung der Technikanalyse

1 Einleitung

Im Gegensatz zu vielen anderen Sportarten (Leichtathletik, Tennis, Gerätturnen, etc.) gestaltet sich die Technikanalyse im alpinen Skirennlauf auf Grund der örtlichen Gegebenheiten (Entfernung zum Athleten, Geschwindigkeit, Sicht, etc.) meist sehr schwierig. Um detailliertere Informationen (kinematische und dynamische Daten) während der Fahrt zu erhalten, sind aufwändige Methoden erforderlich (Müller, 1982; Mester, 1988; Nachbauer, 1986; Raschner et al., 1997). Seit einigen Jahren werden verschiedene Messsohlen-Systeme zur Erfassung der plantaren Druckverhältnisse im Skischuh verwendet. So führte Schaff 1987 eine Untersuchung an handelsüblichen Skischuhen durch, um das Zusammenspiel zwischen Skischuh und Unterschenkel zu analysieren (Schaff et al., 1987). Zu diesem Zweck wurde eine selbst entwickelte Messmatte verwendet, die man zwischen Unterschenkel und Schaft fixierte. Mit Messpunkten wurde von dieser Matte der Druck an verschiedenen Höhen des Unterschenkels aufgezeichnet. Die ersten Laboruntersuchungen zum Druck in Skischuhen wurden 1983 von Schattner durchgeführt. Es wurden Messmatten benutzt, die an die Haut geklebt wurden in Verbindung mit einer direkten Datenaufnahme. Dieses erste für den Skischuh gedachte System führte dann später in der Weiterentwicklung zum EMED Druckmesssystem. Die ersten Feldmessungen mussten noch mit 8 kg schweren Datenaufzeichnungsgeräten durchgeführt werden. Raschner verwendete 1999 eine Druckmesssohle in seiner Untersuchung zum Unterschied der Fahrkräfte zwischen Carving-Kurven und traditionellen Schwüngen. Die Aufzeichnung verschiedener kinematischer Parameter (Knie- und Sprunggelenkswinkel, Kurvenlage, Vor- und Rücklagenwinkel, Kantwinkel, Körperschwerpunktsbahn), dynamischer Parameter (Bodenrektionskraft des kurveninneren bzw. äußeren Beins, Bodenreaktionskraft des Vorfußes bzw. der Ferse, Druckverhältnisse am Innen- bzw. Außenbein) und elektromyographischer Parameter ermöglichten die detaillierte Analyse der unterschiedlichen Fahrstile (Raschner et al., 2001).

In der vorgestellten Studie wird der Einsatz von Druckmesssohlen zur Objektivierung der Technikanalyse im Trainingseinsatz aufgezeigt.

2 Methode

Die Analyse der Druckverhältnisse im Skischuh wurde mit der Deutschen Ski-Nationalmannschaft (Damen) durchgeführt. Als Messsystem kam das PAROTEC-System der Fa. PAROMED zum Einsatz. Die verwendeten Messsohlen sind jeweils mit 24 Hydrozellen bestückt und werden wie Einlagen in die Schuhe eingelegt (vgl. Abb. 1, links).

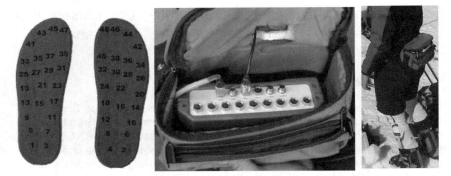

Abb. 1: Position der Sensoren auf den Messsohlen (links), Datenlogger (Mitte), Athletin mit angelegter Messtechnik (rechts)

Die Datenspeicherung erfolgte in einem Datenlogger (Größe: 178x 96x 58 mm, Gewicht: 570 g) (vgl. Abb. 1, Mitte und rechtes Bild) auf einer handelsüblichen PCMCIA–Speicherkarte. Die verwendeten Messsohlen sind in verschiedenen Größen verfügbar. Das Messprinzip beruht auf der Anwendung der Weatherstone'schen Messbrücke, nach der sich der Temperatureinfluss neutralisiert, da er auf den Mess- und Vergleichswiderstand gleich wirkt. Aufgrund der Bauart sind die Sensoren gegenüber äußeren Einflüssen wie Magnetfeldern abgeschirmt. Neben den senkrecht wirkenden Kräften können Rezeptoren in Hydrozellen auch die wirkenden Scherbelastungen aufnehmen (Paromed, 1999). Um die Videobilder mit den Messdaten synchronisieren zu können, wurde ein Triggersignal verwendet. Die Auswertung und Rückmeldung der einzelnen Messungen erfolgte mit Hilfe der Software AD-Graph, die eine simultane Darstellung der Druckdaten und des Videobildes ermöglichte.

Um die Funktion der Messtechnik zu überprüfen, wurden im Labor Testmessungen auf der Kraftmessplatte durchgeführt. In unterschiedlichen Positionen (stehend, gebeugt, gekantet) sollten vor allem mögliche Messfehler durch die Kraftübertragung der Schuhschale ermittelt werden.

3 Ergebnisse

3.1 Testmessungen im Labor

Die Messungen im aufrechten Stand auf der Sohle ergaben eine mittlere Differenz von Sohle zu Kraftmessplatte von 89 N. Diese Differenz ist durch die Tatsache zu erklären, dass nicht die gesamte Sohlenfläche mit Sensoren bestückt ist.

Einsatz von Druckmesssohlen zur Objektivierung der Technikanalyse

Während der Beugung im Sprunggelenk zeigen sich eine geringfügige Schwankung in der Druckmessung und eine mittlere Differenz zur Kraftmessplatte von 107 N (vgl. Abb. 2).

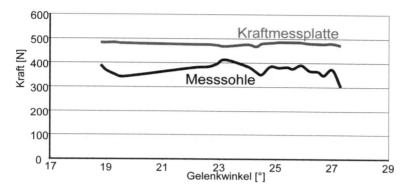

Abb. 2: Bestimmung der Kraft mit Kraftmessplatte und Messsohle in Abhängigkeit von der Beugung

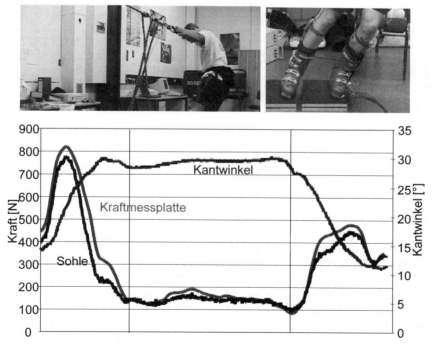

Abb. 3: Veränderung der Kraft in Abhängigkeit von der Kantstellung

Die Schwankung der Druckmessung ist vermutlich auf die Aktion des Fußes im Schuh zurückzuführen: Zur Einleitung der Dorsalflexion wird der Vorfuß angehoben, was durch die Hebelwirkung am Schuhschaft zu einer Verringerung des Gesamtdrucks führt. Die weitere Beugung wird durch die Masse des Oberkörpers unterstützt, wodurch die Druckwerte wieder ansteigen.

Weiterhin wurde die Kraftübertragung während der Einnahme einer skitypischen Kantstellung analysiert (vgl. Abb. 3).

Die Abnahme der Kraft mit Einnahme des Kantwinkels zu Beginn der Messung resultiert aus der Fixierung der Stellung durch ein Seil (vgl. Bild in Abb. 3). Zwischen Sohle und Kraftmessplatte wurde für diese Übung eine mittlere Differenz von 52 N gemessen.

Als Fazit aus den Testmessungen wurde geschlossen, dass in der speziellen Messsituation im Skischuh mit den Sohlen nur ungenaue absolute Kraftwerte ermittelt werden können. Aussagen über den relativen Kraftverlauf scheinen jedoch zulässig.

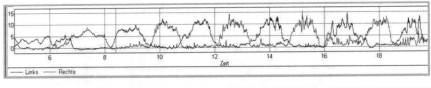
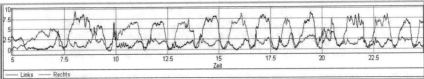

Abb. 4: Messung des plantaren Drucks während der Fahrt bei zwei Sportlerinnen

3.2 Einsatz im Techniktraining

Im Rahmen des Techniktrainings sollte vor allem die Verteilung der Gewichtsbelastung auf beide Ski während der Kurvenfahrt trainiert werden. Die Athletinnen absolvierten jeweils drei Fahrten mit den Messsohlen. Durch ein Triggersignal (Lampe) konnten die Messungen mit dem aufgenommenen Videobild synchronisiert werden. Abbildung 4 zeigt beispielhaft die Ergebnisse zweier Athletinnen.

Es ist deutlich zu erkennen, dass in Abb. 4 im oberen Beispiel jeweils ein Bein fast völlig entlastet ist, wobei es der Athletin im unteren Beispiel gelingt, jeweils auch das zweite Bein mit zu belasten. Die Ergebnisse bestätigten sich bei den anderen Versuchen dieser Läuferinnen und konnten in ähnlicher Form auch bei den anderen gefunden werden.

4 Diskussion

Die Ergebnisse der Testmessungen haben gezeigt, dass mit der Messsohle im Skilauf nur ungenaue Aussagen über die absolute Höhe des Druck- bzw. Kraftverlaufs getroffen werden können. Interpretationen hinsichtlich relativer Werte scheinen jedoch zulässig.

Im Techniktraining der Damen Nationalmannschaft hat sich der Einsatz des Systems aus mehreren Gründen bewährt.

- *Rückwirkungsfreiheit*: Die gesamte Messtechnik (Sohlen, Kabel, Datenlogger) wird von den Athletinnen als wenig bis gar nicht störend empfunden.
- *Handhabung*: Das An- und Ablegen der Geräte lässt sich problemlos auf der Piste durchführen.
- *Auswertung*: Die Synchronisation der Daten mit dem Videobild ermöglicht eine effektive Rückmeldung.
- *Umsetzung*: Die Athletinnen waren in der Lage, die Ergebnisse der Messungen und Interpretationen der Trainer schnell umzusetzen.

So können durch die Messungen des plantaren Sohlendrucks im Skischuh den Trainern und Athleten wichtige Informationen über unterschiedliche Technikparameter (z. B. Belastungsverteilung, Zeitprogramme, etc.) gegeben werden. Es zeigte sich z. B., dass durch die Beobachtung des Trainers die Belastungsverteilung zwischen linkem und rechtem Ski nur unzureichend erfasst werden konnte. Darüber hinaus konnte auch die subjektive Wahrnehmung der Athleten objektiviert werden.

Literatur

Mester, J. (1988). Diagnostik von Wahrnehmung und Koordination im Sport. Schorndorf: Hofmann.

Müller, E. (1982). Biomechanische Analysen alpiner Skilauftechniken. Innsbruck: Inn-Verlag.

Nachbauer, E. (1986). Fahrlinie und Belastungsverlauf bei Torlauf und Riesentorlauf. Dissertation, Universität Innsbruck.

Raschner, C., Müller, E. & Schwammeder, H. (1997). Kinematik and kinetic analysis of slalom turns as a basis for development of specific training methods to improve strength an endurance. In E. Müller, H. Schwammeder, E. Kornexl & C. Raschner (Eds.), Science and Skiing (pp. 251-261). London: E & FN Spon.

Raschner, C., Schiefermüller, C., Zallinger, G. Hofer, E., Müller, E. & Brunner, F. (2001). Carving Turns versus Traditional Parallel Turns – a Comparative

Biomechanical Analysis. In E. Müller, H. Schwammeder, C. Raschner, S. Lindinger & E. Kornexl (Eds.), Science and Skiing II (pp. 203-217). Hamburg: Verlag Dr. Kovac.

Schaff, P., Hauser, W. (1987). Druckverteilungsmessungen am menschlichen Unterschenkel in Skischuhen. Sportverletzungen – Sportschaden, 3, 118-129.

Björn Stapelfeldt, York Olaf Schumacher, Albert Gollhofer

Ein interdisziplinärer biomechanisch-physiologischer Ergometriemessplatz zur komplexen konditions- und Bewegungsanalyse im Radsport

1 Einleitung

Im Radsport liegt der Schwerpunkt der Leistungsdiagnostik traditionell auf der Diagnostik der konditionellen Fähigkeiten. Ein weiterer wichtiger Aspekt ist jedoch die Beurteilung koordinativer Fähigkeiten, welche sich in der muskulären Aktivität und der Pedaliertechnik äußern (Hillebrecht et al., 1998). Die Pedaliertechnik lässt sich mit Hilfe dynamografischer und kinematischer Messverfahren beurteilen.

Um die Ausprägung konditioneller und koordinativer Fähigkeiten gleichermaßen beurteilen zu können, wurde in Zusammenarbeit von Biomechanikern, Sportmedizinern und Trainingswissenschaftlern ein Ergometriemessplatz entwickelt, an dem biomechanische und physiologische Parameter synchron erfasst werden können.

2 Methode

Zentrales Gerät ist ein PC-gesteuertes SRM-Ergometer, welches sowohl Belastungen mit konstanter Leistung (lastabhängig) als auch die freie Belastungswahl im isokinetischem Modus ermöglicht. Parallel kann die gefahrene Leistung über die SRM-Kurbel gemessen werden (Jones et al., 1998). Über die Erstellung spezieller Programme sind so verschiedene artifizielle und wirklichkeitsnahe Belastungssituationen sowohl als Test, als auch als Trainingsform simulierbar.

Während der Belastung können sowohl physiologische als auch biomechanische Parameter synchron erfasst werden. Dies sind im Einzelnen Laktat, Herzfrequenz, spirometrische Kennwerte, Pedalkräfte, elektromyografische und kinematische Daten. Zur Messung der Pedalkräfte steht ein eigens konstruiertes Messsystem (*Powertec®*) zur Verfügung, die Erfassung der kinematischen Daten erfolgt mit dem *Vicon Motion®* System, die Messung der muskulären Aktivität mit einer *Glonner®*-Telemetrie.

Das *Powertec*-System erfasst die in Rahmenebene liegenden vortriebswirksamen (tangentialen) Kräfte und Verlustkräfte (radial) für beide Beine. Daraus lassen sich die tatsächlich wirkende, resultierende Kraft und die Effektivität (das

Verhältnis von vortriebswirksamer zu resultierender Kraft) berechnen. Das System ermöglicht den Einsatz sämtlicher Pedalsysteme.

Das *Vicon Motion*® System verfügt über eine sehr zuverlässige auto-tracking Routine, was aus ökonomischen Gründen Voraussetzung für den Einsatz im Rahmen diagnostischer Zwecke ist.

3 Ergebnisse und Diskussion

Insgesamt lässt sich mit diesem Messplatz eine Fülle von Kennwerten erfassen, von denen lediglich eine Auswahl in die diagnostische Analyse eingehen kann, wenn diese für den Athleten übersichtlich und verständlich bleiben soll. Die an dieser Stelle präsentierten Ergebnisse sind daher ebenfalls nur eine beispielhafte Auswahl.

Belastungsmodifikationen führen zu deutlichen Veränderungen sowohl der biomechanischen, als auch der physiologischen Daten (vgl. Abb. 1 und Abb. 2). Die Variation der einzelnen kinematischen Parameter in Folge einer Belastungssteigerung fällt jedoch parameterbezogen unterschiedlich aus. Während z. B. der Sprunggelenkwinkel (Extension/Flexion) und die seitliche Kniebewegung zum Fahrradrahmen bezüglich Verlauf, Amplitude und Variabilität klar mit der Belastung variieren, bleibt der Kniewinkel (Flexion/Extension) stabil (vgl. Abb. 1). Die gilt ebenfalls für die myoelektrische Aktivität einzelner Muskeln. Während das normierte integrierte EMG des m. rectus femoris mit steigender Belastung ebenfalls zunimmt, weist der m. gastrocnemius eine Reduktion der Aktivität auf (Abb. 2).

Bezogen auf den Kurbelkreis können die biomechanischen Parameter zueinander in Beziehung gesetzt werden. Kurz vor der obersten Kurbelstellung (0°) beginnt die Kniestreckung – gleichzeitig erfolgt eine passive Dorsalflexion im Sprunggelenk, die bei maximaler Belastung besonders stark ausgeprägt ist. Dies ist als mangelnde Fixierung des Sprunggelenkes zu interpretieren: die durch Hüft- und Kniemoment auf die Tibia übertragene Kraft kann zunächst nicht voll auf das Pedal übertragen werden. Nachdem das Sprunggelenk maximal dorsalflektiert ist, nehmen auch die vortriebswirksamen Kräfte zu, die im Bereich um 90° ihr Maximum erreichen. Die größte Kniestreckung tritt zeitgleich mit einem lokalen Maximum der Plantarflexion im Sprunggelenk auf. Das Knie ist zu diesem Zeitpunkt am weitesten vom Ergometerrahmen entfernt, d. h. es befindet sich in einer Valgusstellung.

Ein direkter Zusammenhang zwischen biomechanischen und physiologischen Daten zeigt sich nicht. Mit zunehmender Belastung finden sich zwar deutliche Veränderungen sowohl der Laktatkonzentration als auch der muskulären Aktivität (integriertes EMG) (vgl. Abb. 2) – diese lassen sich jedoch nicht in einen Zusammenhang bringen.

Interdisziplinärer Ergometriemessplatz im Radsport

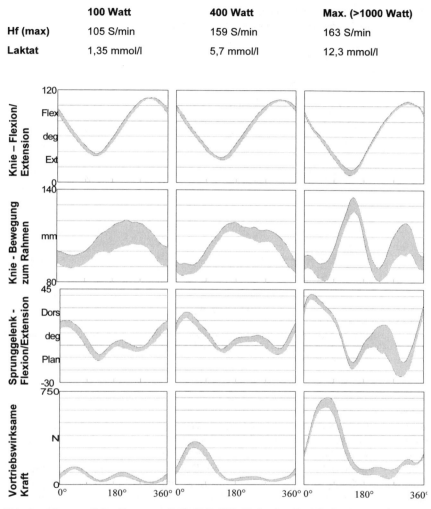

Abb. 1: Ausgewählte Raum- und Kraft-Zeit-Verläufe der Pedalierbewegung bezogen auf den Kurbelkreis (0° - 360°) bei unterschiedlichen Belastungen auf dem Ergometer (average (mittlere Kurve) ± Standardabweichung über 30 (100, 400 W) und 10 (max.) Einzelzyklen) und zugehörige physiologische Parameter

Die Erfassung physiologischer Kennwerte ist dennoch sinnvoll, da sie die Beurteilung der biomechanischen Daten im Licht der physiologischen Beanspruchung ermöglicht. Dass sich die biomechanischen Daten in den durch die Stoffwechselschwellen gekennzeichneten Beanspruchungsbereichen deutlich unterscheiden ist in Abb. 2 ersichtlich. Je nach Beanspruchungsbereich unterscheidet sich auch die Trainingswirkung einzelner Muskeln.

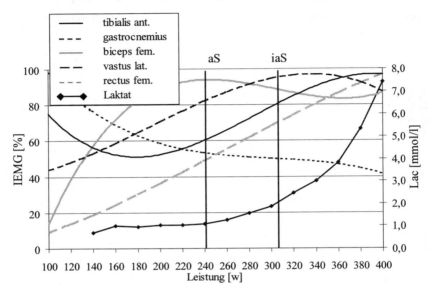

Abb. 2: Laktat-Leistungs-Kurve und integriertes, normiertes und geglättetes EMG im Verlauf des Stufentests eines Elite-Radfahrers (aS = aerobe Schwelle, iaS = individuelle anaerobe Schwelle)

4 Fazit

Durch die Kombination von dynamografischen, kinematischen und elektromyografischen Messverfahren ist eine komplexe Bewegungsanalyse im Radsport möglich. Hieraus können sowohl Aussagen zur Pedaliertechnik als auch zu orthopädischen Aspekten getroffen werden. Durch die synchrone Erfassung physiologischer Kenngrößen sind die Aussagen der Bewegungsanalyse auf verschiedene physiologische Beanspruchungssituationen zu beziehen. Je nach Beanspruchungsbereich werden die einzelnen Muskeln zum Teil völlig unterschiedlich beansprucht. Dies hat Konsequenzen für die muskuläre und motorische Wirkung des Trainings mit unterschiedlichen Intensitäten. Durch die Kenntnis der Beanspruchungsbereiche, die nur über die Stoffwechselschwellen und damit die Laktatkonzentration festzulegen sind, lassen sich die unterschiedlichen muskulären und motorischen Effekte gezielt ansteuern.

Da die Anzahl der zur Verfügung stehenden Parameter sehr groß ist, ist es notwendig eine Auswahl der aussagekräftigsten Größen zu treffen. Diese kann jedoch erst nach Analyse der Daten größerer und im Leistungsniveau sich unterscheidender Probandengruppen getroffen werden. Hierzu sind weitere Untersuchungen notwendig.

Als Ausblick ist durch Kombination der Messverfahren mit entsprechenden Feedbackverfahren ein Motoriktraining bei verschiedenen Beanspruchungssituationen denkbar. Hierfür sind sowohl auditive als auch visuelle Verfahren geeignet. Ein positiver Effekt von Feedback kinetischer Parameter bei der Kurbelbewegung im Sinne einer Technikverbesserung (Erhöhung des Vortriebs und Verbesserung der Effektivität) konnte empirisch nachgewiesen werden (Henke, 1994).

Literatur

Henke, T. (1994). Zur biomechanischen Validierung von Komponeneten der Fahrtechnik im Straßenradsport, Köln.

Hillebrecht, M., Schwirtz, A., Stapelfeldt, B., Stockhausen, W. & Bührle, M. (1998). Tritttechnik im Radsport. Der „runde Tritt" - Mythos oder Realität? Leistungssport (6), 56-62.

Jones, S. M. & Passfield, L. (1998). The dynamic calibration of bicycle power measuring cranks. In S.J Haake (Hrsg.), The engineering of sport (S. 265-274). Oxford.

Jürgen Krug/Falk Naundorf/Sascha Lattke

Bericht zum Einsatz von Messplätzen an den Olympiastützpunkten

1 Ausgangspositionen – Zielstellung der Untersuchung

Techniktraining ist in einer Reihe von Sportarten ein leistungslimitierender Faktor. Eine Vielzahl von Athleten, Trainern und Wissenschaftlern sieht gerade in der sportlichen Technik ein bis heute noch unzureichend ausgeschöpftes Potenzial zur weiteren Entwicklung der sportlichen Leistungsfähigkeit (vgl. u. a. Martin, 1991; Krug, 1996). Vor diesem Hintergrund sind im zunehmenden Maße Anstrengungen zur objektiven Beschreibung der sportlichen Technik und zur Optimierung von sportmotorischen Lern- und Trainingsprozessen feststellbar (vgl. Daugs, 2000). Einen hohen Anteil hat an diesen Bemühungen die Entwicklung von sportmotorischen Messplatzsystemen in den verschiedenen Sportarten. Nach einer Recherche des DSB-BL existieren allein an den bundesdeutschen Olympiastützpunkten und Bundesleistungszentren ca. 80 Messplatzsysteme (in Daugs, 2000). Daugs (2000) beschrieb insgesamt 20 in der Literatur veröffentlichte Messplatztrainingssysteme nach ausgewählten Strukturmerkmalen (u. a. theoretische Fundierung, biomechanische Verfahren, Wirksamkeitsprüfung). Es ist jedoch davon auszugehen, dass eine größere Anzahl an weiteren Messplätzen bei der wissenschaftlichen Begleitung des Trainings an den Olympiastützpunkten eingesetzt wird. Basierend auf eigenen Projekten zur Entwicklung von Messplätzen und den Erfahrungen bei der Durchführung von Messplatztraining sollen in dieser Untersuchung vor allem die Messplatzsysteme der Olympiastützpunkte genauer analysiert werden. Eine erste Wertung der Ergebnisse wurde auf dem 5. Gemeinsamen Symposium der dvs-Sektionen Biomechanik, Sportmotorik und Trainingswissenschaft vom 19. bis 21. September 2002 in Leipzig präsentiert. Dort konnten sich zahlreiche Mitarbeiter von Olympiastützpunkten einen ersten Überblick über die Ergebnisse verschaffen. Mit der vorliegenden Arbeit soll den Olympiastützpunkten die Ergebnisse der Analyse ausführlich vorgestellt werden, um in einem weiteren Schritt Standpunkte, Korrekturen und Ergänzungen vornehmen zu können.

2 Methodische Vorgehensweise

Für die Analyse der Messplätze wurde die schriftliche, postalische Befragung gewählt. Die Befragung erfolgte mittels eines standardisierten Fragebogens[1].

---

[1] Der Fragebogen wurde in der Beratung des wissenschaftlich-medizinischen Beirates des DSB am 06.03.2002 beraten und bestätigt.

Dieser beinhaltete insgesamt 18 Fragen (als Antwortvorgaben bzw. in offener Form) zu den Bereichen:

- allgemeine Fragen zum Messplatzsystem,
- subjektive Einschätzung des Nutzens,
- Informationsmöglichkeiten und deren Organisation am Messplatzsystem,
- Einsatzschwerpunkte der Messplatzsysteme,
- Literaturbezug und Veröffentlichungen.

Die Fragebögen wurden allen 20 Olympiastützpunkten in Deutschland zugeschickt. Für jedes Messplatzsystem war ein Fragebogen auszufüllen. Wurden an einem Messplatz verschiedene Aufgaben realisiert, so war für jede separate Aufgabenstellung ein Fragebogen auszufüllen. Dies galt nicht, wenn verschiedene Aufgaben gleichzeitig im Rahmen einer Messplatzintervention bearbeitet wurden. Im Befragungszeitraum von Mitte April bis Ende Oktober wurden 63 Fragebögen von 11 Olympiastützpunkten beantwortet und zurückgesandt. Die erhobenen Daten wurden mit dem Statistikprogramm SPSS V10.0 für Windows® ausgewertet.

3 Ergebnisdarstellung

3.1 Allgemeine Fragen zum Messplatzsystem

Im Folgenden werden die einzelnen Ergebnisse der Befragung dargestellt. Die erfassten Messplatzsysteme werden in insgesamt 31 unterschiedlichen Sportarten eingesetzt (Tab. 1).

Tab. 1: Messplatzeinsatz in verschiedenen Sportarten (in alphabetischer Reihung)

Sportart	Häufigkeit	Sportart	Häufigkeit
Badminton	1	Leichtathletik	22
Biathlon	8	Radsport	3
Bob	2	Rennschlitten	1
Boxen	7	Ringen	1
Eishockey	6	Rudern	12
Eiskunstlauf	8	Schießsport	2
Eisschnelllauf	11	Schwimmen	21
Flossenschwimmen	1	Segeln	1
Gerätturnen	1	Short Track	2
Gewichtheben	6	Tennis	1
Handball	2	Triathlon	1

Fortsetzung von Tabelle 1:

Sportart	Häufigkeit	Sportart	Häufigkeit
Hockey	2	Turnen	4
Judo	9	Volleyball	10
Kampfsport	1	Wasserball	2
Kanu	5	Wasserspringen	5
Karate	1		

3.2 Nutzung der Messplatzsysteme

Insgesamt werden 58 der erfassten 63 Messplatzsysteme derzeit auch genutzt. Lediglich drei Messplätze sind zurzeit eingeschränkt nutzbar. Ein Messplatz wird nicht genutzt und in einem Fragebogen wurde die Frage der Nutzung nicht beantwortet. Die Nutzungshäufigkeit der einzelnen Messplätze zeigt eine große Spannweite. Sie liegt zwischen 5 und 1500 Einsätzen pro Jahr.

3.3 Personeller und zeitlicher Aufwand zur Vorbereitung, Durchführung und Auswertung eines Trainings am Messplatz

In diesem Fragenkomplex bestand die Zielstellung, den personellen und zeitlichen Aufwand bei der Organisation einer Trainingsmaßnahme am Messplatz zu erfassen. Der personelle Aufwand liegt bei ein bis drei Mitarbeitern (Tab. 2).

Tab.: 2: Personeller Aufwand Messplatztraining

	Vorbereitung (n = 60)	Durchführung (n = 62)	Auswertung (n = 55)
min	1	1	1
max.	3	3	2
Modus[2]	1	1	1

Eine weitere Frage bezog sich auf den zeitlichen Bedarf sowohl für die Vorbereitung als auch die Auswertung von Maßnahmen am Messplatz (Tab. 3). Abhängig von der zu realisierenden Aufgabenstellung gestaltet sich der entsprechende zeitliche Aufwand. Bei der Mehrzahl der Messplätze ist eine kurze Vorbereitungszeit einzuplanen. Zeitintensiver ist die Auswertung des Messplatztrainings.

---

[2] Modus oder auch Modalwert. Ist der am häufigsten auftretende Wert. Wenn mehrere Werte die gleiche größte Häufigkeit aufweisen, stellen beide Werte Modalwerte dar.

Tab. 3: Zeitlicher Aufwand Messplatztraining

	Vorbereitung [h] (n = 60)	Auswertung [h] (n = 54)
min.	0,08	0,25
max.	8,00 (1 Tag)	32,00 (4 Tage)
Modus	0,25	1,0

3.4 Einschätzung des Nutzens für die Sportart

Um den kurzfristigen und langfristigen Nutzen des Messplatzes für die Sportart zu erfassen, sollten die Befragten auf zwei getrennten 6-stufigen Skalen eine entsprechende Einschätzung vornehmen. Sowohl der langfristige als auch der kurzfristige Nutzen einer Messplatzintervention werden als wichtig eingeschätzt. Betrachtet man die Verteilung der Antworten auf beiden Skalen, so ist zu erkennen, dass der langfristige Nutzen (n = 61; Modus = 6, Spannweite = 2) insgesamt häufiger als wichtig eingeschätzt wurde als der kurzfristige Nutzen (n = 58; Modus = 6, Spannweite = 4).

3.5 Art des realisierten Trainings am Messplatz

Ausgehend von der besonderen Bedeutung von Messplatzsystemen im Techniktraining wurde erfragt, welche Art von Training mit dem Messplatzsystem realisiert wird (Abb. 1). Neben dem reinem Techniktraining bzw. technikorientierten Arten des Trainings wurden weitere Möglichkeiten erfasst. Unter den nichttechnikorientierten Arten des Trainings wurden die Verwendung zu rein diagnostischen Zwecken bzw. zu einem fähigkeitsorientierten Training zusammengefasst. Wie man der Abb. 2 entnehmen kann, werden 48 von 63 Messplatzsystemen im Bereich des technikorientierten Trainings verwendet.

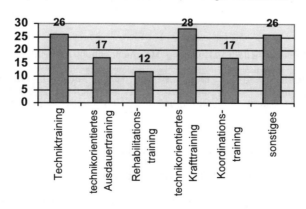

Abb. 1: Trainingsarten (n = 63; Mehrfachnennung möglich)

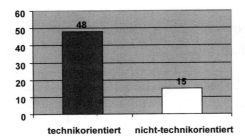

Abb. 2: Orientierung der Trainingsarten bezogen auf ein Techniktraining

3.6 Zielbereich des Messplatztrainings

Messplätze werden sowohl im Hochleistungstraining als auch im Training des Nachwuchses eingesetzt. Der Anteil im Hochleistungsbereich liegt etwas höher als im Nachwuchstraining (Tab. 4).

Tab. 4: Zielbereiche Messplatztraining (Mehrfachnennungen möglich)

	Hochleistungstraining	Nachwuchstraining
Häufigkeit	62	50

3.7 Dauer bis zur Rückmeldung/Information

Die Zeitstruktur der Informationsgebung ist eine wichtige Gestaltungskomponente eines effektiven Messplatztrainings. Aus diesem Grund wurde mit der Frage 7 versucht, das Prä-KR-Intervall, als Zeitdauer zwischen Bewegungsende und Informationsgabe an den Sportler, zu erfassen. Hierfür standen vier Antwortmöglichkeiten zur Auswahl. Besonders häufig wird dem Sportler die Rückinformation während der Bewegungsausführung bzw. sofort danach zur Verfügung gestellt (siehe Tab. 5).

Tab. 5: Prä-KR-Intervalle der Rückmeldung (Mehrfachnennung möglich)

	online/ während der Bewegung	unmittelbar nach der Bewegung	bis 30 sec. nach der Bewegung	über 30 sec. nach der Bewegung
Häufigkeit	36			
	40	7	13	

3.8 Art der Rückmeldung/Art der Informationen

Die Informationsart wurde getrennt nach IST- bzw. SOLL-Information erfragt. Neben den Möglichkeiten der Präsentation verschiedener biomechanischer Parameter wurde auch die Modalität der dargebotenen Information erfasst. Festzustellen ist, dass der akustische Anteil an Informationsübermittlung über dem der optischen Informationsgabe (Video, Bild) liegt (Abb. 3). Da er ausschließlich in verbaler Form (qualitative Beschreibung bzw. Korrekturhinweise) erfolgt, ist zu schlussfolgern, dass andere Möglichkeiten wie eine tonhöhenmodulierte Informationsgabe nicht genutzt werden. Betrachtet man die Informationen, welche dem Sportler optisch zur Verfügung gestellt werden, so sind dies vor allem Video- bzw. Bildinformationen. Der Schwerpunkt liegt auf der Nutzung von Videoinformation (Tab. 6).

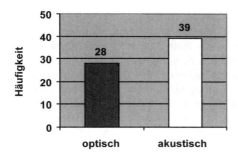

Abb. 3: Informationsmodalität

Tab. 6: Formen optischer Informationen (Mehrfachnennungen möglich)

	Videoinformation	Bildinformation
Häufigkeit	21	10

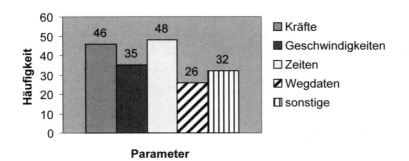

Abb. 4: Parameterart IST-Informationen (Mehrfachnennung möglich)

Die Messplatzsysteme bieten bei der Objektivierung der Bewegung des Sportlers eine Vielzahl von biomechanischen Parametern. Neben den vorgegeben Antwortmöglichkeiten werden eine Reihe weiterer Parameter an den verschiedenen Systemen erfasst und dem Sportler zur Verfügung gestellt. Da im Fragebogen die Parameterart nur für die IST-Informationen erfragt wurde, lassen sich konkrete Aussagen nur hierfür treffen. Es ist aber davon auszugehen, dass sich die Parameterart bei IST- und SOLL-Information im Wesentlichen nicht voneinander unterscheiden. In Abb. 4 sind die erfassten Häufigkeiten der Parameter der IST-Information dargestellt.

Unter dem Punkt „Sonstige" finden sich weitere biomechanische bzw. medizinische Parameter.

3.9 Informationsfrequenz/Informationsverteilung

Die Verteilung der Rückmeldung ist eine weitere Variable des sportmotorischen Messplatztrainings. In der Auswertung der Frage 9 konnte festgestellt werden, dass lediglich an zwei Messplätzen keine feste Rückinformationsstrategie genutzt wird. Am häufigsten wurde eine Rückmeldung nach jedem Übungsversuch (100 % Feedback) angewandt. Weitaus seltener wird die Möglichkeit genutzt, die Rückmeldung dem Sportler nach jedem zweiten Übungsversuch zu geben. Betrachtet man die Rückmeldeverteilung im Laufe eines Trainings, so bleibt die Informationshäufigkeit bei über der Hälfte der erfassten Messplätze konstant. Die systematische Reduktion der Rückmeldehäufigkeit („Fading") wurde lediglich in zwei Fällen angewandt. Eine Rückinformation nach freier Wahl, also abhängig davon, ob der Sportler bzw. der Trainer Informationen über den Übungsversuch möchte, scheint ebenfalls selten zur Anwendung zu kommen. Als weiteres Vorgehen der Informationsverteilung konnten u. a. die Informationsgabe nach Versuchsserien, bzw. die gemittelte Rückinformation erfasst werden. Eine genaue Übersicht über die Häufigkeiten der erfragten Informationsverteilung/Informationsfrequenz ist in Tab. 7 dargestellt.

Tab. 7: Informationsverteilung/Informationsfrequenz (Mehrfachnennung möglich)

Verteilung/Frequenz der Information	Häufigkeit
Information nach jedem Versuch	52
Information nach jedem 2. Versuch	3
Informationshäufigkeit verringert	2
Informationshäufigkeit konstant	34
Information, wenn Trainer es möchte	11
Information, wenn Sportler es möchte	11
anderes festes Prinzip	13
ohne festes Prinzip	2

Neben den Sofortinformationen, welche dem Sportler bzw. Trainer während des Messplatztrainings zur Verfügung standen, werden in 56 Fällen (88,9 %) nach der Auswertung der Messplatzintervention zusätzliche Informationen für Sportler und Trainer bereitgestellt.

3.10 Einsatz des Messplatztrainings für bestimmte Sportler bzw. Trainingsgruppen

Während sich die Frage 3 mit der Nutzung des Messplatzes insgesamt befasste, stand hier die Messplatznutzung für einen bestimmten Sportler bzw. eine Trainingsgruppe im Vordergrund. Von Interesse sind zum Einen die Regelmäßigkeit des Einsatzes, mit entsprechender Häufigkeit pro Monat, und zum Anderen die ausschließliche Anwendung bei spezifischen Problemen. In 73 % der Fälle kommt der Messplatz regelmäßig zum Einsatz. Im Mittel werden hierbei sechs Einheiten pro Monat absolviert. Allerdings liegt die monatliche Einsatzhäufigkeit bei neun Messplatzsystemen mit regelmäßiger Nutzung unter vier Maßnahmen. Bei insgesamt zehn Fragebögen konnte ein Einsatz des Messplatzes beim Vorliegen von spezifischen Problemen erfasst werden. In vier Fällen wurden beide Einsatzmöglichkeiten angegeben.

3.11 Anzahl der Übungen/Umfang des Messplatztrainings für bestimmte Sportler

Um Aussagen zu dem Umfang eines Messplatztrainings treffen zu können, wurde das Ausführen von Bewegungen in einer festen Zeitspanne bzw. die Gesamtanzahl von Bewegungswiederholungen erfragt. Die Zeitdauer, während der die Übungen beim Messplatztraining wiederholt werden, bewegt sich zwischen 2 bis 120 min. Die Gesamtanzahl von Übungswiederholungen während eines Messplatztrainings ist sehr unterschiedlich. Sie liegt zwischen 3 und 4000 Wiederholungen.

3.12 Organisationsform des Messplatztrainings

Die Mehrzahl der Messplatzmaßnahmen wird in Form des Einzeltrainings durchgeführt. Ein ausschließliches Gruppentraining am Messplatz wurde nicht angegeben (Tab. 8). Die Sportleranzahl eines Gruppentrainings befindet sich zwischen 2 und 20 (Modus = 4).

Tab. 8: Organisationsformen Messplatztraining (n = 63)

Organisationsform	Häufigkeit
nur Einzeltraining	34
nur Gruppentraining	0
Gruppen- und Einzeltraining	28
keine Angaben	1

3.13 Einsatz des Messplatztrainings im Trainingsjahr

Der Einsatz des Messplatztrainings muss in die jeweilige Trainingskonzeption der Sportart eingebunden werden. Entsprechend der sportartspezifischen Besonderheit leitet sich daraus das Einsatzspektrum im Periodenzyklus ab. Der Einsatzschwerpunkt liegt in der Phase/Periode der speziellen Vorbereitung (Abb. 5).

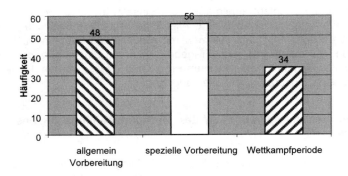

Abb. 5: Einsatz Messplatztraining im Trainingsjahr (n = 63; Mehrfachnennung möglich)

3.14 Literatur und andere Informationsquellen

Für die Arbeit an den Messplatzsystemen werden intensiv Literatur- bzw. andere Informationsquellen genutzt (siehe Tab. 9). Unverzichtbar ist offenbar die Nutzung eigener Erfahrungen am Messplatz.

Tab. 9: Nutzung von Informationsquellen (n = 63; Mehrfachnennung möglich)

Literatur- bzw. Informationsquelle	Häufigkeit
Eigene Erfahrungen	59
Sportwissenschaftliche Zeitschriften	34
Handbücher (vom Hersteller)	31
Sportwissenschaftliche Bücher	30
Internetinformationen	11
Sonstige	20

Neben den in Tab. 8 aufgeführten Quellen werden Experten sowie wissenschaftliche Institute als Informationspartner angegeben.

3.15 Veröffentlichungen

Zum Schluss der Befragung sollte erfasst werden, ob der jeweilige Messplatz in Veröffentlichungen vorgestellt wurde. Für fast die Hälfte der Messplätze (43 %) ist dies der Fall. Es ist somit anzunehmen, dass die Olympiastützpunkte im hohen Maße an der Entwicklung von Messplätzen bzw. deren Anpassung für spezifische Aufgabenstellungen beteiligt sind.

4 Diskussion

4.1 Informationelle Gestaltung am Messplatz

Der hohe Anteil an verbaler Informationsübermittlung an den Sportler (qualitative Beschreibung, Korrekturhinweise) deutet darauf hin, dass neben einem qualifizierten Mitarbeiter zum Bedienen der technischen Ausrüstung auch ein erfahrener Trainer beim Messplatztraining anwesend ist. Interessant ist, dass die Möglichkeit eines „Autotrainagers" als Selbstlernmodul, wie von Farfel (1977) beschrieben, nicht verwendet wird.

Weiterhin wird durch die Untersuchung deutlich, dass dem Trainer bzw. Athleten eine Fülle von Informationen (insbesondere biomechanische Parameter) während des Messplatztrainings geliefert werden. In diesem Zusammenhang stellt sich die Frage, ob der Athlet bzw. Trainer diese zum Teil umfangreichen Informationen in ihrer Gesamtheit nutzen können. Eine vom Sportler bzw. Trainer frei wählbare informationelle Gestaltung könnte an dieser Stelle hilfreich sein. Aussagen, inwieweit eine solche Möglichkeit an den Messplätzen vorhanden ist, können mit den vorliegenden Ergebnissen jedoch nicht getroffen werden.

4.2 Differenzierung Messplatztraining/Messplatzdiagnostik

In diesem Komplex wird versucht, Messplatztraining und Messplatzdiagnostik zu differenzieren. Für ein Messplatztraining wurden folgende Mindestanforderungen festgelegt:

- Die Häufigkeit des Messplatzeinsatzes muss für einen bestimmten Sportler bzw. eine Sportgruppe mindestens vier mal pro Monat betragen.
- Es muss eine Rückmeldung in der Trainingseinheit über Übungsversuche an den Sportler erfolgen.

Bei der Mehrzahl der eingesetzten Messplätze werden diese Anforderungen jedoch nicht erfüllt. Besonders wenig wurde der viermalige monatliche Einsatz für bestimmte Sportler bzw. Sportlergruppen erreicht. Allein durch die fehlende Angabe bei der Frage nach dem regelmäßigen Einsatz des Messplatztrainings entsprachen 10 Messplätze nicht dieser Anforderung. Bei 36 der insgesamt 38 in die Kategorie Messplatzdiagnostik eingeordneten Messplätze führte die zu geringe Trainingshäufigkeit (weniger als 4-mal pro Monat) zu der entsprechenden Einordnung. Eine ausschließlich diagnostische Verwendung des Messplatzsystems wurde in sechs Fällen von den Olympiastützpunkten angegeben. Nach unserer Auswertung werden Messplätze zum größeren Anteil zur Leistungsdiagnostik genutzt (Abb. 6).

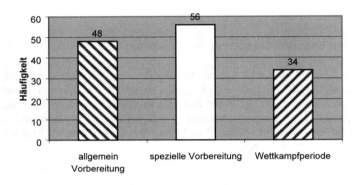

Abb. 6: Differenzierung Messplatztraining/-diagnostik (n = 63)

Literatur

Daugs, R. (2000). Evaluation sportmotorischen Messplatztrainings im Spitzensport. Köln: Sport und Buch Strauß.

Farfel, W.S. (1977). Bewegungssteuerung im Sport. Berlin: Sportverlag.

Krug, J. (1996). Techniktraining – eine aktuelle Standortbestimmung. Leistungssport, 3, 6-11.

Martin, D. (1991). Zum Belastungsproblem im Kinder- und Jugendtraining unter besonderer Berücksichtigung von Vielseitigkeit oder Frühspezialisierung. Leistungssport, 5, 5-8.

Sven Güldenpfennig

Olympische Spiele als Weltkulturerbe
Zur Neubegründung der Olympischen Idee

2004. 400 S. 34,50 EUR. 14,8 × 21 cm.
ISBN: 3-89665-308-3

Der olympische Diskurs bezieht Beiträge aus vier Richtungen: aus Journalismus, Wissenschaft und sonstigen Olympiabüchern, vor allem aber aus der praxisbezogenen Kommunikation innerhalb der Olympischen Bewegung. Sie haben jenes Fundament öffentlicher Wahrnehmung, sachlicher Kenntnisse und emotionaler Zuwendung schaffen helfen, auf das Olympische Idee und Bewegung für ihre dauerhafte Breitenwirkung angewiesen sind. Doch fehlt bislang ein unverzichtbares Instrumentarium: ein wohlbegründeter theoretischer Hintergrund, eine Meta-Erzählung, die alle Einzelbeobachtungen zu Zielsetzungen, Wirklichkeit und Fehlentwicklungen des olympischen Geschehens in konsistente urteilssichere Einschätzungen überführen kann. Die vorliegende Arbeit entwirft einen Vorschlag für eine solche Meta-Erzählung. Im Einzelnen konnte sie vielfach auf den bisherigen olympischen Diskurs zurückgreifen. Im Ganzen aber bedeutet sie einen Bruch mit dem Gesamt-Konstrukt des bisher gängigen Begründungskonzepts und seinen zahlreichen inneren Unstimmigkeiten: eine Kritik der olympischen Urteilskraft und eine Neubegründung der Olympischen Idee. Ziel ist eine kulturtheoretische Begründung des olympischen Projekts. Das olympische Ereignis hat im Kern eine einzige Botschaft: einen zusätzlichen Beitrag zur kulturellen Bereicherung der Gesellschaft zu leisten – nicht mehr, aber auch nicht weniger. Eine solche Deutung von Sport als Kultur lässt das olympische Projekt als einen erstrangigen Teil des Weltkulturerbes erkennbar werden.

Academia Verlag • Bahnstraße 7 • 53757 Sankt Augustin
Tel. 0 22 41/34 52 10 • Fax 34 53 16
E-Mail: info@academia-verlag.de • Internet: www.academia-verlag.de

Nationales Olympisches Komitee (Hrsg.)

Olympische Erziehung

Eine Herausforderung an Sportpädagogik und Schulsport

2004. 204 S. 29,50 EUR. Hardcover. 16 × 23 cm. ISBN: 3-89665-256-7

Olympische Erziehung steht im Dienste der pädagogischen Grundlagen der Olympischen Idee.

Seitdem Pierre de Coubertin vor 110 Jahren die modernen Olympischen Spiele ins Leben gerufen hat, wollen die olympischen Ideale zu einem besseren Sport hinführen und diesen Sport für erzieherische Anliegen nutzen: einen Sport im steten Bemühen um anspruchsvolles Können und um ein Mehr an Fairplay, gegenseitiger Achtung und zwischenmenschlicher Verständigung.

Sport, nach olympischen Grundsätzen betrieben, setzt auf die hierin liegenden sozialerzieherischen und persönlichkeitsbildenden Kräfte und interkulturellen Möglichkeiten. Das Großereignis „Olympische Spiele" und die mit ihm in unserer Zeit verbundenen Probleme lassen die zugrunde liegenden pädagogischen Kerngedanken allerdings leicht verblassen.

Die olympische Werteerziehung fordert den gegenwärtigen Sport in Schule und Verein, die Sportdidaktik und Sportpädagogik heraus, sich der erzieherischen Chancen der Olympischen Idee zu vergewissern und sie für die Bildung gerade der jungen Generation fruchtbar zu machen.

Mit Beiträgen von Rolf Geßmann, Ommo Grupe, Michael Krüger, Klaus Willimczik, Roland Naul und Margarete Schorr.

Academia Verlag • Bahnstraße 7 • 53757 Sankt Augustin
Tel. +49 2241 345210 • Fax +49 2241 345316
E-Mail: info@academia-verlag.de • Internet: www.academia-verlag.de

Bewegtes Lernen

Weitere Informationen zum bewegten Lernen erhalten Sie unter www.academia-verlag.de/titel/serie/serie_Bewegtes_Lernen.htm

Pädagogisches Konzept

Müller, Christina. **Bewegte Grundschule. 2. Auflage.** Aspekte einer Didaktik der fächerübergreifenden Bewegungserziehung. 2003. 304 S. 25,00 EUR. 3-89665-249-4.
Mit diesem Buch werden eine Reihe erprobter Anregungen für alle Kolleginnen und Kollegen gegeben, die Bewegungserziehung als eine umfassende Aufgabe in der Grundschule realisieren wollen und die sich gemeinsam mit anderen Mitstreitern an der Schule auf den Weg zu einem Schulprofil bewegte Grundschule begeben. Einleitend wird die Bedeutung der Bewegung für die kindliche Entwicklung erörtert und das Konzept der bewegten Grundschule mit seinen Zielen und Bereichen, mit seinen Möglichkeiten und Grenzen, dargestellt. Den umfangreichsten Teil des Buches nehmen Teilziele, exemplarische inhaltliche Umsetzungsmöglichkeiten, methodisch-organisatorische Hinweise und ausgewählte Medienempfehlungen ein. Das Buch schließt mit Vorschlägen für die Aus- und Fortbildung zur Thematik der bewegten Schule.

Müller, Christina; Petzold, Ralph. **Längsschnittstudie bewegte Grundschule.** Ergebnisse einer vierjährigen Erprobung eines pädagogischen Konzeptes zur bewegten Grundschule. 2002. 336 S. 26,50 EUR. 3-89665-230-3.

Müller, Christina. **Schulsport in den Klassen 1-4.** Aspekte einer Schulsportdidaktik für die Grundschule. 2000. 304 S. 25,00 EUR. 3-89665-173-0.

Bewegtes Lernen ab Klasse 5

Müller, Christina; Rochelt, Andreas. **Bewegtes Lernen im Fach Biologie.** Klassen 5 bis 10/12. Didaktisch-methodische Anregungen. 2004. 156 S. 14,50 EUR. 3-89665-301-6.

Müller, Christina; Schlöffel, Ralf. **Bewegtes Lernen in modernen Fremdsprachen – dargestellt am Beispiel des Faches Englisch.** Klassen 5 bis 10/12. Didaktisch-methodische Anregungen. 2004. 128 S. 12,50 EUR. 3-89665-300-8.

Müller, Christina; Adam, Michael. **Bewegtes Lernen im Fach Evangelische Religion.** Klassen 5 bis 10/12. Didaktisch-methodische Anregungen. 2004. 112 S. 12,50 EUR. 3-89665-304-0.

Müller, Christina; Kösser, Franziska. **Bewegtes Lernen im Fach Geschichte.** Klassen 5 bis 10/12. Didaktisch-methodische Anregungen. 2004. 128 S. 12,50 EUR. 3-89665-302-4.

Müller, Christina; Ziermann, Christian. **Bewegtes Lernen im Fach Mathematik.** Klassen 5 bis 10/12. Didaktisch-methodische Anregungen. 2004. 160 S. 14,50 EUR. 3-89665-305-9.

Müller, Christina; Bodenhausen, Falk. **Bewegtes Lernen im Fach Sozialkunde / Gemeinschaftskunde / Politik.** Didaktisch-methodische Anregungen. 2004. 112 S. 12,50 EUR. 3-89665-303-2.

Bewegtes Lernen in Klasse 1 bis 4

Müller, Christina. **Gesamtausgabe Bewegtes Lernen Klasse 1 bis 4. (2. Auflage).** Didaktisch-methodische Anregungen für die Fächer Mathematik, Deutsch und Sachunterricht. 2003. 964 S. 59,00 EUR. 3-89665-283-4.

Müller, Christina; unter Mitarbeit von Marit Obier, Ulrike Lange, Annett Liebscher. **Bewegtes Lernen Klasse 1. (2. Auflage).** Didaktisch-methodische Anregungen für die Fächer Mathematik, Deutsch und Sachunterricht. 2003. 336 S. 25,00 EUR. 3-89665-280-X.

Müller, Christina; unter Mitarbeit von Marit Obier, Katja Fritsch, Annett Liebscher. **Bewegtes Lernen Klasse 2. (2. Auflage).** Didaktisch-methodische Anregungen für die Fächer Mathematik, Deutsch und Sachunterricht. 2003. 308 S. 25,00 EUR. 3-89665-281-8.

Müller, Christina; unter Mitarbeit von Marit Obier, Annett Liebscher. **Bewegtes Lernen Klasse 3 und 4. (2. Auflage).** Didaktisch-methodische Anregungen für die Fächer Mathematik, Deutsch und Sachunterricht. 2003. 320 S. 25,00 EUR. 3-89665-282-6.

Müller, Christina; Ciecinski, Arndt; Schlöffel, Ralf. **Bewegtes Lernen in Englisch.** Klassen 1 bis 4. Anfangsunterricht in der Grundschule, Didaktisch-methodische Anregungen. 2003. 128 S. 12,50 EUR. 3-89665-286-9.

Müller, Christina. **Bewegtes Lernen in Ethik.** Klassen 1 bis 4. Didaktisch-methodische Anregungen. 2003. 128 S. 12,50 EUR. 3-89665-285-0.

Müller, Christina; Engemann, Monique. **Bewegtes Lernen im Fach Kunst.** Klassen 1 bis 4. Didaktisch-methodische Anregungen. 2003. 122 S. 12,50 EUR. 3-89665-284-2.

Academia Verlag • Bahnstraße 7 • 53757 Sankt Augustin
Tel. +49 2241 345210 • Fax +49 2241 345316
E-Mail: info@academia-verlag.de • Internet: www.academia-verlag.de

Leipziger Sportwissenschaftliche Beiträge

Herausgegeben vom
Dekan der Sportwissenschaftlichen Fakultät der Universität Leipzig

Die Zeitschrift erscheint zweimal jährlich mit einem Umfang von je ca. 160 Seiten.

Jahresabonnement 29,75 €, für Studenten 22,50 €, Einzelheft 17,50 €, alle Preise zzgl. Versandkosten, ISSN 0941-5270.

Jahrgang XLV (2004). Inhalt: Herbert Haag: Olympische Spiele 2012 - Ohne Leipzig – Sven Güldenpfennig: Olympische Spiele in Utopia – Henning Eichberg: Global - international - zwischenvolklich – Rolf Geßmann: Olympische Erziehung - Versuch einer didaktischen Standortbestimmung – Christina Müller, Petra Tzschoppe & Projektgruppe "Olympische Erziehung": Olympische Erziehung in der Schule beginnt und endet nicht mit der Leipziger Olympiabewerbung – Jürgen Innenmoser: Paralympics (Teil I) – Petra Tzschoppe: Olympische Spiele - Spielen Frauen wie Männer gleichberechtigt mit? – Hans-Jörg Stiehler/Lothar Mikos/Jasper A. Friedrich: Die mediale Inszenierung der olympischen Spiele – Günter Witt: Olympische Spiele als "Hochzeit von Muskel und Geist" - Wunschbild und Wirklichkeit – Besprechungen

Jahrgang XLIV (2003/2). Inhalt: Andreas Lau/Oliver Stoll/Antje Hoffmann: Diagnostik und Stabilität der Mannschaftskohäsion in den Sportspielen – Henner Drewes: Bewegungsnotation als Mittel der Bewegungsbeschreibung und -analyse. Erfahrungen aus der Anwendung des Verfahrens auf ausgewählte azyklische Bewegungen des Sports – Jürgen Dietze: Ausgewählte Aspekte des freizeitsportlichen Schwimmens – Hans-Jörg Kirste/Hans-Joachim Noack: Der Neubeginn nach 1945 am Sportinstitut der Universität Leipzig – Vorträge anlässlich des 10. Jahrestages der Sportwissenschaftlichen Fakultät der Universität Leipzig: Herbert Haag: Perspektiven der Sportwissenschaft (Festvortrag) – Petra Wagner: Prävention und Gesundheitsförderung durch körperliche Aktivität. – Beiträge der Preisträger des Meinel-Wettstreits der Studenten und Nachwuchswissenschaftler anlässlich des dies academicus 2003 an der Universität Leipzig am 2. Dezember 2003: Sascha Kreibich: Bindungseinstellung und Materialanpassung im Skispringen – Melanie Sonnabend: Kraftausdauertraining mit kleinen Handgeräten – Meike Jähnel: Utility Forschung und e-Learning – Falk Naundorf: Messplatz im Kunstspringen – Wolf Gawin: Technikanalyse mittels Accelerometrie – Kerstin Rost: Diagnostik reaktiver Schnellkraftleistungen und azyklische Zeitprogramme – Literaturbesprechungen

Jahrgang XLIV (2003/1). Inhalt: 10 Jahre Sportwissenschaftliche Fakultät – Traditionen, Entwicklungsstand, Perspektiven –

Academia Verlag • Bahnstraße 7 • 53757 Sankt Augustin
Tel. +49 2241 345210 • Fax +49 2241 345316
E-Mail: info@academia-verlag.de • Internet: www.academia-verlag.de